enVisionmath 2.0
en español

Volumen 2 Temas 8 a 15

Autores

Randall I. Charles
Professor Emeritus
Department of Mathematics
San Jose State University
San Jose, California

Jennifer Bay-Williams
Professor of Mathematics Education
College of Education and Human
Development
University of Louisville
Louisville, Kentucky

Robert Q. Berry, III
Associate Professor of
Mathematics Education
Department of Curriculum,
Instruction and Special Education
University of Virginia
Charlottesville, Virginia

Janet H. Caldwell
Professor of Mathematics
Rowan University
Glassboro, New Jersey

Zachary Champagne
Assistant in Research
Florida Center for Research in Science,
Technology, Engineering, and
Mathematics (FCR-STEM)
Jacksonville, Florida

Juanita Copley
Professor Emerita, College of Education
University of Houston
Houston, Texas

Warren Crown
Professor Emeritus of Mathematics
Education
Graduate School of Education
Rutgers University
New Brunswick, New Jersey

Francis (Skip) Fennell
L. Stanley Bowlsbey Professor
of Education and Graduate and
Professional Studies
McDaniel College
Westminster, Maryland

Karen Karp
Professor of Mathematics Education
Department of Early Childhood and
Elementary Education
University of Louisville
Louisville, Kentucky

Stuart J. Murphy
Visual Learning Specialist
Boston, Massachusetts

Jane F. Schielack
Professor of Mathematics
Associate Dean for Assessment and
Pre K-12 Education, College of Science
Texas A&M University
College Station, Texas

Jennifer M. Suh
Associate Professor for
Mathematics Education
George Mason University
Fairfax, Virginia

Jonathan A. Wray
Mathematics Instructional Facilitator
Howard County Public Schools
Ellicott City, Maryland

SAVVAS
LEARNING COMPANY

Matemáticos

Roger Howe
Professor of Mathematics
Yale University
New Haven, Connecticut

Gary Lippman
Professor of Mathematics and
Computer Science
California State University, East Bay
Hayward, California

Revisoras

Debbie Crisco
Math Coach
Beebe Public Schools
Beebe, Arkansas

Kathleen A. Cuff
Teacher
Kings Park Central School District
Kings Park, New York

Erika Doyle
Math and Science Coordinator
Richland School District
Richland, Washington

Susan Jarvis
Math and Science Curriculum Coordinator
Ocean Springs Schools
Ocean Springs, Mississippi

ISBN-13: 978-0-328-90921-6
ISBN-10: 0-328-90921-1
5 2021

¡Usarás estos recursos digitales a lo largo del año escolar!

Recursos digitales

Visita SavvasRealize.com

 PM
Animaciones de Prácticas matemáticas para jugar en cualquier momento

 Glosario
Glosario animado en inglés y español

 Ayuda
Video de tareas ¡Revisemos!, como apoyo adicional

ACTIVe-book
Libro del estudiante en línea, para mostrar tu trabajo

 Resuelve
Problemas de **Resuélvelo y coméntalo,** además de herramientas matemáticas

 Herramientas
Herramientas matemáticas que te ayudan a entender mejor

 Juegos
Juegos de Matemáticas que te ayudan a aprender mejor

Aprende
Más aprendizaje visual animado, con animación, interacción y herramientas matemáticas

 Evaluación
Comprobación rápida para cada lección

 eText
Las páginas de tu libro en línea

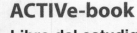 Todo lo que necesitas para las matemáticas a toda hora y en cualquier lugar

Contenido

¡Y recuerda que tu *eText* está disponible en SavvasRealize.com!

SavvasRealize.com

TEMA 8
Entender el valor de posición

Puedes pensar en los números de diferentes maneras. Por ejemplo, 23 son 2 grupos de 10 y 3 sobrantes.

TEMA 9
Comparar números de dos dígitos

Para comparar estos números, compara primero las decenas.

42 es mayor que 24.

42 > 24

TEMA 10
Usar modelos y estrategias para sumar decenas y unidades

Por cada decena que sumes, baja una fila en la tabla de 100.

1	2	3	4	5	6	7	8	9	10
11	12	13	14	15	16	17	18	19	20
21	22	23	24	25	26	27	28	29	30

TEMA 11
Usar modelos y estrategias para restar decenas

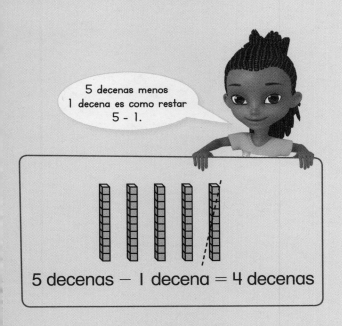

5 decenas menos 1 decena es como restar 5 - 1.

5 decenas — 1 decena = 4 decenas

TEMA 12
Medir longitudes

El crayón mide 2 cubos de largo.

TEMA 13
La hora

El minutero y la manecilla de la hora te ayudan a leer la hora en un reloj.

minutero

manecilla de la hora

TEMA 14
Razonar usando figuras y sus atributos

Algunas figuras tienen lados rectos y otras no.

3 lados rectos

0 lados rectos

F12

Contenido

TEMA 15
Partes iguales de círculos y rectángulos

Este círculo está dividido en cuartos.

SavvasRealize.com

Un paso adelante hacia el Grado 2

Estas lecciones te ayudan a prepararte para el Grado 2.

Manual de resolución de problemas

Las prácticas matemáticas son maneras en las que pensamos y trabajamos en matemáticas.

Las prácticas matemáticas te ayudan a resolver problemas.

Manual de resolución de problemas

Prácticas matemáticas

1. Entender problemas y perseverar en resolverlos.

2. Razonar de manera abstracta y cuantitativa.

3. Construir argumentos viables y evaluar el razonamiento de otros.

4. Representar con modelos matemáticos.

5. Usar las herramientas apropiadas de manera estratégica.

6. Prestar atención a la precisión.

7. Buscar y usar la estructura.

8. Buscar y expresar uniformidad en los razonamientos repetidos.

Existen buenos Hábitos de razonamiento para cada una de estas prácticas matemáticas.

1 Entender problemas y perseverar en resolverlos.

Los que razonan correctamente saben de qué se trata el problema y tienen un plan para resolverlo. Continúan intentándolo aunque estén estancados.

Mi plan era hallar todas las maneras en las que 9 fichas se pueden agrupar en 2 grupos.

¿Qué pares de números del 0 al 9 suman 9?

$0 + 9 = 9$
$1 + 8 = 9$
$2 + 7 = 9$

Hábitos de razonamiento

¿Qué necesito hallar?

¿Qué sé?

¿Cuál es mi plan para resolver el problema?

¿Qué más puedo intentar si no puedo seguir adelante?

¿Cómo puedo comprobar si mi solución tiene sentido?

2 Razonar de manera abstracta y cuantitativa.

Primero, pensé en los números que podrían formar 8. Luego, usé una ecuación con esos números para representar el problema.

Los que razonan correctamente en matemáticas saben cómo pensar en los números y las palabras para resolver el problema.

Luis tiene 8 canicas azules.
Quiere dárselas a Tom y a Rosi.
¿Cómo puede Luis separar las 8 canicas?

Tom   Rosi

$8 = 3 + 5$

Hábitos de razonamiento

¿Qué representan los números?

¿Cómo se relacionan los números del problema?

¿Cómo puedo mostrar un problema verbal con dibujos o números?

¿Cómo puedo usar un problema verbal para mostrar lo que significa una ecuación?

Manual de resolución de problemas

3 Construir argumentos viables y evaluar el razonamiento de otros.

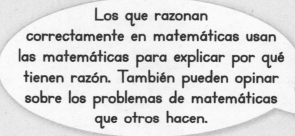

Los que razonan correctamente en matemáticas usan las matemáticas para explicar por qué tienen razón. También pueden opinar sobre los problemas de matemáticas que otros hacen.

Usé palabras y un dibujo para explicar mi razonamiento.

Julia tiene 7 lápices y Sam tiene 9.
¿Quién tiene más lápices? Muestra cómo lo sabes.

Dibujé los lápices de Julia y los de Sam. Luego, los emparejé. Sam tiene más lápices que Julia.

Lápices de Julia

Lápices de Sam

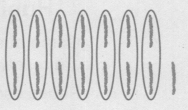

Hábitos de razonamiento

¿Cómo puedo usar las matemáticas para explicar mi trabajo?

¿Estoy usando los números y los signos o símbolos correctamente?

¿Es clara mi explicación?

¿Qué preguntas puedo hacer para entender el razonamiento de otros?

¿Hay errores en el razonamiento de otros?

¿Puedo mejorar el razonamiento de otros?

4 Representar con modelos matemáticos.

Usé marcos de 10 para mostrar el problema.

Los que razonan correctamente en matemáticas usan las matemáticas que saben para mostrar y resolver problemas.

Ali colecciona piedras. Puso 17 piedras en cajas. A cada caja le caben 10 piedras. Ali llenó una caja. ¿Cuántas piedras hay en la segunda caja?

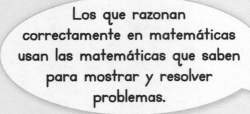

Hábitos de razonamiento

¿Cómo puedo usar lo que sé de matemáticas para resolver este problema?

¿Puedo usar dibujos, diagramas, tablas, gráficas u objetos para representar el problema?

¿Puedo escribir una ecuación para representar el problema?

Manual de resolución de problemas

Usar las herramientas apropiadas de manera estratégica.

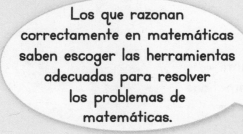

Los que razonan correctamente en matemáticas saben escoger las herramientas adecuadas para resolver los problemas de matemáticas.

Escogí usar cubos para resolver el problema.

Ema encontró 5 nueces en el árbol y 4 más en el suelo. ¿Cuántas nueces encontró Ema?

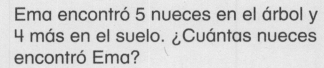

Hábitos de razonamiento

¿Qué herramientas puedo usar?

¿Hay alguna otra herramienta que podría usar?

¿Estoy usando la herramienta correctamente?

PM

 6 # Prestar atención a la precisión.

Los que razonan correctamente en matemáticas son cuidadosos con lo que escriben y dicen, para que su pensamiento matemático sea claro.

Usé correctamente las palabras de matemáticas para escribir lo que observé.

¿En qué se parecen estas figuras?

Tienen 4 lados.
Tienen 4 esquinas.
Tienen lados rectos.

Hábitos de razonamiento

¿Estoy usando los números, las unidades y los símbolos correctamente?

¿Estoy usando las definiciones correctas?

¿Es clara mi respuesta?

Manual de resolución de problemas

7 Buscar y usar la estructura.

Los que razonan correctamente en matemáticas buscan patrones que les ayuden a resolver los problemas.

Encontré el patrón.

¿Cuáles son los dos números que siguen?
Escríbelos en los espacios en blanco.
Explica tu razonamiento.

15, 16, 17, 18, 19, _____, _____

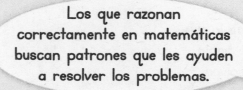

15 16 17 18 19 20 21
+1 +1 +1 +1 +1 +1

Hábitos de razonamiento

¿Hay un patrón?

¿Cómo puedo describir un patrón?

¿Puedo descomponer el problema en partes más simples?

Buscar y expresar uniformidad en los razonamientos repetidos.

Cada persona nueva tiene 1 caja más. Usé lo que sabía sobre contar hacia adelante para resolver el problema.

Los que razonan correctamente en matemáticas buscan las cosas que se repiten en un problema. Usan lo que aprendieron de un problema para que les ayude a resolver otros problemas.

Elsa tiene 3 cajas.
Beto tiene 1 caja más que Elsa.
Cristina tiene 1 caja más que Beto.
¿Cuántas cajas tiene Beto?
¿Cuántas cajas tiene Cristina?
Explícalo.

1 más que 3 son 4.
Beto tiene 4 cajas.
1 más que 4 son 5.
Cristina tiene 5 cajas.

Hábitos de razonamiento

¿Hay algo que se repite en el problema?

¿Cómo puede la solución ayudarme a resolver otro problema?

Manual de resolución de problemas

Guía para la resolución de problemas

Estas preguntas pueden ayudarte a resolver problemas.

Entender problemas

Razonar
- ¿Qué necesito hallar?
- ¿Qué información puedo usar?
- ¿Cómo se relacionan las cantidades?

Pensar en problemas similares
- ¿He resuelto problemas como este antes?

Perseverar en resolver el problema

Representar con modelos matemáticos
- ¿Cómo puedo usar lo que sé de matemáticas?
- ¿Cómo puedo mostrar el problema?
- ¿Hay algún patrón que pueda usar?

Usar las herramientas apropiadas
- ¿Qué herramientas podría usar?
- ¿Cómo puedo usar las herramientas?

Comprobar la respuesta

Entender la respuesta
- ¿Es lógica mi respuesta?

Verificar la precisión
- ¿Verifiqué mi trabajo?
- ¿Es clara mi respuesta?
- ¿Es clara mi explicación?

Maneras de representar los problemas

- Haz un dibujo
- Dibuja una recta numérica
- Escribe una ecuación

Algunas herramientas matemáticas

- Objetos
- Tecnología
- Papel y lápiz

Resolución de problemas: Hoja de anotaciones

Esta hoja te ayuda a organizar tu trabajo.

Nombre **Ehrin**

Elemento didáctico
1

Resolución de problemas: Hoja de anotaciones

Problema
José tiene 8 canicas verdes y 4 canicas azules.
¿Cuántas canicas tiene en total?

Forma 10 para resolver.
Muestra tu trabajo.

ENTIENDE EL PROBLEMA

Necesito hallar
Necesito hallar cuántas canicas tiene José en total.

Puesto que...
José tiene 8 canicas verdes y 4 canicas azules.

PERSEVERA EN RESOLVER EL PROBLEMA

Algunas maneras de representar problemas
☐ Hacer un dibujo
☐ Dibujar una recta numérica
☐ Escribir una ecuación

Algunas herramientas matemáticas
☐ Objetos
☐ Tecnología
☐ Papel y lápiz

Solución y respuesta

10   2

$8 + 2 = 10$
$10 + 2 = 12$
José tiene 12 canicas.

COMPRUEBA LA RESPUESTA

Conté las fichas que dibujé.

Hay 12 fichas.

Mi respuesta es correcta.

ED1

Entender el valor de posición

Pregunta esencial: ¿Cómo puedes contar y sumar decenas y unidades?

Recursos digitales

Resuelve Aprende Glosario

Herramientas Evaluación Ayuda Juegos

Hay más horas de luz durante el verano que durante el invierno.

¡Qué interesante! Hagamos este proyecto para aprender más.

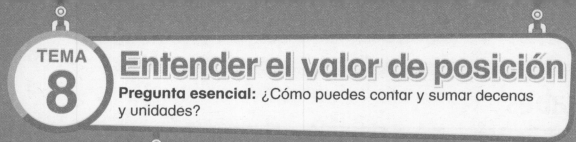

Proyecto de Matemáticas y Ciencias: Las horas de luz durante el año

Investigar Habla con tu familia y tus amigos sobre por qué hay más horas de luz en el verano que en el invierno. Pídeles que te ayuden a encontrar información sobre los cambios en las horas de luz en cada estación.

Diario: Hacer un libro Haz dibujos de la inclinación de la Tierra con respecto al Sol en diferentes épocas del año. En tu libro, también:

- rotula tus dibujos con las palabras verano o invierno.
- escribe una oración para describir el patrón de las estaciones en tus propias palabras.

Nombre _____

Repasa lo que sabes

A-Z Vocabulario

1. Encierra en un círculo el **dígito de las decenas.**

48

2. Encierra en un círculo el **dígito de las unidades.**

76

3. Usa los **marcos de 10** para hallar la suma o total.

$7 + 9 =$ _____

Contar hasta 120

4. Escribe el número que sigue cuando cuentas hacia adelante de 1 en 1. Usa la tabla de 100 para ayudarte.

110, 111, 112, _____

5. María empieza en 30 y cuenta de 10 en 10.

Escribe los números que faltan.

30, _____, _____,

60, _____

Tabla de 100

6. Escribe los números que faltan en esta parte de la tabla de 100.

42		44		46
	53	54		

Mis tarjetas de palabras

Estudia las palabras de las tarjetas.
Completa la actividad que está al reverso.

A-Z
Glosario

decenas

El número 35 tiene
3 **decenas.**

35

unidades

El número 42 tiene
2 **unidades.**

42

Mis tarjetas de palabras

Usa lo que sabes para completar las oraciones. Para ampliar lo que aprendiste, escribe tu propia oración usando cada palabra.

Hay 2 decenas y 7

_____

en el número 27.

Hay 6

_____

y 8 unidades en el número 68.

Usa fichas y marcos de 10 para mostrar 15, luego 12 y luego 18. Di en qué son iguales o diferentes estos números.

Lección 8-1

Formar los números 11 a 19

Puedo...
leer y escribir números del 11 al 19.

También puedo buscar cosas que se repiten.

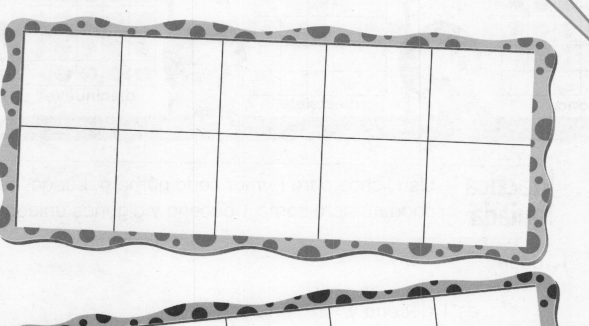

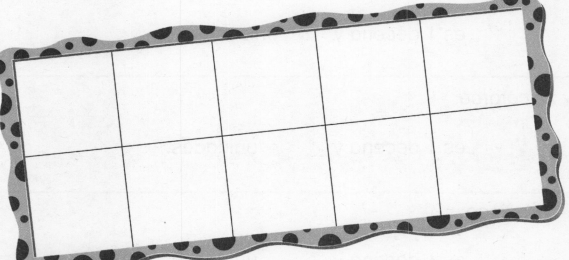

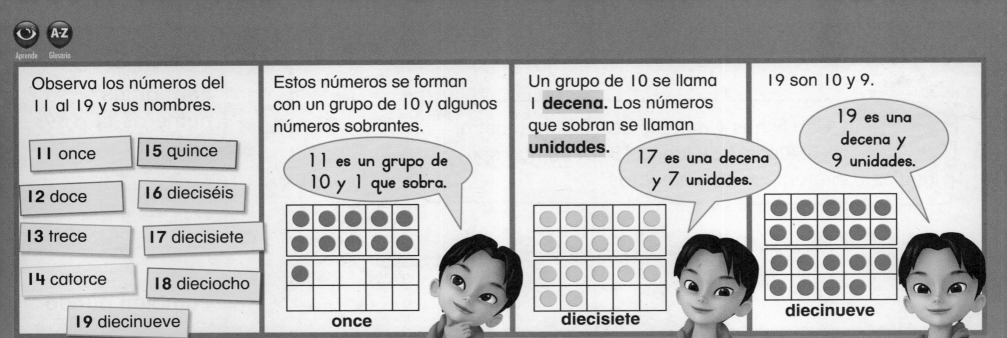

Observa los números del 11 al 19 y sus nombres.

11 once
12 doce
13 trece
14 catorce
15 quince
16 dieciséis
17 diecisiete
18 dieciocho
19 diecinueve

Estos números se forman con un grupo de 10 y algunos números sobrantes.

11 es un grupo de 10 y 1 que sobra.

once

Un grupo de 10 se llama 1 **decena**. Los números que sobran se llaman **unidades**.

17 es una decena y 7 unidades.

diecisiete

19 son 10 y 9.

19 es una decena y 9 unidades.

diecinueve

¿Lo entiendes?

¡Demuéstralo! ¿Cómo puedes usar marcos de 10 para mostrar 13 fichas?

☆ Práctica guiada ☆

Usa fichas para formar cada número. Luego, escribe cada número como 1 decena y algunas unidades.

1. doce

    [12] es 1 decena y __2__ unidades.

2. catorce

    [ ] es 1 decena y _____ unidades.

3. quince

    [ ] es 1 decena y _____ unidades.

450 cuatrocientos cincuenta

Tema 8 | Lección 1

Herramientas Evaluación

☆ **Práctica independiente** ☆ Usa fichas para formar cada número. Luego, escribe el número o el número en palabras.

4. dieciséis

☐ es _____ decena y 6 unidades.

5. _____

[18] es 1 decena y 8 unidades.

6. trece

[13] es 1 decena y _____ unidades.

7. once

☐ es _____ decena y 1 unidad.

8. _____

[17] es 1 decena y 7 unidades.

9. diecinueve

☐ es 1 decena y 9 unidades.

10. (A-Z) **Vocabulario** Encierra en un círculo las **decenas** y las **unidades** que forman los siguientes números en palabras.

Doce			Quince		
0 decenas	1 decena	2 decenas	0 decenas	1 decena	2 decenas
1 unidad	2 unidades	3 unidades	5 unidades	6 unidades	7 unidades

11. **Usar herramientas** Lola tiene 14 botones y 2 cajas.

Pone 10 botones en una caja.

¿Cuántos botones pone Lola en la otra caja?

Dibuja fichas y escribe los números.

_____ botones

_____ es _____ decena y _____ unidades.

¿De qué manera los marcos de 10 me ayudan a resolver el problema?

12. **Razonamiento de orden superior**

Escoge un número entre el 11 y el 14. Haz un dibujo para mostrar cómo formas el número usando los marcos de 10. Escribe el número y el número en palabras.

número: _____

número en palabras: _____

13. ✔ **Evaluación** Une con líneas los números de la izquierda con los números en palabras de la derecha.

10 y 7   dieciocho

15   quince

1 decena y 3 unidades   once

10 y 1   diecisiete

1 decena y 8 unidades   trece

452 cuatrocientos cincuenta y dos

Tema 8 | Lección 1

Nombre _____

Tarea y práctica 8-1

Formar los números 11 a 19

¡Revisemos! Cada número del 11 al 19 tiene 1 decena y algunas unidades.

Escribe el número de unidades de cada número.
Luego, escribe el número en palabras.

ACTIVIDAD PARA EL HOGAR
Escriba los números del 11 al 19 en tarjetas separadas. Muestre cada tarjeta a su niño(a) y pídale que escriba las decenas y unidades que forman ese número en la parte de atrás de la tarjeta. Luego, pídale que escriba el nombre de cada número. Haga la misma actividad con todas las tarjetas. Al terminar, tendrán un juego de tarjetas que podrán usar en prácticas futuras.

12
1 decena y _2_ unidades
doce

16
1 decena y _6_ unidades
dieciséis

11
1 decena y _1_ unidad
once

Escribe los números o los números en palabras que faltan.

1. _____

☐ 14 ☐ es 1 decena y 4 unidades.

2. quince

☐ es 1 decena y 5 unidades.

3. diecinueve

☐ es 1 decena y 9 unidades.

4. trece

☐ 13 ☐ es 1 decena y 3 _____.

Escribe los números o números en palabras que faltan.

5. _____

17 es 1 decena y 7 unidades.

6. dieciocho

18 es 1 _____ y 8 unidades.

7. Álgebra $10 + \underline{} = 16$

8. Álgebra $12 = \underline{} + 2$

9. Razonamiento de orden superior
Escoge un número entre el 15 y el 19. Haz un dibujo para mostrar cómo formas el número usando los marcos de 10. Escribe el número y el número en palabras.

número: _____
número en palabras: _____

10. ✓ **Evaluación** Une con líneas los números de la izquierda con los números en palabras de la derecha.

10 y 9   trece

1 decena y 0 unidades   diecinueve

1 decena y 2 unidades   once

10 y 3   diez

1 decena y 1 unidad   doce

Nombre _____

Resuélvelo y coméntalo

¿Son 2 decenas lo mismo que 20 unidades?

¿Cómo lo sabes? Usa cubos para mostrar tu respuesta.

Puedo...
mostrar grupos de 10 con cubos conectables.

También puedo construir argumentos matemáticos.

_____ decenas son _____ unidades.

Puedes usar 10 cubos para formar 1 decena.

10 cubos

10 unidades equivalen a 1 decena.

Aquí hay 4 decenas.

Puedo contar: 1 decena, 2 decenas, 3 decenas, 4 decenas. Hay 0 unidades.

Cuenta de 10 en 10 para hallar cuántos cubos hay.

También puedo contar: 10, 20, 30, 40.

Hay 40 cubos en total.

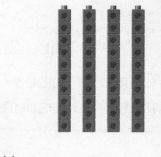

_4_ decenas y
_0_ unidades son _40_.

¿Lo entiendes?

¡Demuéstralo! ¿Cuántas decenas hay en 90? ¿Cómo lo sabes?

☆ Práctica guiada ☆

Cuenta de 10 en 10 y escribe los números.

1.

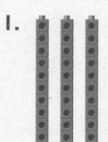

_3_ decenas y _0_ unidades son _30_.

2.

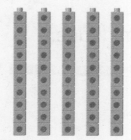

_____ decenas y _____ unidades son _____.

Tema 8 | Lección 2

Nombre _____

Herramientas Evaluación

☆ Práctica independiente ☆

Cuenta de 10 en 10. Dibuja los cubos y escribe los números.

3.

6 decenas y 0 unidades son _____.

4.

_____ decenas y _____ unidades son 90.

5.

8 decenas y 0 unidades son _____.

6.

_____ decenas y _____ unidades son 70.

7. Sentido numérico Juan tiene 2 decenas. Quiere cambiar decenas por unidades. ¿Cuántas unidades obtendrá Juan?

_____ unidades

8. **Razonar** Hay 2 autobuses. Hay 10 personas en cada autobús. ¿Cuántas personas van en los dos autobuses? Cuenta de 10 en 10 y haz un dibujo para resolver el problema.

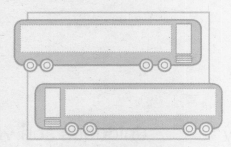

_____ personas

9. **Razonar**

Jorge tiene 3 cajas de plumas. Hay 10 plumas en cada caja. ¿Cuántas plumas tiene Jorge?

_____ plumas

10. **Razonamiento de orden superior** Benito tiene 1 libro. Lee 10 páginas cada día. Usa dibujos, números o palabras para mostrar cuántas páginas lee Benito en 5 días.

11. **✔ Evaluación** Dora tiene 4 frascos. Cada frasco tiene 10 pelotas saltarinas.

¿Cuántas pelotas saltarinas tiene Dora en total?

4	14	40	50
Ⓐ	Ⓑ	Ⓒ	Ⓓ

Nombre _____

¡Revisemos!   Puedes contar rápidamente las decenas.

El dígito de
las decenas te dice
cuántos grupos de
10 hay.

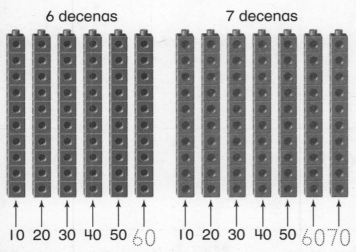

6 decenas   7 decenas

10 20 30 40 50 60   10 20 30 40 50 6070

Como no hay
cubos que sobran, el
dígito de las unidades
siempre es 0.

ACTIVIDAD PARA EL HOGAR
Diga un número de decenas entre
1 y 9 y pregúntele a su niño(a)
cuánto es en total. Por ejemplo:
2 decenas son 20.

Cuenta para hallar cuántas decenas hay.

1.

_____ , _____ , _____ , _____ , _____ , _____ , _____ , _____ ,

_____ decenas y _____ unidades

2.

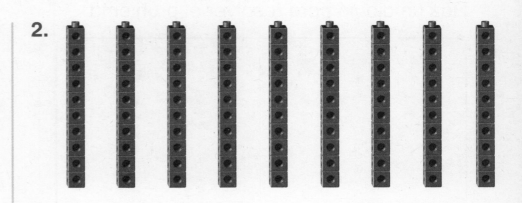

_____ , _____ , _____ , _____ , _____ , _____ , _____ , _____ , _____ ,

_____ decenas y _____ unidades

Dibuja los cubos que representen cada conteo que se muestra. Luego, escribe el total de decenas.

3.

10, 20, 30, 40, 50, 60, 70

_____ decenas

4.

10, 20, 30

_____ decenas

5.

10, 20, 30, 40, 50, 60

_____ decenas

6. **Razonamiento de orden superior** Mirna tiene 5 bolsas. Hay 10 canicas en cada bolsa. No hay canicas fuera de las bolsas. ¿Cuántas canicas tiene Mirna en total? Haz un dibujo para resolver el problema.

Mirna tiene _____ canicas.

7. ✓**Evaluación** Gaby compró un cuaderno que tiene 90 hojas. ¿Qué frase representa las 90 hojas?

Ⓐ 6 decenas y 0 unidades

Ⓑ 7 decenas y 0 unidades

Ⓒ 8 decenas y 0 unidades

Ⓓ 9 decenas y 0 unidades

Nombre _____

Resuélvelo y coméntalo

Nora tiene 34 cubos. ¿Cuántos grupos de 10 puede hacer con estos cubos?

Muestra tu trabajo en el espacio de abajo. Luego, completa las frases en los espacios en blanco.

Puedo...
agrupar las decenas para resolver problemas.

También puedo representar con modelos matemáticos.

_____ grupos de 10

_____ sobrantes

Cuenta 23 cubos.

¿Cuántos grupos de 10 hay? ¿Cuántos cubos sobran?

Puedes formar grupos de 10.

Hay 2 grupos de 10.

Cuenta cuántos cubos sobran.

Hay 3 sobrantes.

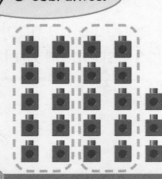

23 son __2__ grupos de 10 y __3__ sobrantes.

Por tanto, 23 son 2 grupos de 10 y 3 sobrantes.

¿Lo entiendes?

¡Demuéstralo! ¿Por qué 37 tiene 3 grupos de 10 y no 4 grupos de 10?

Práctica guiada

Encierra en un círculo los grupos de 10 y escribe los números.

1.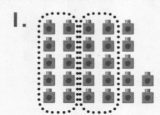

   __2__ grupos de 10 y __7__ sobrantes

   son __27__.

2.

   _____ grupos de 10 y _____ sobrantes

   son _____.

Herramientas Evaluación

★ Práctica ★ independiente

Encierra en un círculo los grupos de 10 y escribe los números.

3.

_____ grupos de 10 y _____ sobrantes

son _____.

4.

_____ grupos de 10 y _____ sobrantes

son _____.

5.

_____ grupo de 10 y _____ sobrantes

son _____.

6.

_____ grupos de 10 y _____ sobrantes

son _____.

Escribe el número de grupos de 10 y el número de unidades. Luego, escribe el total.

7.

_____ grupos de 10 y _____ sobrantes

son _____.

8.

_____ grupos de 10 y _____ sobrantes

son _____.

9. Representar Un mono tiene 32 plátanos. Hay 10 plátanos en cada racimo.

¿Cuántos racimos hay? _____

¿Cuántos plátanos sobran? _____

10. Representar Los perros tienen 21 huesos. Hay 10 huesos en cada plato.

¿Cuántos platos hay? _____

¿Cuántos huesos sobran? _____

11. Razonamiento de orden superior
Lee las pistas y escribe los números.

Ariel está pensando en un número. Su número tiene 5 grupos de 10 y menos de 9 unidades sobrantes. ¿En qué número podría estar pensando Ariel?

12. ✓Evaluación En la tienda, hay 5 racimos de uvas y 3 uvas sobrantes. Cada racimo tiene 10 uvas. ¿Cuántas uvas hay en total? Explica tu respuesta.

_____

_____

Nombre _____

Ayuda Herramientas Juegos

¡Revisemos! Puedes contar de 10 en 10 y luego contar los sobrantes de 1 en 1.

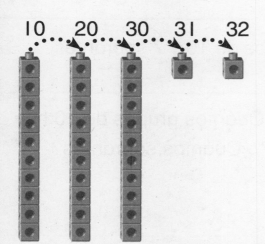

10   20   30   31   32

3 grupos de 10   2 sobrantes

32 en total

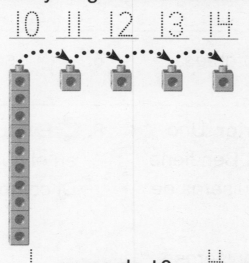

10 11 12 13 14

__1__ grupo de 10   __4__ sobrantes

__14__ en total

ACTIVIDAD PARA EL HOGAR
Haga una pila con 25 monedas de 1¢. Pídale a su niño(a) que forme grupos de 10 monedas. Pregúntele: "¿Cuántos grupos de 10 monedas hay? ¿Cuántas monedas sobran?". Repita la actividad con hasta 40 monedas.

Cuenta de 10 en 10 y de 1 en 1. Luego, escribe los números.

1. _____

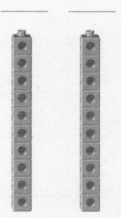

_____ grupos de 10

_____ sobrantes

_____ en total

2. _____

_____ grupos de 10

_____ sobrantes

_____ en total

Escribe el número que falta.

3. _____ es 1 grupo de 10 y 2 sobrantes.

4. 31 son _____ grupos de 10 y 1 sobrante.

5. 14 es 1 grupo de 10 y _____ sobrantes.

6. _____ son 2 grupos de 10 y 7 sobrantes.

7. Razonamiento de orden superior Una pulsera se hace con 10 cuentas. Ben tiene 34 cuentas en total. ¿Cuántas pulseras de 10 cuentas puede hacer?

Haz un dibujo para mostrar las pulseras que Ben puede hacer con sus cuentas. Luego, dibuja las cuentas sobrantes.

8. ✔ **Evaluación** ¿Cuántos grupos de 10 hay en el número 38? ¿Cuántos sobrantes? Di cómo lo sabes.

Piensa en lo que significa "sobrantes".

Resuélvelo y coméntalo

Adivina cuántos cubos hay en la bolsa. Luego, vacía la bolsa en el espacio de abajo. Sin contar los cubos, calcula cuántos cubos hay. Escribe dos cálculos.

Ahora, cuenta los cubos y escribe el número total de cubos.

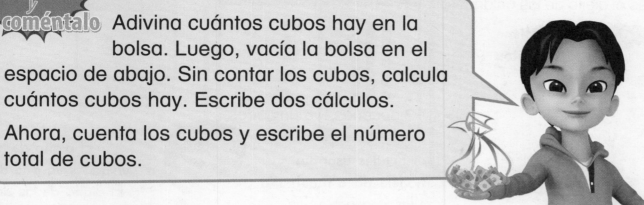

Resuelve

Lección 8-4

Decenas y unidades

Puedo...
contar decenas y unidades para hallar un número de dos dígitos.

También puedo
razonar sobre las matemáticas.

Cálculo 1: _____ cubos

Cálculo 2: _____ cubos

Número real:

_____ cubos

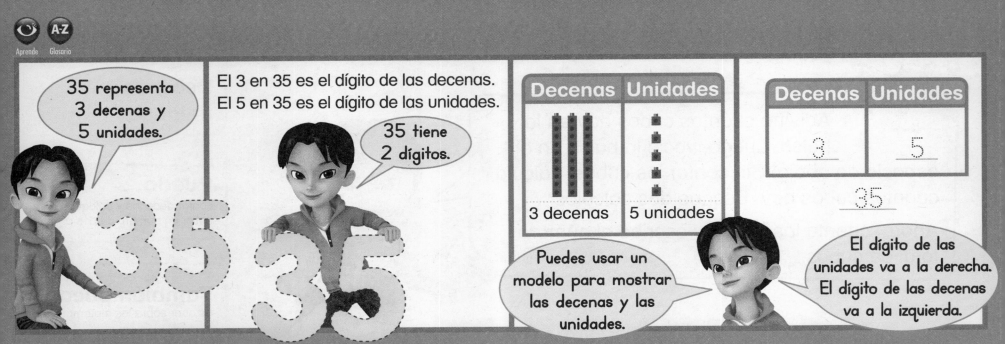

¿Lo entiendes?

¡Demuéstralo! ¿En qué se parecen estos números? ¿En qué se diferencian?

| 46 | 64 |

☆ **Práctica guiada** ☆ Cuenta las decenas y las unidades. Luego, escribe los números.

1.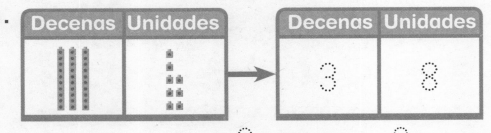

____3____ decenas y ____8____ unidades son ____38____.

2.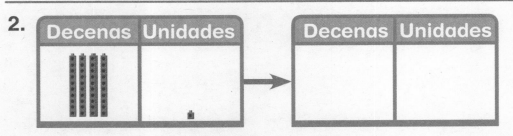

_____ decenas y _____ unidad son _____.

Nombre _____

☆ **Práctica** ☆
independiente   Cuenta las decenas y las unidades. Luego, escribe los números.

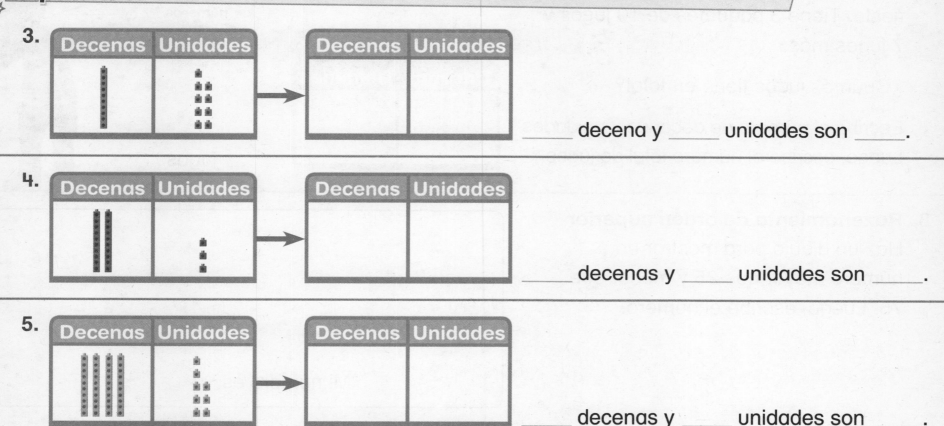

3.

Decenas	Unidades

_____ decena y _____ unidades son _____.

4.

Decenas	Unidades

_____ decenas y _____ unidades son _____.

5.

Decenas	Unidades

_____ decenas y _____ unidades son _____.

Resuelve el problema de la manera que prefieras.

6. **Sentido numérico** Raúl tiene un número que
tiene la misma cantidad de decenas que de
unidades. ¿Cuál podría ser el número de Raúl? _____

Resolución de problemas Resuelve cada problema.

7. Razonar Luz compró jugos para su fiesta. Tiene 3 paquetes de 10 jugos y 7 jugos más.

¿Cuántos jugos tiene en total?

Escribe el número de decenas y unidades. Luego, escribe el número total de jugos.

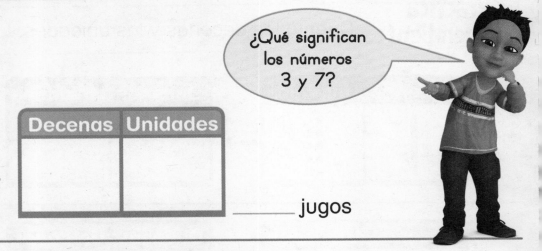

¿Qué significan los números 3 y 7?

Decenas	Unidades

_____ jugos

---

8. Razonamiento de orden superior
Haz un dibujo para mostrar un número mayor que 25 y menor que 75. Luego, escribe el número.

Mi número es _____ .

---

9. ✓ Evaluación Rita trajo 2 paquetes de 10 jugos y 5 jugos más.
¿Cuántos jugos trajo Rita? Escribe el número de decenas y unidades.
Luego, escribe el número total de jugos.

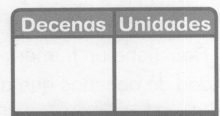

Decenas	Unidades

_____ jugos

Nombre _____

 Ayuda Herramientas Juegos

**Tarea y práctica
8-4**

Decenas y
unidades

¡Revisemos! Puedes usar un tablero para mostrar las decenas y las unidades.

Piensa en el número de decenas y unidades.

3 decenas son 30.

4 unidades son 4.

3 decenas y
4 unidades son 34.

1 decena son ___10___ .

3 unidades son ___3___ .

___1___ decena y ___3___ unidades son ___13___ .

ACTIVIDAD PARA EL HOGAR
Haga una tabla y divídala en dos columnas. Nombre la columna de la izquierda "Decenas" y escriba el número 3. Nombre la columna de la derecha "Unidades" y escriba el número 4. Pídale a su niño(a) que haga un dibujo que muestre ese número. Pídale que use los términos *decenas* y *unidades* para describir cuántos hay.

Cuenta las decenas y las unidades.
Luego, escribe los números.

1.

_____ decenas son _____ .

_____ unidades son _____ .

_____ decenas y _____ unidades son _____ .

2.

_____ decenas son _____ .

_____ unidades son _____ .

_____ decenas y _____ unidades son _____ .

Cuenta las decenas y las unidades. Luego, escribe los números.

3.

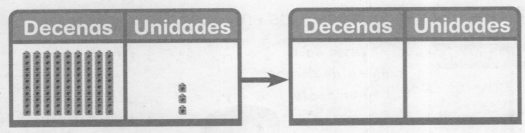

_____ decenas y _____ unidades son _____.

4. Escribe el número que falta.

6 decenas y _____ unidades es lo mismo que 60.

5. **Razonamiento de orden superior**

Sara compró 4 cajas de manzanas.

Hay 10 manzanas en cada caja.

También compró una bolsa con 8 manzanas.

¿Cuántas manzanas compró Sara?

Haz un dibujo para resolver la pregunta.

Sara compró _____ manzanas.

6. ✓**Evaluación** En una caja caben 4 filas de 10 películas y 2 películas más en la parte de arriba. ¿Cuántas películas caben en la caja? Escribe los números que faltan.

_____ decenas y _____ unidades son _____.   _____ películas

Tema 8 | Lección 4

Nombre _____

Celina tiene 28 botones. ¿Cómo puedes hacer un dibujo que muestre el número de decenas y unidades que hay en 28?

Puedo...
usar dibujos para resolver problemas con decenas y unidades.

También puedo
razonar sobre las matemáticas.

¿Cuántas decenas y unidades hay en este número?

45

Puedes dibujar modelos para mostrar la respuesta.

Dibuja las decenas.

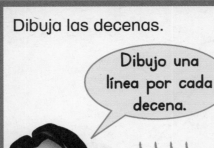

Dibujo una línea por cada decena.

|||||

Luego, dibuja las unidades.

Dibujo un punto por cada unidad.

Puedes contar de 10 en 10 y de 1 en 1 para revisar tu trabajo.

10, 20, 30, 40...
41, 42, 43, 44, 45.

Hay __4__ decenas y __5__ unidades en 45.

¿Lo entiendes?

¡Demuéstralo! Cuando dibujas el modelo de un número, ¿qué dígito te dice cuántas líneas debes dibujar? ¿Qué dígito te dice cuántos puntos dibujar?

Práctica guiada Dibuja un modelo para mostrar cada número.

1. 17 es __1__ decena y __7__ unidades.

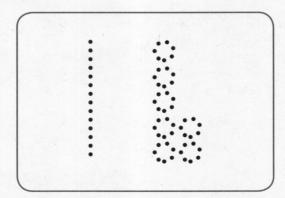

2. 29 son _____ decenas y _____ unidades.

☆ **Práctica** ☆ **independiente** ☆
Escribe los números y dibuja un modelo que muestre cada número. Usa bloques de valor de posición si lo necesitas.

3. Hay _____ decenas y _____ unidades en 43.

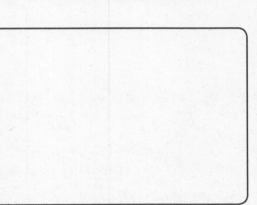

4. Hay _____ decenas y _____ unidades en 86.

5. Hay _____ decena y _____ unidades en 15.

6. Hay _____ decenas y _____ unidades en 37.

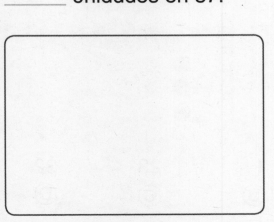

7. Hay _____ decenas y _____ unidades en 62.

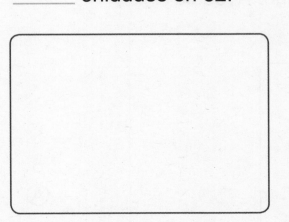

8. Hay _____ decenas y _____ unidades en 24.

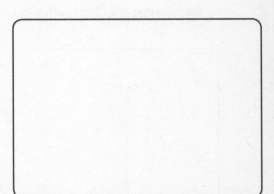

9. **Representar** Kevin dibujó el siguiente modelo para mostrar un número. ¿Qué número quiere mostrar Kevin?

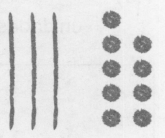

_____

10. **Matemáticas y Ciencias** Gilda anotó el número de horas de luz solar que hubo en otoño y en invierno. Gilda anotó los datos de 68 días. Dibuja un modelo que muestre 68.

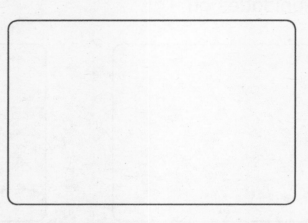

11. **Razonamiento de orden superior**
Pilar empezó a dibujar un modelo para el número 48, pero no lo terminó. Ayúdala a terminar su modelo.

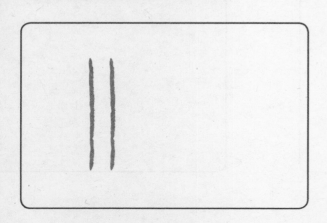

12. ✅**Evaluación** ¿Qué número está representado aquí?

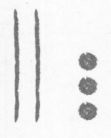

5	11	23	32
Ⓐ	Ⓑ	Ⓒ	Ⓓ

Nombre _____

¡Revisemos! Puedes mostrar con un dibujo las decenas y las unidades que forman un número.

¿Cuántas decenas y unidades hay en 56?

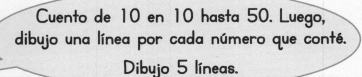
Cuento de 10 en 10 hasta 50. Luego, dibujo una línea por cada número que conté.
Dibujo 5 líneas.

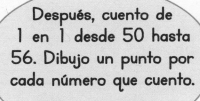
Después, cuento de 1 en 1 desde 50 hasta 56. Dibujo un punto por cada número que cuento.
Dibujo 6 puntos.

ACTIVIDAD PARA EL HOGAR
Dele a su niño(a) un número entre 0 y 99 y pídale que dibuje un modelo para representarlo. Cuando termine el modelo, pídale que cuente de 10 en 10 y de 1 en 1 para comprobar que el modelo representa correctamente el número. Asegúrese de que su niño(a) señale una línea cada vez que cuente de 10 en 10 y un punto cuando cuente de 1 en 1. Repita la actividad con otros números.

| | | | | | • • • • • •

10 20 30 40 50 51 52 53 54 55 56

Hay ⎽5⎽ decenas y ⎽6⎽ unidades en 56.

Dibuja modelos para ayudarte a hallar el número de decenas y unidades en cada número.

1.

Hay _____ decenas y _____ unidades en 72.

2.

Hay _____ decenas y _____ unidades en 43.

Dibuja modelos para ayudarte a hallar el número de decenas y unidades en cada número.

3.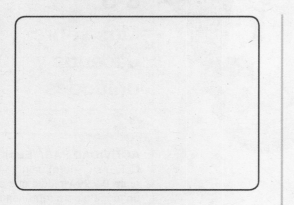

Hay _____ decenas y
_____ unidades en 58.

4.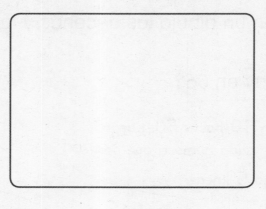

Hay _____ decenas y
_____ unidades en 7.

5.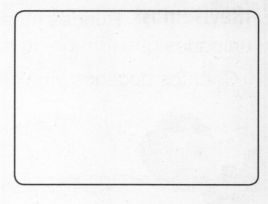

Hay _____ decenas y
_____ unidades en 90.

6. **Razonamiento de orden superior**
Mayra empezó a dibujar un modelo para
el número 84, pero no lo terminó. Ayúdala
a terminar su modelo.

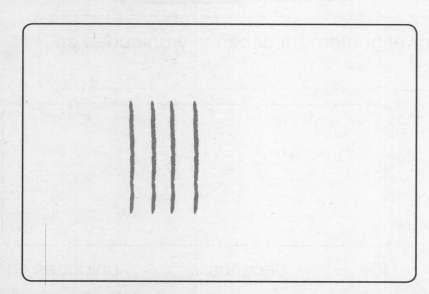

7. ✓ **Evaluación** ¿Qué número está
representado aquí?

Ⓐ 15

Ⓑ 11

Ⓒ 50

Ⓓ 51

Nombre _____

Resuélvelo y coméntalo

Barry representó el número 42 con cubos. ¿De qué maneras podría haber representado 42?

Escribe las decenas y unidades que podría haber usado. Describe cualquier patrón que veas en la tabla.

Puedo…
usar decenas y unidades para formar números de maneras diferentes.

También puedo formar números de diferentes maneras.

Decenas	Unidades

Hábitos de razonamiento

¿Hay algún patrón en las respuestas?

¿En qué me ayuda el patrón?

¿Qué tienen en común las respuestas?

Aprende Glosario

¿De cuántas maneras puedes mostrar el número 38 con decenas y unidades?

¿Hay algún patrón?

Puedo hacer una lista de las diferentes maneras. Luego, puedo buscar los patrones en mi lista.

Decenas	Unidades

Todas las respuestas muestran maneras de formar 38 con decenas y unidades.

Decenas	Unidades
3	8
2	18
1	28
0	38

Busca un patrón. ¿En qué te ayuda el patrón?

Veo un patrón en la tabla. Mientras el número de decenas disminuye en 1, el número de unidades aumenta en 10. Esto me ayuda a revisar mis respuestas.

¿Lo entiendes?

¡Demuéstralo! ¿Cómo puedes usar lo que sabes sobre los patrones de las decenas y unidades para mostrar todas las maneras de formar un número?

☆ Práctica guiada ☆ Haz una lista para resolver el problema. Puedes usar cubos para ayudarte. Habla con un compañero sobre los patrones que ves en tu lista.

1. Carla hace una lista para mostrar 25 con decenas y unidades. ¿Qué maneras anota Carla en su lista?

Decenas	Unidades
2	5

2. Andy quiere mostrar 31 con decenas y unidades. ¿Cuáles son todas las maneras de mostrarlo?

Decenas	Unidades

Nombre _____

Práctica independiente — Haz una lista para resolver el problema. Puedes usar cubos para ayudarte.

3. Alma hace una lista para mostrar 46 con decenas y unidades. ¿Qué maneras anota Alma en su lista?

Decenas	Unidades

4. Sergio quiere mostrar 33 con decenas y unidades. ¿Cuáles son todas las maneras de mostrarlo?

Decenas	Unidades

5. **Razonamiento de orden superior** Diana dice que hay 4 maneras de mostrar 25 con decenas y unidades. ¿Tiene razón? ¿Cómo lo sabes?

_____

_____

_____

Haz una lista para ayudarte.

Resolución de problemas

Venta de panadería Rosa lleva
48 pastelitos a una venta de pan.
Usa bandejas y platos para
acomodarlos. Rosa quiere acomodar
10 pastelitos en cada bandeja y
1 pastelito en cada plato.

¿Cuántas bandejas y platos puede usar
Rosa para acomodar sus pastelitos?

Bandejas	Platos

6. **Buscar patrones** Completa la tabla para
mostrar cuántas bandejas y platos puede usar
Rosa para acomodar sus pastelitos. Describe
un patrón que veas en la tabla.

_____

_____

_____

_____

7. **Razonar** Rosa quiere acomodar
solamente 10 pastelitos en cada bandeja.
¿Hay alguna manera en la que Rosa pueda
acomodar todos sus pastelitos usando solo
bandejas? Explica cómo lo sabes.

_____

_____

_____

_____

482 cuatrocientos ochenta y dos   **Tema 8** | Lección 6

Nombre _____

¡Revisemos! Puedes hacer una lista para resolver problemas.

¿Cuáles son todas las maneras en las que se puede mostrar 49 con decenas y unidades?

Decenas	Unidades
4	9
3	19
2	29
1	39
0	49

Hacer una lista te ayuda a ver el patrón y a asegurarte de que encontraste todas las maneras.

ACTIVIDAD PARA EL HOGAR
Dígale a su niño(a) un número de 2 dígitos y pregúntele: "¿De cuántas maneras puedes mostrar este número?". Pídale que haga una lista con las decenas y unidades que usaría para mostrar cada manera. Repita la actividad con varios números de 2 dígitos.

Haz una lista para resolver cada problema. Puedes usar cubos para ayudarte.

1. Mark quiere mostrar 34 con decenas y unidades. ¿Cuáles son todas las maneras de hacerlo?

Decenas	Unidades

2. Maya quiere mostrar 28 con decenas y unidades. ¿Cuáles son todas las maneras de hacerlo?

Decenas	Unidades

Flores Rafa quiere plantar 53 flores en cajas y macetas. Rafa puede plantar 10 flores en cada caja de flores y 1 flor en cada maceta.

¿De cuántas maneras diferentes puede Rafa plantar las flores en cajas y macetas?

Lista de Rafa

Cajas	Macetas
5	3
4	13
3	23
2	33
1	43

3. **Razonar** Rafa hizo una lista de las maneras en las que puede plantar las flores. ¿Escribió todas las maneras posibles? Di cómo lo sabes. Si Rafa olvidó alguna manera, escríbela abajo.

_____

_____

_____

4. **Explicar** Rafa quiere plantar solamente grupos de 10 flores en cada caja. ¿Hay alguna manera en la que Rafa podría plantar 53 flores usando solo cajas? Explica cómo lo sabes.

_____

_____

_____

5. **Buscar patrones** ¿De cuántas maneras diferentes puede Rafa plantar las flores en cajas y macetas? ¿Cómo puedes usar un patrón para asegurarte de que has encontrado todas las maneras?

_____

_____

Nombre _____

Trabaja con un compañero. Necesitan papel y lápiz. Cada uno escoge un color diferente: celeste o azul.

El Compañero 1 y el Compañero 2 apuntan a uno de los números negros al mismo tiempo. Ambos suman esos números.

Si la respuesta está en el color que escogiste, puedes anotar una marca de conteo. Sigan la actividad hasta que uno de los compañeros tenga doce marcas de conteo.

Puedo...
sumar y restar hasta 10.

Compañero 1							Compañero 2
5	7	6	10	9	8	1	4
4							3
1							5
3	2	3	0	4	3	5	1
2							3
1							2

Marcas de conteo para el Compañero 1

Marcas de conteo para el Compañero 2

Glosario

Lista de palabras
- decenas
- más
- menos
- unidades

Comprender el vocabulario

1. Escribe el número en palabras que es 1 más que catorce.

_____

2. Escribe el número en palabras que es 1 menos que dieciocho.

_____

3. Encierra en un círculo los cubos que formen 2 decenas.

4. Encierra en un círculo los cubos que formen 1 decena y 5 unidades.

5. Encierra en un círculo los cubos que formen 3 decenas y 3 unidades.

Usar el vocabulario al escribir

6. Escribe un problema-cuento sobre un número entre 11 y 19. Luego, resuélvelo usando palabras de la Lista de palabras. Muestra tu trabajo.

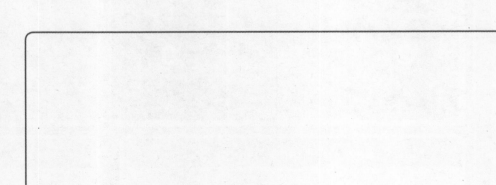

Nombre _____

Grupo A _____

Puedes agrupar objetos de 10 en 10 para contarlos.

_34_ son _3_ grupos de 10
y _4_ unidades sobrantes.

Encierra en un círculo grupos de 10 y escribe los números.

1. _____ son _____ grupos de 10
y _____ unidades sobrantes.

2. _____ son _____ grupos de 10
y _____ unidades sobrantes.

Grupo B _____

Puedes mostrar un número de dos dígitos con decenas y unidades.

_4_ decenas y _3_ unidades son _43_.

Cuenta las decenas y las unidades y escribe los números.

3.

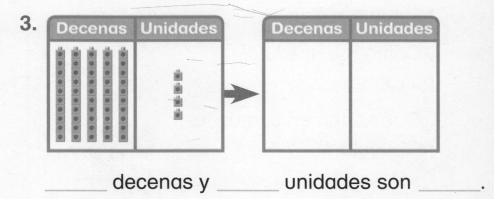

_____ decenas y _____ unidades son _____.

Puedes dibujar un modelo para mostrar las decenas y unidades.

Hay __3__ decenas y __6__ unidades en 36.

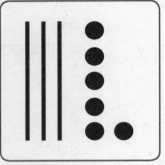

Dibuja un modelo para mostrar las decenas y unidades.

4. Hay _____ decenas y _____ unidades en 78.

Hábitos de razonamiento

Buscar y usar la estructura

¿Hay algún patrón en las respuestas?

¿Cómo me ayuda el patrón?

¿Qué tienen en común las respuestas?

Usa patrones y haz una lista para resolver el problema.

5. Lupita quiere mostrar 54 con decenas y unidades. Completa las maneras de hacerlo.

54

Decenas	Unidades
5	
4	
3	
2	
1	
0	

Nombre _____

1. ___?___ es un grupo de 10 y 4 sobrantes.

4	6	14	40
Ⓐ	Ⓑ	Ⓒ	Ⓓ

2. 42 son ___?___ grupos de 10 y 2 sobrantes.

2	4	20	40
Ⓐ	Ⓑ	Ⓒ	Ⓓ

3. Cuenta las decenas y las unidades y escribe los números.

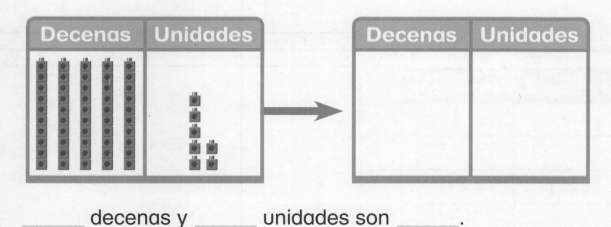

_____ decenas y _____ unidades son _____.

4. ¿Cuáles de estas opciones son maneras de mostrar 11? Selecciona todas las que apliquen.

☐ 1 decena

☐ 11

☐ 1 decena y 1 unidad

☐ 1 decena y 2 unidades

5. Cuenta de 10 en 10 y escribe los números que faltan.

_____ decenas y _____ unidades son _____.

---

6. Haz un modelo para mostrar el número 49.

---

7. Nati encontró 2 maneras de formar 41. Completa la lista para mostrar todas las maneras que hay. Luego, dibuja un modelo que muestre 1 de las maneras.

Decenas	Unidades
4	1
2	21

Nombre _____

La hora de los bocaditos
En la clase de Manuel comen bocaditos todos los días.

1. El lunes, Manuel y Roy compartieron 19 galletas saladas. 10 galletas estaban en una bolsa. ¿Cuántas galletas había en la otra bolsa?

   Dibuja fichas y escribe los números en los espacios en blanco. Escribe el número en palabras en el espacio en blanco más grande.

   Había _____ galletas saladas.

   _____ es _____ decena

   y _____ unidades.

2. El martes, la clase de Manuel se tomó 3 paquetes de jugos. Cada paquete tenía 10 jugos.

   ¿Cuántos jugos se tomaron en la clase de Manuel?

   _____ jugos

   Explica tu respuesta. Usa dibujos, números o palabras.

3. El miércoles, la clase de Manuel se tomó 28 botellas de agua.

Manuel empezó a dibujar un modelo para mostrar las botellas. Usa líneas y puntos para terminar el dibujo.

Explica lo que muestra el dibujo.

_____

_____

_____

_____

4. El jueves, la clase de Manuel se comió 34 paquetes de pasitas. ¿De cuántas maneras se pueden agrupar los paquetes en decenas y unidades? Haz una lista que muestre todas las maneras.

Decenas	Unidades

_____ maneras

5. El viernes, la clase de Manuel se comió 26 bolsas de uvas. Manuel dijo que hay 2 maneras de agrupar 26 bolsas en decenas y unidades.

¿Estás de acuerdo? Encierra en un círculo **Sí** o **No.**

Explica tu respuesta usando números, dibujos o palabras.

Comparar números de dos dígitos

Pregunta esencial: ¿De qué maneras se pueden comparar los números hasta 120?

Recursos digitales

Resuelve Aprende Glosario

Herramientas Evaluación Ayuda Juegos

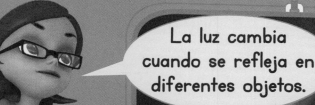

La luz cambia cuando se refleja en diferentes objetos.

Cuando la luz pasa a través de un vitral, adquiere el mismo color que el vidrio por el que se filtra.

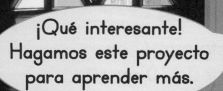

¡Qué interesante! Hagamos este proyecto para aprender más.

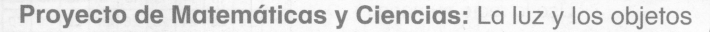

Proyecto de Matemáticas y Ciencias: La luz y los objetos

Investigar Habla con tu familia y tus amigos sobre la luz. Conversen sobre los cambios que sufre la luz al reflejarse en diferentes objetos.

Diario: Hacer un libro Muestra lo que encontraste. En tu libro, también:

- haz dibujos que muestren la luz reflejándose en objetos que son transparentes y que no son transparentes.

- inventa y resuelve cuentos numéricos sobre la luz y los objetos.

Nombre _____

Repasa lo que sabes

1. Encierra en un círculo el grupo de cubos que tiene **más.**

2. Encierra en un círculo el grupo de cubos que tiene **menos.**

3. ¿Cuántas **decenas** hay en este número?

50

_____ decenas

Rectas numéricas

4. Usa la recta numérica para contar de 10 en 10. Escribe los números que faltan.

10   _____   _____   40

5. Pat ve 5 insectos y Erin ve 6. ¿Cuántos insectos ven en total?

Usa la recta numérica para contar.

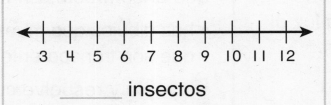

3 4 5 6 7 8 9 10 11 12

_____ insectos

Tabla de 100

6. Usa esta parte de la tabla de 100 para contar.

11	12	13	14	15	16	17	18	19	20
21	22	23	24	25	26	27	28	29	30
31	32	33	34	35	36	37	38	39	40

18, 19, _____, _____, _____

Mis tarjetas de palabras

Estudia las palabras de las tarjetas.
Completa la actividad que está al reverso.

A-Z Glosario

menos

La fila amarilla tiene **menos.**

comparar

29 es **mayor que** 24.

mayor que (>)

42 es **mayor que** 24.

42 > 24

menor que (<)

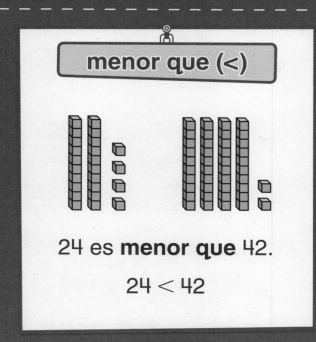

24 es **menor que** 42.

24 < 42

Mis tarjetas de palabras

Usa lo que sabes para completar las oraciones. Para ampliar lo que aprendiste, escribe tu propia oración usando cada palabra.

42 es _____

_____ 24.

Puedes

_____

2 números para ver cuál es el mayor.

El grupo con el menor número de objetos tiene

_____.

13 es _____

_____ 20.

Nombre _____

Resuélvelo
y
coméntalo

¿Cómo puedes usar los bloques de valor de posición para hallar el número que viene después del 12? ¿Qué tal el número que viene antes del 12? Muestra tu trabajo. Escribe los números.

Puedo...
hallar números que sean mayores o menores que un número dado.

También puedo
usar herramientas matemáticas correctamente.

El número después del 12 es _____.

El número antes del 12 es _____.

Aprende Glosario

¿Lo entiendes?

¡Demuéstralo! ¿Cómo puedes hallar 10 más que un número?

Práctica guiada Completa cada oración. Usa bloques de valor de posición si es necesario.

1. 45

1 más que 45 es 46.

1 menos que 45 es 44.

10 más que 45 es 55.

10 menos que 45 es 35.

2. 17

1 más que 17 es _____.

1 menos que 17 es _____.

10 más que 17 es _____.

10 menos que 17 es _____.

★ Práctica independiente

Completa cada oración. Usa bloques de valor de posición si es necesario.

3. 11

1 más que 11 es _____.

1 menos que 11 es _____.

10 más que 11 es _____.

10 menos que 11 es _____.

4. 40

1 más que 40 es _____.

1 menos que 40 es _____.

10 más que 40 es _____.

10 menos que 40 es _____.

5. 81

1 más que 81 es _____.

1 menos que 81 es _____.

10 más que 81 es _____.

10 menos que 81 es _____.

6. 19

1 más que 19 es _____.

1 menos que 19 es _____.

10 más que 19 es _____.

10 menos que 19 es _____.

7. 65

1 más que 65 es _____.

1 menos que 65 es _____.

10 más que 65 es _____.

10 menos que 65 es _____.

8. 43

1 más que 43 es _____.

1 menos que 43 es _____.

10 más que 43 es _____.

10 menos que 43 es _____.

9. Razonamiento de orden superior Encierra en un círculo el dibujo que muestra 10 más que 24. Explica cómo lo sabes.

 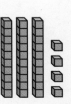

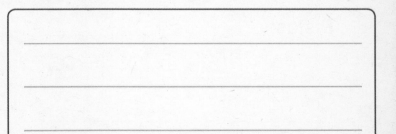

10. Generalizar Sofía quiere decirles a sus amigos cómo hallar el número que es 10 más que un número. ¿Qué instrucciones debería escribir?

_____

_____

_____

11. Sentido numérico Escribe los números que faltan. Usa bloques de valor de posición para ayudarte.

10 menos

1 menos   73   1 más

10 más

12. Razonamiento de orden superior
Escribe y resuelve una adivinanza para un número mayor que 40 y menor que 60. Usa "1 más que" y "1 menos que" o "10 más que" y "10 menos que" como pistas.

Pistas: _____

_____

_____

Mi número es _____.

13. ✔ Evaluación Une con una línea cada número con su descripción.

22   10 más que 23

9   1 menos que 18

17   1 más que 21

33   10 menos que 19

45   10 más que 35

Nombre _____

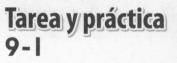
¡Revisemos! Puedes usar bloques de valor de posición para mostrar 1 más que, 1 menos que, 10 más que o 10 menos que.

34

Puedes tachar 1 cubo para mostrar 1 menos que 34.

1 menos que 34 es __33__ .

Puedes añadir 1 cubo para mostrar 1 más que 34.

1 más que 34 es __35__ .

Puedes tachar 1 decena para mostrar 10 menos que 34.

10 menos que 34 es __24__ .

Puedes añadir 1 decena para mostrar 10 más que 34.

10 más que 34 es __44__ .

Completa cada oración.

1.

1 más que 23 es _____ .

1 menos que 23 es _____ .

2.

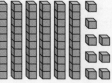

10 menos que 68 es _____ .

10 más que 68 es _____ .

Resuelve cada problema. Puedes hacer dibujos para ayudarte.

3. | 24 |

1 más que 24 es _____.

1 menos que 24 es _____.

10 más que 24 es _____.

10 menos que 24 es _____.

4. | 67 |

1 más que 67 es _____.

1 menos que 67 es _____.

10 más que 67 es _____.

10 menos que 67 es _____.

5. **Razonamiento de orden superior** Sigue las flechas. Escribe los números que sean 1 más, 1 menos, 10 más o 10 menos.

Puedes hacer dibujos para ayudarte.

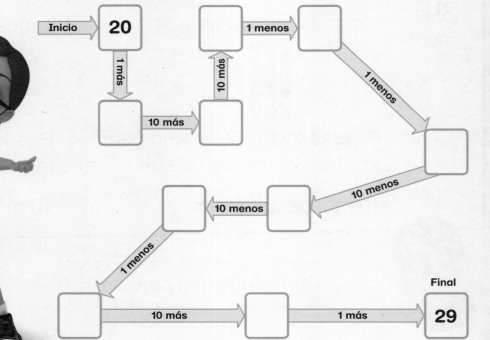

6. ✅ **Evaluación**
Une con una línea cada número con su descripción.

23   1   13   55

10 más que 3   1 más que 54   10 menos que 33   1 menos que 2

Nombre_____

Resuélvelo y coméntalo

¿Cómo te puede ayudar una tabla de 100 para hallar 1 más que 36? ¿Y para hallar 1 menos, 10 más y 10 menos que 36? Escribe los números.

Puedo...
usar una tabla de 100 para hallar 1 más, 1 menos, 10 más y 10 menos.

También puedo
usar herramientas matemáticas correctamente.

21	22	23	24	25	26	27	28	29	30
31	32	33	34	35	(36)	37	38	39	40
41	42	43	44	45	46	47	48	49	50
51	52	53	54	55	56	57	58	59	60

1 más que 36 es _____.   10 más que 36 es _____.

1 menos que 36 es _____.   10 menos que 36 es _____.

35	36	37	38	39
45	46	**47**	48	49
55	56	57	58	59

Un tabla de 100 te puede ayudar a hallar el numero que es 1 más, 1 menos, 10 más o 10 menos.

35	36	37	38	39
45	**46**	**47**	**48**	49
55	56	57	58	59

1 menos

1 más

1 más que 47 es 48. 1 menos que 47 es 46.

10 menos

35	36	**37**	38	39
45	**46**	**47**	**48**	49
55	56	**57**	58	59

10 más

10 más que 47 es 57. 10 menos que 47 es 37.

37

Puedes usar los bloques de valor de posición para comprobar cómo cambian los números.

¿Lo entiendes?

¡Demuéstralo! ¿Cómo podrías usar una tabla de 100 para hallar el número que es 10 más que 86? ¿Cuál es ese número?

☆ Práctica guiada ☆

Completa esta parte de la tabla de 100.
Usa bloques de valor de posición si es necesario.

1.

	23	
32	**33**	34
	43	

2.

	46	

Tema 9 | Lección 2

☆ Práctica ☆ independiente

Usa una tabla de 100 para completar cada oración.

3. 1 más que 37 es _____.

1 menos que 37 es _____.

10 más que 37 es _____.

10 menos que 37 es _____.

4. 1 más que 22 es _____.

1 menos que 22 es _____.

10 más que 22 es _____.

10 menos que 22 es _____.

5. 1 más que 54 es _____.

1 menos que 54 es _____.

10 más que 54 es _____.

10 menos que 54 es _____.

6. 1 más que 78 es _____.

1 menos que 78 es _____.

10 más que 78 es _____.

10 menos que 78 es _____.

7. 1 más que 82 es _____.

1 menos que 82 es _____.

10 más que 82 es _____.

10 menos que 82 es _____.

8. 1 más que 16 es _____.

1 menos que 16 es _____.

10 más que 16 es _____.

10 menos que 16 es _____.

Álgebra Usa una tabla de 100 para hallar el número de cada estudiante.

9. El número de Diana es 10 más que el número de Katy. El número de Katy es 1 menos que el número de Alex. El número de Alex es 27. Completa las ecuaciones para hallar el número de cada niño.

_____ + 10 = _____   Diana [ ]

_____ − 10 = _____   Katy [ ]

_____ + 1 = _____   Alex [27]

Resolución de problemas

Resuelve los siguientes problemas.

10. **Buscar patrones** Usa las pistas para hallar el número de canicas que hay dentro de cada bolsa. Escribe el número.

Ben tiene 1 canica más que 54.

Ana tiene 10 canicas más que Ben.

Tony tiene 1 canica menos que Ana.

Ana   Tony   Ben

---

11. **Razonamiento de orden superior** Escribe una pista que un compañero pueda usar para hallar cuántas canicas hay en una bolsa. Luego, da la respuesta usando tu pista.

12. ✅ **Evaluación** José tiene 10 libros más que Lisa. Lisa tiene 1 libro más que Félix. Félix tiene 11 libros.

¿Cuántos libros tiene Lisa?

_____ libros

¿Cuántos libros tiene José?

_____ libros

Intenta dividir el problema en partes más simples.

Nombre _____

Tarea y práctica
9-2

Formar números en una tabla de 100

¡Revisemos! Puedes usar una tabla de 100 para hallar 1 más, 1 menos, 10 más o 10 menos que un número.

¿Qué números son 1 más, 1 menos, 10 más y 10 menos que 23?

1	2	3	4	5
11	12	13	14	15
21	22	23	24	25
31	32	33	34	35
41	42	43	44	45

Mira el número que está después del 23 para hallar 1 más.

1 más que 23 es __24__.

Mira el número que está debajo del 23 para hallar 10 más.

10 más que 23 es __33__.

Mira el número que está antes del 23 para hallar 1 menos.

1 menos que 23 es __22__.

Mira el número que está arriba del 23 para hallar 10 menos.

10 menos que 23 es __13__.

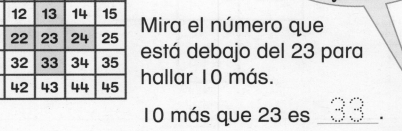

ACTIVIDAD PARA EL HOGAR
Escriba un número entre 11 y 89 en una hoja. Pídale a su niño(a) que le diga el número que es 1 más, 1 menos, 10 más y 10 menos que ese número. Repita la actividad con otros números. Comente los patrones que descubra su niño(a).

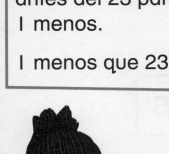

Usa una tabla de 100 para completar cada oración.

1. 1 más que 77 es _____.

   1 menos que 77 es _____.

   10 más que 77 es _____.

   10 menos que 77 es _____.

2. 1 más que 62 es _____.

   1 menos que 62 es _____.

   10 más que 62 es _____.

   10 menos que 62 es _____.

3. 1 más que 89 es _____.

   1 menos que 89 es _____.

   10 más que 89 es _____.

   10 menos que 89 es _____.

Completa la parte de la tabla de 100 para hallar 1 más, 1 menos, 10 más o 10 menos.

4.

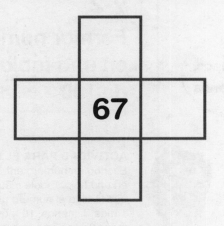

67

5.

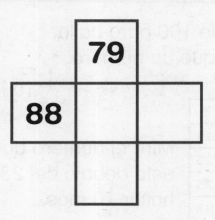

79

88

6.

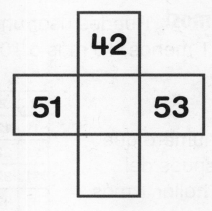

42

51   53

7. Razonamiento de orden superior ¿Cómo puedes usar los bloques de valor de posición y la tabla de 100 para mostrar el número que es 10 más que 43? ¿Cuál es el número?

8. ✔ **Evaluación** Completa la tabla para hallar 1 más, 1 menos, 10 más y 10 menos.

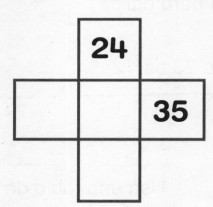

24

35

Tema 9 | Lección 2

Resuelve

Lección 9-3
Comparar números

Resuélvelo y coméntalo

¿De qué manera los bloques de valor de posición te ayudan a decidir qué número es más grande?

Puedo...
usar bloques de valor de posición para comparar dos números de 2 dígitos.

También puedo
razonar sobre las matemáticas.

37   73

¿Cuál es mayor?
Compara los números.

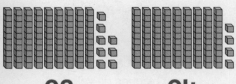

98   94

Primero compara las decenas.

Las decenas son las mismas. Entonces, compara las unidades.

es **mayor que (>)**

98   94.

es **menor que (<)**

98 tiene más unidades que 94.

Ahora compara estos números.

32   35

Las decenas son las mismas. Entoces, compara las unidades.

es mayor que

32   35.

es menor que

32 tiene menos unidades que 35.

¿Lo entiendes?

¡Demuéstralo! ¿Qué número es mayor, 38 o 26? ¿Por qué lo sabes?

☆Práctica guiada☆

Escribe un número que represente cada modelo. Luego, encierra en un círculo **es mayor que** o **es menor que.**

1.

es mayor que

es menor que

78   53.

2.

es mayor que

es menor que

_____   _____.

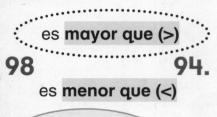
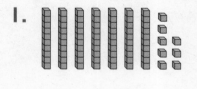
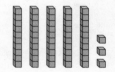

Nombre _____

Herramientas Evaluación

☆ Práctica ☆ independiente ☆ Escribe un número que represente cada modelo.
Luego, encierra en un círculo **es mayor que** o **es menor que.**

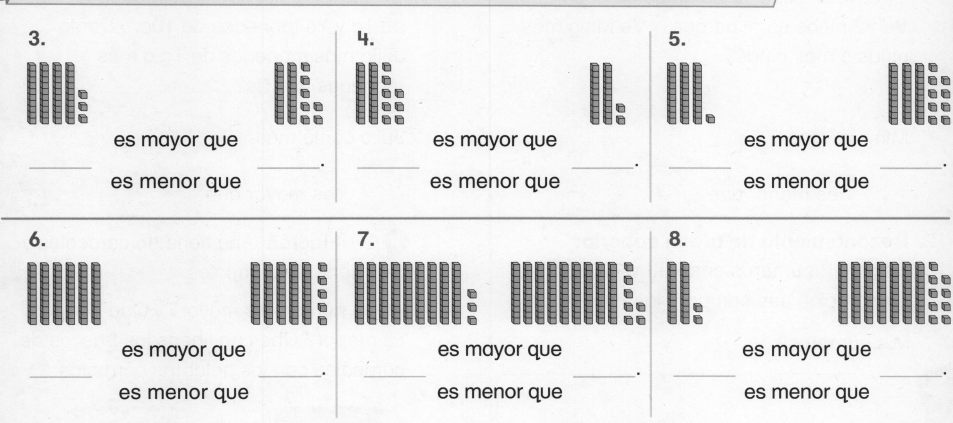

3.

_____ es mayor que

_____ es menor que _____ .

4.

_____ es mayor que

_____ es menor que _____ .

5.

_____ es mayor que

_____ es menor que _____ .

6.

_____ es mayor que

_____ es menor que _____ .

7.

_____ es mayor que

_____ es menor que _____ .

8.

_____ es mayor que

_____ es menor que _____ .

9. **Sentido numérico** Laura contó 36 estrellas. Andy contó 7 estrellas más que Laura.
Escribe el número de estrellas que Andy contó y luego completa la oración.

_____ estrellas

_____ es menor que _____ .

Resolución de problemas

Resuelve cada problema y completa cada oración.

10. Entender Ming ve 28 niñas en el parque. Ve 32 niños en el parque. ¿Ve Ming más niñas o más niños?

Ming ve más _____.

_____ es menor que _____.

11. Entender Julio contó 81 monedas de 1¢ y 76 monedas de 10¢. ¿Contó Julio más monedas de 1¢ o más monedas de 10¢?

Julio contó más _____.

_____ es mayor que _____.

---

12. Razonamiento de orden superior
Escoge 2 números entre 40 y 99. Escribe una oración que compare los números.

Mis números son _____ y _____.

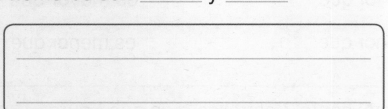

Puedo hacer un dibujo para comparar un número con decenas y unidades.

13. ✓**Evaluación** Ana tiene 46 caracoles y Ben tiene 43 caracoles.

¿Qué número es mayor? ¿Qué número es menor? Une con líneas los frascos de caracoles con las palabras correctas.

Menor   Mayor

Nombre _____

Ayuda   Herramientas   Juegos

Tarea y práctica
9-3

Comparar números

¡Revisemos! Puedes comparar números para decidir si un número es mayor o menor que otro número.

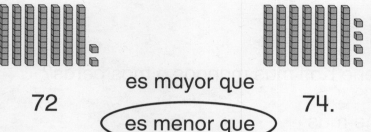

72   es mayor que

~~es menor que~~   74.

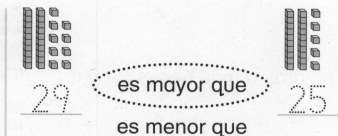

29   (es mayor que)   25.

es menor que

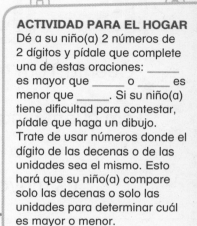

ACTIVIDAD PARA EL HOGAR
Dé a su niño(a) 2 números de 2 dígitos y pídale que complete una de estas oraciones: _____ es mayor que _____ o _____ es menor que _____. Si su niño(a) tiene dificultad para contestar, pídale que haga un dibujo. Trate de usar números donde el dígito de las decenas o de las unidades sea el mismo. Esto hará que su niño(a) compare solo las decenas o solo las unidades para determinar cuál es mayor o menor.

Escribe un número que represente cada modelo. Luego, encierra en un círculo **es mayor que** o **es menor que.**

1.

_____ es mayor que

_____ es menor que _____.

2.

_____ es mayor que

_____ es menor que _____.

3.

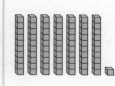

_____ es mayor que

_____ es menor que _____.

Tema 9 | Lección 3   Recursos digitales en SavvasRealize.com   quinientos trece **513**

Resuelve cada problema y completa cada oración.

4. Tom cuenta 29 peces y 22 pájaros en el zoológico.

¿Cuenta Tom más pájaros o más peces?

Tom cuenta más _____ .

_____ es mayor que _____ .

5. Kati tiene 18 mangos y 21 peras.

¿Tiene Kati más mangos o más peras?

Tiene más _____ .

_____ es menor que _____ .

6. Razonamiento de orden superior
Adán escribió un número mayor que 50 y menor que 54. ¿Qué números pudo haber escrito Adán? Explícalo.

7. ✓**Evaluación** Martín tiene más de 41 canicas y menos de 43 canicas. Maya tiene más de 47 canicas y menos de 49 canicas. Une con líneas las oraciones para hacerlas verdaderas.

Canicas de Martín   40

Canicas de Maya   42

                                        48

                                        50

Martín tiene _____   más

canicas que Maya.   menos

Nombre _____

Resuélvelo y coméntalo

Escribe un número de dos dígitos dentro de la televisión. Escribe otro número de dos dígitos dentro del radio. Luego, escribe los números y encierra en un círculo las palabras que completen la oración de abajo.

Lección 9-4

Comparar números con símbolos y signos (>, <, =)

Puedo...
comparar dos números usando mayor que, menor que o igual a.

También puedo
hacer mi trabajo con precisión.

_____ es mayor que

_____ es menor que _____ .

Puedes usar bloques para comparar 24 y 42. Compara las decenas primero.

24 es menor que 42.

24 $<$ 42

24 tiene menos decenas que 42.

Puedes hablar del 24 y el 42 de diferentes maneras.

42 es mayor que 24.

42 $>$ 24

42 tiene más decenas que 24.

Ahora mira el 35 y el 38. Compara las unidades cuando las decenas sean iguales.

35 es menor que 38.

35 $<$ 38

35 tiene menos unidades.

Algunas veces los números son iguales.

26 es igual a 26.

26 $=$ 26

Las decenas son las mismas. Las unidades son las mismas.

¿Lo entiendes?

¡Demuéstralo! ¿Cómo sabes que 48 es mayor que 40?

Práctica guiada Completa cada oración. Escribe **mayor que, menor que** o **igual a.** Luego, escribe $>$, $<$ o $=$.

1.

28 es <u>menor que</u> 41.

28 $<$ 41

2.
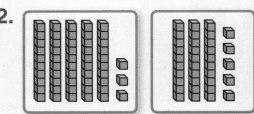

53 es _____ 35.

53 ◯ 35

Herramientas Evaluación

✭ **Práctica** ✭
independiente

Completa cada oración. Escribe **mayor que, menor que** o
igual a. Luego, escribe >, < o =.

3.

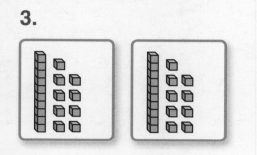

19 es _____ 19.

19 ◯ 19

4.

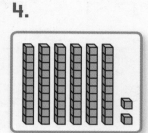

62 es _____ 37.

62 ◯ 37

5.

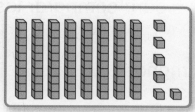

86 es _____ 89.

86 ◯ 89

6. 34 ◯ 43

7. 95 ◯ 90

8. 74 ◯ 74

Razonamiento de orden superior Escoge 2 tarjetas numéricas para cada problema.
Compara los números y escribe >, < o = en cada círculo. Usa cada tarjeta una sola vez.

| 19 | 99 | 42 | 72 | 56 | 19 |

9. _____ ◯ _____

10. _____ ◯ _____

11. _____ ◯ _____

12. Hacerlo con precisión Mary tiene 21 moños rojos y 12 amarillos. ¿Tiene Mary más moños rojos que amarillos?

Escribe >, < o = para comparar los números.

Mary tiene más moños _____.

21 ◯ 12

13. A-Z **Vocabulario** Escribe una oración usando **mayor que (>)**.

☐ ◯ ☐

14. Razonamiento de orden superior
Escribe un cuento que compare 2 números. Luego, completa la oración para comparar los números.

_____
_____
_____

____ ◯ ____

15. ✓**Evaluación** Joel tiene 92 calcomanías y Beto 97.

¿Qué oraciones comparan correctamente las calcomanías de Joel y Beto? Selecciona todas las que apliquen.

☐ 92 = 97
☐ 97 > 92
☐ 92 > 97
☐ 92 < 97

Nombre _____

¡Revisemos! Puedes usar < para indicar que un número es menor que otro.

Puedes usar > para indicar que un número es mayor que otro.

Puedes usar = para indicar que un número es igual a otro.

ACTIVIDAD PARA EL HOGAR
Escriba 2 números de dos dígitos. Deje un espacio entre los números. Pídale a su niño que escriba <, > o = para comparar los números. Luego, pídale que lea la oración, reemplazando los símbolos con "es mayor que", "es menor que" o "es igual a". Repita la actividad con otros números.

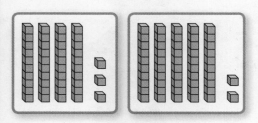

43 $<$ 52

43 es menor que 52.

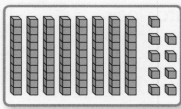

89 $>$ 75

89 es ___mayor que___ 75.

Escribe >, < o = para completar la oración.
Luego, escribe **mayor que, menor que** o **igual a.**

1.
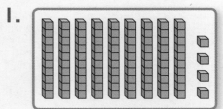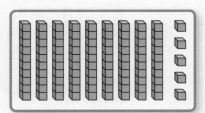

94 $\bigcirc$ 95

94 es _____ 95

2.
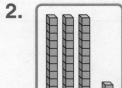

31 $\bigcirc$ 31

31 es _____ 31

3. 45 ◯ 50 | **4.** 97 ◯ 97 | **5.** 21 ◯ 12 | **6.** 33 ◯ 63

---

7. Hacerlo con precisión Brando tiene 79 tapas de botella y Gloria tiene 88. ¿Quién tiene más tapas de botellas? Escribe >, < o = para comparar los números. Luego, resuelve el problema.

¡Hay que usar los símbolos correctamente!

_____ ◯ _____

_____ tiene más tapas de botellas.

---

8. Razonamiento de orden superior Escoge 2 números. Escribe 2 oraciones para comparar los números. En una oración usa **es mayor que, es menor que** o **es igual a.** En la otra oración usa >, < o =.

Escribe >, < o = para comparar los números.

_____

_____

_____

9. ✓ **Evaluación** Nora escribió estas cuatro ecuaciones para la clase. ¿Qué ecuaciones **NO** son verdaderas? Selecciona todas las que apliquen.

☐ 62 < 27

☐ 18 > 24

☐ 42 < 52

☐ 17 = 71

Nombre _____

Resuélvelo y coméntalo

Mira esta recta numérica. Halla un número que sea mayor que 24 y otro que sea menor que 24. Escribe los números en la recta numérica y explica cómo lo sabes.

Puedo...
comparar y escribir números de dos dígitos que son mayores o menores que otros números de dos dígitos.

También puedo
representar con modelos matemáticos.

24

_____ es mayor que 24.

_____ es menor que 24.

Puedes usar la recta numérica para comparar números. Halla un número que sea menor que 55.

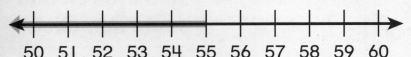

50 51 52 53 54 55 56 57 58 59 60

54 < 55

En una recta numérica, los números de la izquierda son menores. 50, 51, 52, 53 y 54 son menores que 55.

Halla un número que sea mayor que 55.

50 51 52 53 54 55 56 57 58 59 60

56 > 55

En una recta numérica, los números de la derecha son mayores. 56, 57, 58, 59 y 60 son mayores que 55.

¿Lo entiendes?

¡Demuéstralo! Cuando usas una recta numérica, ¿cómo sabes si 70 es mayor o menor que 53?

Práctica guiada Escribe un número que haga correcta cada comparación. Usa la recta numérica para ayudarte.

30 31 32 33 34 35 36 37 38 39 40 41 42 43 44 45 46 47 48 49 50

1. __31__ < 32

2. 40 > ____

3. 35 > ____

4. ____ < 37

5. ____ < 40

6. 50 > ____

522 quinientos veintidós   Copyright © Savvas Learning Company LLC. All Rights Reserved.   **Tema 9** | Lección 5

☆ **Práctica** ☆
independiente
Escribe un número o símbolo > o < que haga correcta cada comparación. Dibuja una recta numérica para ayudarte si es necesario.

7. _____ < 26

8. 75 > _____

9. 33 > _____

10. _____ < 95

11. _____ > 50

12. 90 < _____

13. 39 ◯ 48

14. 47 ◯ 35

15. 29 ◯ 72

Razonamiento de orden superior Escribe los números que hagan correcta cada comparación. Pon los números en la recta numérica.

16. _____ > 70 > _____

17. _____ < 64 < _____

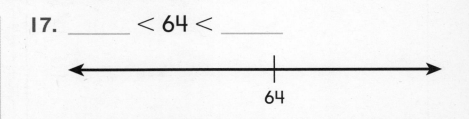

Resolución de problemas

Resuelve cada problema. Puedes usar una recta numérica para ayudarte.

18. Razonar 3 amigos escribieron un número en una hoja. Pablo escribió un número más grande que el número de Nadia y más pequeño que el número de Tina. El número de Nadia es 42. El número de Tina es 44.

¿Cuál es el número de Pablo? _____

19. Matemáticas y Ciencias Javier cubre unas ventanas con cartón para bloquear la luz. Cubrió menos de 28 y más de 26 ventanas. ¿Cuántas ventanas cubrió Javier?

_____ ventanas

20. Razonamiento de orden superior ¿Cómo puedes hallar un número mayor que 90? Explícalo.

> Puedes usar una recta numérica o hacer un dibujo para ayudarte.

21. ✅ **Evaluación** El número en el buzón de Toño es menor que 70. ¿Qué números podría haber en el buzón de Toño? Selecciona todos los que apliquen.

?   70   71

- ☐ 60
- ☐ 69
- ☐ 70
- ☐ 71

Nombre _____

¡Revisemos! Puedes usar una recta numérica para comparar números. Halla un número que sea menor que 64 y un número que sea mayor que 64.

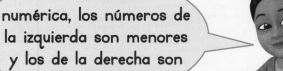
En una recta numérica, los números de la izquierda son menores y los de la derecha son mayores.

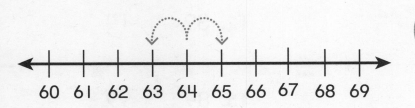

60 61 62 63 64 65 66 67 68 69

63 < 64

63 es menor que 64.

65 > 64

65 es mayor que 64.

ACTIVIDAD PARA EL HOGAR
Haga tarjetas para los números 40 a 50 y para los símbolos >, < y =. Escoja una tarjeta y pídale a su niño(a) que escoja otra tarjeta con un número que sea mayor o menor que el número de su tarjeta. Pídale que ponga la tarjeta con el símbolo correcto entre los dos números. Repita la actividad con otros números hasta 99.

Escribe el número o símbolo > o < que haga correcta cada comparación. Usa la recta numérica para ayudarte.

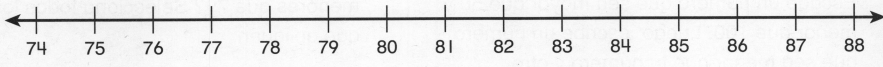

74   75   76   77   78   79   80   81   82   83   84   85   86   87   88

I. _____ < 84

2. 82 > _____

3. 78 < _____

4. 84 ◯ 88

5. 76 ◯ 75

6. 74 ◯ 81

Escribe > o < para hacer correcta cada comparación.
Dibuja una recta numérica para ayudarte, si es necesario.

7. 29 ◯ 42

8. 63 ◯ 71

9. 34 ◯ 28

10. 47 ◯ 53

11. 87 ◯ 76

12. 39 ◯ 14

13. 77 ◯ 63

14. 24 ◯ 34

15. 89 ◯ 99

16. Andrés está pensando en un número que es menor que 52 y mayor que 40. Su número tiene 3 unidades. ¿Cuál es el número de Andrés?

_____

17. **Representar** ¿Qué número es menor que 23 y mayor que 21?

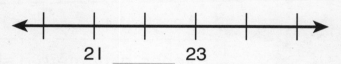

18. **Razonamiento de orden superior**
Escoge un número que sea mayor que 50 y menor que 100. Luego, escribe un número que sea menor que tu número y otro número que sea mayor que tu número.

_____ es menor que _____.

_____ es mayor que _____.

19. ✅ **Evaluación** ¿Qué números son menores que 79? Selecciona todos los que apliquen.

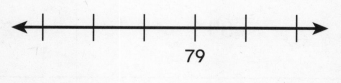

75 ☐   78 ☐   80 ☐   81 ☐

Nombre _____

Resuelve

Resuélvelo y coméntalo

Estoy pensando en un número secreto. El número es mayor que 20 y menor que 30. El número está dentro de una figura de 4 lados. ¿Cuál es el número secreto? ¿Qué estrategia usaste para encontrarlo?

Puedo...
entender un problema y buscar la mejor manera de resolverlo.

También puedo
comparar números.

Hábitos de razonamiento

¿Qué me piden que encuentre?

¿Cuál es un buen plan para resolver el problema?

25

31

22

56

6

41

19

27

14

38

El número secreto es _____.

Carlos tiene un número secreto. Su número es mayor que 40 y menor que 50. Su número es rojo. ¿Cuál es el número secreto de Carlos?

29 50 22 46 24
45 41 58 57

¿Qué puedes hacer para entender el problema?

Puedo ver lo que ya sé en el problema y lo que me están pidiendo que haga.

Mi estrategia es hacer una lista de números y usar las pistas que me dieron.

Lista de números

41
45
46

Mira la segunda pista y los números de la lista.

La segunda pista dice que el número es rojo.

Por tanto, 46 es el único número que cumple con las dos pistas.

Lista de números

41
45
46

¿Lo entiendes?

¡Demuéstralo! ¿De qué manera te ayuda hacer una lista para entender el problema?

Práctica guiada

Usa los números de arriba para resolver cada adivinanza. Escribe el número secreto y explica tu respuesta.

1. Soy un número verde.
   Soy mayor que 45
   y menor que 60.
   ¿Qué número soy?

   57

2. Soy un número azul.
   Dices mi nombre cuando cuentas de 10 en 10.
   ¿Qué número soy?

   _____

528 quinientos veintiocho

✫ Práctica independiente

Entiende cada adivinanza para encontrar el número secreto.
Muestra y explica tu trabajo.

55	90	75	92	82	95	96	48	64	98
Greg	Juan	Ben	Carla	Molly	Julio	Lisa	Yao	Kati	Peg

3. El número de páginas de mi libro es menor que 96 y mayor que 90.

¿Quién puede ser?

_____

Mi nombre tiene 5 letras.
¿Quién soy?

4. El número de páginas de mi libro es mayor que 92.

¿Quién puede ser?

_____

Tengo el mayor número de páginas.
¿Quién soy?

5. El número de páginas de mi libro es menor que 65.

¿Quién puede ser?

_____

Tengo 10 páginas más que 54.
¿Quién soy?

Resolución de problemas

Números faltantes Amanda tiene que encontrar el número secreto entre los números que faltan en la tabla. Le dan algunas pistas para ayudarla.

¿Cuál es el número secreto?

61	62		64	65	66	67	68	69	70
	72	73	74	75	76	77		79	80
81	82		84	85	86	87		89	90

Pistas de Amanda:
- El número secreto es mayor que 75.
- El número **NO** tiene un 8 en el lugar de las unidades.

6. **Entender** ¿Cuál es tu plan para resolver el problema? Explícalo.

_____

_____

_____

7. **Explicar** ¿Cuál es el número secreto? ¿Cómo sabes que tu respuesta es correcta?

_____

_____

_____

_____

_____

Número secreto: _____

Asegúrate de que tu solución tenga sentido.

Nombre _____

¡Revisemos! Hacer una lista te ayuda a entender el problema.

Puedo usar la primera pista para hacer una lista de las respuestas posibles.

Después, puedo usar la segunda pista para reducir mi lista y encontrar la respuesta.

| 82 | 55 | 52 | 47 |

El número de Ian es menor que 60.
Los números podrían ser ___47___,
___52___ y ___55___.

Ian dice que su número tiene un 2 en el lugar de las unidades.
El número de Ian es ___52___.

ACTIVIDAD PARA EL HOGAR
Dígale a su niño(a) que usted está pensando en un número. Dele pistas para ayudarlo a adivinar. Por ejemplo: "Es mayor que 70 y menor que 80, y tiene un 5 en el lugar de las unidades". Repita la actividad con otros números y pistas. Luego, pídale a su niño(a) que piense en los números y le dé pistas a usted.

Entiende los problemas para encontrar el número secreto en la lista de abajo. Muestra tu trabajo.

| 48 | 98 | 62 | 92 |

1. El número de Ben es menor que 90.
Su número puede ser

_____

El número de Ben **NO** tiene un 4 en el lugar de las decenas.

El número es _____.

2. El número de Tim es mayor que 50.
Su número podría ser

_____

Tim dice que su número tiene un 8 en el lugar de las unidades.

El número es _____.

Números en figuras Felipe escoge un número secreto de los números de la derecha. Te da pistas para ayudarte a encontrarlo. ¿Cuál es el número secreto?

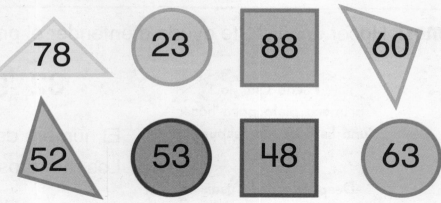

Pistas de Felipe:
- El número **NO** está en una figura verde.
- El número tiene un 3 en el lugar de las unidades.
- El número es mayor que 50.

3. **Entender** ¿Cuál es tu plan para resolver el problema?

_____

_____

_____

¿Cumple tu respuesta con todas las pistas?

4. **Explicar** ¿Cuál es el número secreto? ¿Cómo sabes que tu respuesta es correcta?

_____

_____

_____

_____

_____

_____

_____

Número secreto: _____

Emparéjalo

Trabaja con un compañero. Señala una pista y léela. Mira la tabla de la parte de abajo de la página y busca la pareja de esa pista. Escribe la letra de la pista en la casilla al lado de su pareja. Halla una pareja para cada pista.

Puedo...
sumar y restar hasta 10.

Pistas

A 6 + 2

B 5 + 5

C 9 − 3

D 5 − 1

E 8 − 6

F 5 + 4

G 7 − 2

H 1 + 2

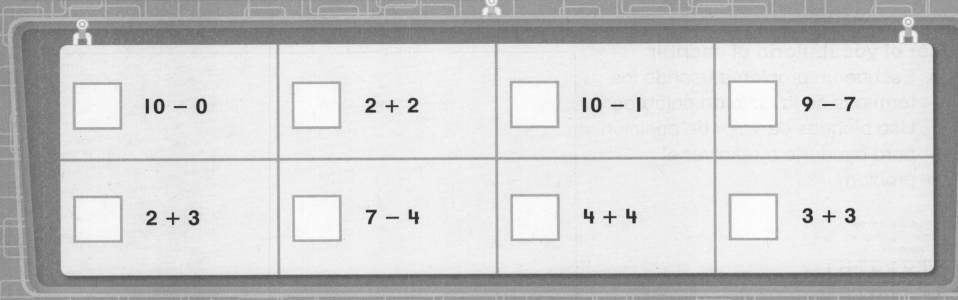

☐ 10 − 0	☐ 2 + 2	☐ 10 − 1	☐ 9 − 7
☐ 2 + 3	☐ 7 − 4	☐ 4 + 4	☐ 3 + 3

Las respuestas de Emparéjalo *están en la siguiente página.*

Glosario

Lista de palabras

- comparar
- más
- mayor que (>)
- menos
- menor que (<)

Comprender el vocabulario

1. Compara los números. Encierra en un círculo el número que es mayor.

26 29

2. Compara los números. Encierra en un círculo el número que es menor.

58 68

3. Escoge un término de la Lista de palabras. Completa las oraciones para hacerlas verdaderas.

 es _____ 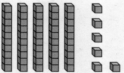.

es 10 _____ que

Usar el vocabulario al escribir

4. Escribe un problema usando los términos de la Lista de palabras. Usa bloques de valor de posición para ayudarte a resolver el problema.

Respuestas de Emparéjalo de la página 533.

C	A
H	G
E	B
F	D

Nombre _____

Grupo A _____

Puedes usar bloques para mostrar
1 más, 1 menos, 10 más y
10 menos que un número.

Refuerzo

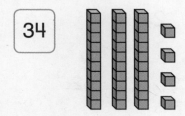

34

1 menos que 34 es ___33___ .

10 más que 34 es ___44___ .

Usa bloques. Escribe los números
que completen cada oración.

1.

87

1 más que 87 es _____ .

1 menos que 87 es _____ .

10 más que 87 es _____ .

10 menos que 87 es _____ .

Grupo B _____

Puedes usar una tabla de
100 para hallar el número que
es 1 más, 1 menos, 10 más y
10 menos que otro.

35	36	37	38	39
45	46	47	48	49
55	56	57	58	59

1 más que 48 es ___49___ .

10 menos que 48 es ___38___ .

Escribe el número que es 1 más, 1 menos,
10 más o 10 menos. Puedes usar una tabla
de 100 para ayudarte.

2. 1 menos que 37

_____ , 37

3. 1 más que 37

37, _____

4. 10 menos que 55

_____ , 55

5. 10 más que 55

55, _____

Puedes comparar números
usando >, < o =.

> significa mayor que.
33 es mayor que 24.

33 ⓖ 24

< significa menor que.
24 es menor que 33.

24 ⓖ 33

Hábitos de razonamiento

Entender y perseverar

¿Qué me piden que encuentre?

¿Cuál es un buen plan para
resolver el problema?

¿Cómo puedo comprobar si
mi solución tiene sentido?

Escribe **mayor que, menor que** o **igual a.**
Luego escribe >, < o =.

6. 46 es _____ 26.

46 ◯ 26

7. 25 es _____ 52.

25 ◯ 52

Mira los números de abajo.
Encuentra el número secreto.

| 42 | 73 | 91 | 7 | 13 | 63 | 50 |

8. Soy un número mayor que 65.
¿Qué números podría ser?

_____

9. Soy 10 menos que 83.
¿Qué número soy?   _____

Nombre _____

1. El número de la casa de Talía es 54. El número de la casa de Frank es mayor que el de la casa de Talía.

¿Cuál es el número de la casa de Frank?

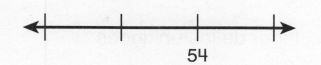

54

52	53	54	55
Ⓐ	Ⓑ	Ⓒ	Ⓓ

2. ¿Qué ecuación compara correctamente los bloques de valor de posición? Selecciona todas las que apliquen.

☐ 82 < 87

☐ 87 = 82

☐ 87 < 82

☐ 87 > 82

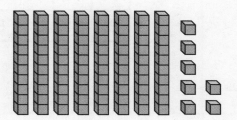 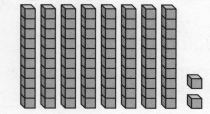

3. Escribe el número que complete esta parte de una tabla de 100.

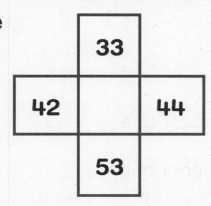

4. Elena tiene 37 canicas. Su hermano le da 10 más. ¿Cuántas canicas tiene Elena ahora?

74	47	38	27
Ⓐ	Ⓑ	Ⓒ	Ⓓ

5. Usa las pistas para hallar el número secreto
que está en las figuras de al lado.

Soy menor que 48.
¿Qué números puedo ser? _____

Tengo un 0 en el lugar de las unidades.
¿Qué número soy?

_____

42   70   55
60   37   40

---

6. Lety lee 74 páginas.
Andrés lee 10 páginas menos que Rosa.
Rosa lee 1 página menos que Lety.

¿Cuántas páginas lee Andrés? _____
Usa la tabla para mostrar cómo lo sabes.

61	62	63	64	65	66	67	68	69	70
71	72	73	74	75	76	77	78	79	80
81	82	83	84	85	86	87	88	89	90

---

7. Mira los bloques de valor de posición. Escribe los números
que hacen verdaderas las oraciones. Explica cómo sabes qué
número es el mayor.

_____

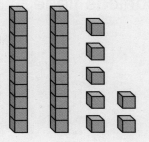   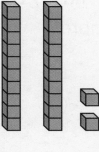

_____

_____ es mayor que _____.

_____

_____ es menor que _____.

_____

Tema 9 | Evaluación

Nombre _____

El misterio de los buzones

Meg vio estos buzones en su vecindario.
Cada buzón tenía un número diferente.

60 25 58 17 89 35 73 34

1. Escribe el número del buzón para cada pista.
   Puedes usar la tabla de 100 para ayudarte.

   1 más que 59 _____   1 menos que 26 _____

   10 más que 7 _____   10 menos que 83 _____

1	2	3	4	5	6	7	8	9	10
11	12	13	14	15	16	17	18	19	20
21	22	23	24	25	26	27	28	29	30
31	32	33	34	35	36	37	38	39	40
41	42	43	44	45	46	47	48	49	50
51	52	53	54	55	56	57	58	59	60
61	62	63	64	65	66	67	68	69	70
71	72	73	74	75	76	77	78	79	80
81	82	83	84	85	86	87	88	89	90
91	92	93	94	95	96	97	98	99	100

2. Usa estas pistas para encontrar el número de buzón
   de cada estudiante.

   Muestra tu trabajo en la tabla de 100.

   El número de Larry es 10 menos que el de Sara.
   El número de Sara es 1 más que el de Beto.
   El número de Beto es 34.

   Larry: _____

   Sara: _____

   Beto: _____

3. Escribe los números que faltan. Puedes usar las rectas numéricas para ayudarte.

Escribe el número del buzón que es mayor que 50.

_____ > 50

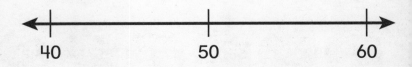

Escribe el número del buzón que es menor que 30.

_____ < 30

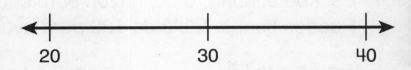

---

4. Meg describe el número de su buzón. Ella usa estas pistas.

¿Cuál es el número de su buzón? _____

Explica cómo lo sabes.

Pistas
- El número es mayor que 40.
- El número **NO** está en un buzón rojo.
- El número tiene más unidades que decenas.

_____

_____

_____

_____

TEMA 10

Usar modelos y estrategias para sumar decenas y unidades

Pregunta esencial: ¿De qué maneras puedes usar las decenas y las unidades para sumar?

Recursos digitales

Resuelve · Aprende · Glosario

Herramientas · Evaluación · Ayuda · Juegos

Cada quien puede ver algunas estrellas desde donde vive.

Las estrellas que ves una noche pueden no ser las mismas que ves otra noche.

¡Muy interesante! Hagamos este proyecto para aprender más.

Proyecto de Matemáticas y Ciencias: Observar las estrellas

Investigar Habla con tu familia y tus amigos sobre las estrellas. Comenten por qué las estrellas que ven en el cielo pueden cambiar de lugar cada noche.

Diario: Hacer un libro Muestra lo que encontraste. En tu libro, también:

- dibuja las estrellas que puedes ver desde donde tú vives.
- inventa y resuelve problemas de suma sobre las estrellas.

Tema 10

quinientos cuarenta y uno **541**

Nombre _____

Repasa lo que sabes

A-Z Vocabulario

1. Encierra en un círculo el dígito de las **unidades**.

    91

2. Encierra en un círculo el dígito de las **decenas**.

    13

3. Encierra en un círculo el signo que indica **sumar**.

    + − =

Entender la suma

4. Escribe una ecuación de suma para representar el dibujo.

    _____ + _____ = _____

5. Bob cortó el pasto en 7 patios. Mari cortó el pasto en 13 patios. ¿En cuántos patios cortaron el pasto Bob y Mari en total?

    Escribe una ecuación de suma y resuélvela.

    _____ + _____ = _____

Tabla de 100

6. Escribe los números que le faltan a esta parte de la tabla de 100.

41		43	44	45	46	47	48	49	50
51	52	53	54			56	57		59	60
61	62		64	65	66	67	68	69	

542 quinientos cuarenta y dos

Nombre _____

Resuélvelo y coméntalo

¿En qué se parecen estos problemas?

Comenta con un compañero cómo puedes usar el total de la primera suma para ayudarte a hallar el total de la segunda.

Puedo...
sumar dos múltiplos de 10.

También puedo
buscar cosas que se repiten.

$3 + 5 =$ _____

$30 + 50 =$ _____

Tú ya sabes cómo sumar unidades.

2 + 3 = 5

Sumar 2 decenas más 3 decenas es como sumar 2 + 3.

Puedes usar lo que sabes para sumar grupos de decenas.

2 decenas + 3 decenas = 5 decenas

2 decenas son 20.
3 decenas son 30.

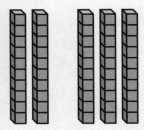

20 + 30 = ?

5 decenas es lo mismo que 50.

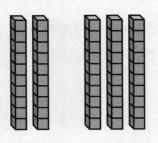

Por tanto,
20 + 30 = 50.

¿Lo entiendes?

¡Demuéstralo! ¿En qué se parece sumar 6 + 3 a sumar 60 + 30?

Práctica guiada Escribe los números para completar cada ecuación.

1.
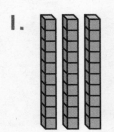 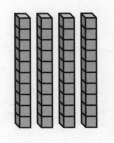

___3___ decenas +
___4___ decenas =
___7___ decenas
___30___ + ___40___ = ___70___

2.
 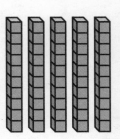

_____ decena +
_____ decenas =
_____ decenas
_____ + _____ = _____

---

544 quinientos cuarenta y cuatro

Tema 10 | Lección 1

Herramientas Evaluación

☆ Práctica independiente

Escribe los números para completar cada ecuación.

3.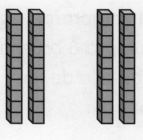

___ + ___ = ___

4.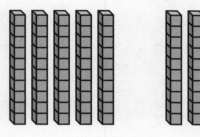

___ + ___ = ___

5.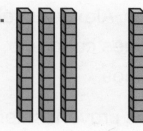

___ + ___ = ___

6.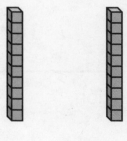

___ + ___ = ___

7.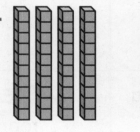

___ + ___ = ___

8.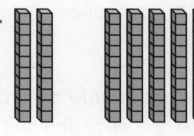

___ + ___ = ___

9.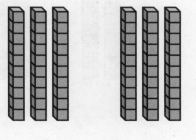

___ + ___ = ___

10.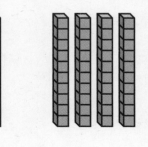

___ + ___ = ___

11.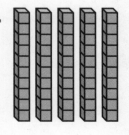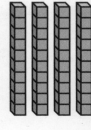

___ + ___ = ___

Resolución de problemas

Suma las decenas para resolver el problema. Usa bloques de valor de posición si es necesario.

12. Entender Alex y Anita tienen 5 cajas de crayones cada uno. Cada caja tiene 10 crayones.

¿Cuántos crayones tienen Alex y Anita en total?

_____ + _____ = _____

_____ crayones

13. Entender Bety y Daniel compraron algunas botellas de jugo. Bety compró 6 botellas y Daniel compró 2. Cada botella de jugo es suficiente para 10 personas.

¿Para cuántas personas tienen suficiente jugo Bety y Daniel?

_____ + _____ = _____

_____ personas

14. Razonamiento de orden superior Berta dice que ella sabe que $4 + 3 = 7$; por tanto, ella también sabe que $30 + 40 = 70$. ¿Tiene razón? Explica cómo lo sabes.

_____

_____

_____

15. ✓**Evaluación** ¿Qué ecuación representa el dibujo?

Ⓐ $2 + 3 = 5$

Ⓑ $3 + 2 = 5$

Ⓒ $20 + 3 = 23$

Ⓓ $20 + 30 = 50$

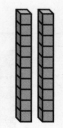 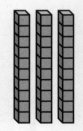

Nombre _____

Ayuda   Herramientas   Juegos

Tarea y práctica
10-1
Sumar decenas usando modelos

¡Revisemos! Si sabes sumar unidades, puedes sumar decenas.

$40 + 50 = ?$

9 decenas son 90.
Por tanto, $40 + 50 = \underline{90}$.

$40 + 50$ es lo mismo que
4 decenas + 5 decenas.   4 decenas + 5 decenas = 9 decenas

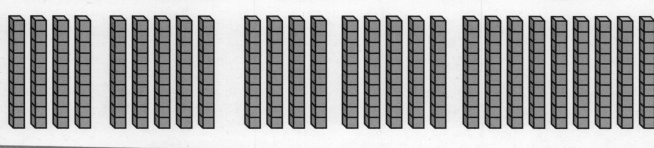

ACTIVIDAD PARA EL HOGAR
Cuente de 1 en 1 del 1 al 10 con su niño(a). Luego cuenten de 10 en 10 hasta el 100. Comenten de qué manera estas secuencias de conteo son similares. ¿Cuál es la relación entre los números al contar de 1 en 1 y de 10 en 10?

Escribe los números que completan cada ecuación.

1.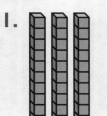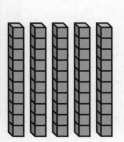

_____ decenas + _____ decenas = _____ decenas

_____ + _____ = _____

2.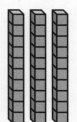

_____ decenas + _____ decenas = _____ decenas

_____ + _____ = _____

Tema 10 | Lección 1   Recursos digitales en SavvasRealize.com   quinientos cuarenta y siete **547**

3. **Entender** Miguel y Tina compraron algunas cajas de paletas heladas. Miguel compró 3 cajas y Tina 4 cajas. Cada caja de paletas es suficiente para 10 personas. ¿Para cuántas personas tienen suficientes paletas Miguel y Tina?

_____ + _____ = _____

_____ personas

4. **Entender** Rita y Bruno tienen 4 paquetes de pilas cada uno. Cada paquete tiene 10 pilas. ¿Cuántas pilas tienen Rita y Bruno en total?

_____ + _____ = _____

_____ pilas

5. **Razonamiento de orden superior** Explica cómo el resolver $8 + 2$ te puede ayudar a resolver $80 + 20$.

_____

_____

_____

_____

6. ✔ **Evaluación** ¿Qué ecuación representa el dibujo?

Ⓐ $5 + 3 = 8$

Ⓑ $50 + 30 = 80$

Ⓒ $50 + 3 = 53$

Ⓓ $5 + 30 = 35$

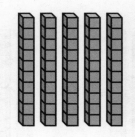 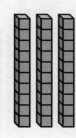

Nombre _____

Resuélvelo y coméntalo

Usa bloques para resolver cada problema. ¿Qué patrón ves en los totales?

$15 + 10 =$ _____

$34 + 10 =$ _____

$49 + 10 =$ _____

Lección 10-2

Cálculo mental: 10 más que un número

Puedo...
usar el cálculo mental para sumarle decenas a números de dos dígitos.

También puedo
buscar patrones.

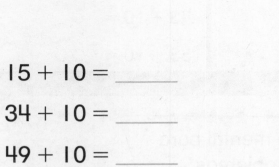

Aprende Glosario

Has usado bloques de valor de posición para sumar 10. También, puedes calcular mentalmente para sumar 10. Halla 23 + 10.

¿Cómo puedo sumar 10 mentalmente?

Cuando sumas 10 debes mirar el dígito de las decenas.

Sé que 2 + 1 = 3. Por tanto, 23 + 10 = 33

Usa el cálculo mental para sumar.

Piensa en los números en el dígito de las decenas y en el dígito de las unidades.

$33 + 10 = 43$

$43 + 10 = 53$

$53 + 10 = 63$

¿Lo entiendes?

¡Demuéstralo! Explica cómo puedes usar el cálculo mental para sumarle 10 a 47.

 Práctica guiada

Usa el cálculo mental para resolver los problemas.

1.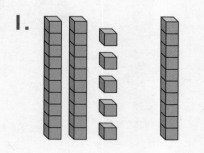

$25 + 10 = 35$

2.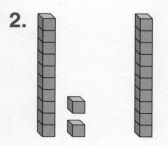

___ + ___ = ___

Herramientas   Evaluación

Práctica independiente

Usa el cálculo mental para resolver cada ecuación.

3.
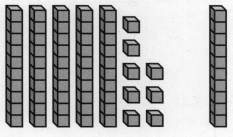

$$58 + 10 = \underline{\hspace{1.5cm}}$$

4.
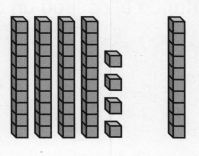

$$44 + 10 = \underline{\hspace{1.5cm}}$$

5.
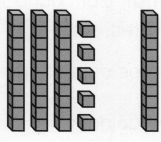

$$35 + 10 = \underline{\hspace{1.5cm}}$$

6. $10 + 72 = \underline{\hspace{1.5cm}}$

7. $87 + 10 = \underline{\hspace{1.5cm}}$

8. $31 + 10 = \underline{\hspace{1.5cm}}$

9. $18 + 10 = \underline{\hspace{1.5cm}}$

10. $10 + 26 = \underline{\hspace{1.5cm}}$

11. $9 + 10 = \underline{\hspace{1.5cm}}$

12. **Sentido numérico** Vanesa usó bloques de valor de posición para mostrar $29 + 10$. Ella dice que la respuesta es 30. ¿Tiene razón? Explica cómo lo sabes.

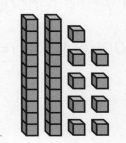

Resolución de problemas

Usa el cálculo mental para resolver los siguientes problemas.

13. Razonar Sam ganó 15 dólares cortando el césped un día. Al siguiente día, ganó 10 dólares.

¿Cuántos dólares ganó Sam en total?

_____ dólares

14. Razonar Tere resuelve 22 problemas de matemáticas. Luego, resuelve 10 problemas más.

¿Cuántos problemas de matemáticas resolvió Tere en total?

_____ problemas

Fíjate en los números del dígito de las decenas y de las unidades.

15. Razonamiento de orden superior Raúl recogió 75 latas. Elia recogió algunas latas. Raúl y Elia recogieron 85 latas en total.

¿Cuántas latas recogió Elia?

_____ latas

16. ✓Evaluación Une con una línea cada par de sumandos con su total.

27	33 + 10
86	41 + 10
43	59 + 10
51	76 + 10
69	17 + 10

Tema 10 | Lección 2

Nombre _____

Tarea y práctica
10-2
Cálculo mental:
10 más que un
número

¡Revisemos! Puedes sumar mentalmente 10 a cualquier número.

$$34 + 10 = \underline{\hspace{1cm}}$$

Imagina que te mueves hacia abajo
1 casilla.

21	22	23	24	25	26	27	28	29	30
31	32	33	34	35	36	37	38	39	40
41	42	43	44	45	46	47	48	49	50

$$34 + 10 = \underline{44}$$

O suma 1 al dígito
de las decenas.

3 + 1 = 4;
por tanto, 3 decenas +
1 decena = 4 decenas.
El dígito de las unidades
permanece igual.

ACTIVIDAD PARA EL HOGAR
Escoja un número entre 1 y 100.
Pídale a su niño(a) que le sume
10 al número y le diga el total
que obtuvo.

Usa el cálculo mental para resolver cada ecuación.

1. $55 + 10 = \underline{\hspace{1cm}}$

2. $10 + 10 = \underline{\hspace{1cm}}$

3. $83 + 10 = \underline{\hspace{1cm}}$

4. $16 + 10 = \underline{\hspace{1cm}}$

5. $15 + 10 = \underline{\hspace{1cm}}$

6. $36 + 10 = \underline{\hspace{1cm}}$

Usa el cálculo mental para resolver los siguientes problemas.

7. $22 + 10 =$ _____

8. $47 + 10 =$ _____

9. $78 + 10 =$ _____

10. $58 + 10 =$ _____

11. $14 + 10 =$ _____

12. $59 + 10 =$ _____

13. $85 + 10 =$ _____

14. $52 + 10 =$ _____

15. $38 + 10 =$ _____

16. Razonamiento de orden superior La clase del maestro Valdez revisó 63 palabras de vocabulario. El martes, revisaron algunas palabras más.

Ahora la clase ha revisado 73 palabras. ¿Cuántas palabras de vocabulario revisó la clase el martes?

_____ palabras

17. ✓**Evaluación** Une con una línea cada par de sumandos con su total.

75          $28 + 10$

64          $65 + 10$

38          $19 + 10$

47          $54 + 10$

29          $37 + 10$

Nombre _____

Resuélvelo y coméntalo

¿Cómo puedes usar una tabla de 100 para hallar la suma de 8 + 40? Muestra tu trabajo y di cómo hallaste la suma.

1	2	3	4	5	6	7	8	9	10
11	12	13	14	15	16	17	18	19	20
21	22	23	24	25	26	27	28	29	30
31	32	33	34	35	36	37	38	39	40
41	42	43	44	45	46	47	48	49	50
51	52	53	54	55	56	57	58	59	60
61	62	63	64	65	66	67	68	69	70
71	72	73	74	75	76	77	78	79	80
81	82	83	84	85	86	87	88	89	90
91	92	93	94	95	96	97	98	99	100

Lección 10-3

Sumar decenas y unidades usando una tabla de 100

Puedo...
usar una tabla de 100 para sumar decenas y unidades.

También puedo
representar con modelos matemáticos.

Puedes usar una tabla de 100 para sumar decenas y unidades.

1	2	3	4	5	6	7	8	9	10
11	12	13	14	15	16	17	18	19	20
21	22	23	24	25	26	27	28	29	30

$4 + 23 = ?$

Empieza con el número más grande: 23.

23 tiene 2 decenas. Por tanto, 23 está en la tercera fila de la tabla.

1	2	3	4	5	6	7	8	9	10
11	12	13	14	15	16	17	18	19	20
21	22	23	24	25	26	27	28	29	30

Suma las unidades. Por cada unidad que sumas te mueves 1 columna a la derecha.

1	2	3	4	5	6	7	8	9	10
11	12	13	14	15	16	17	18	19	20
21	22	23	24	25	26	27	28	29	30

4 son 4 unidades. Muévete 4 columnas a la derecha. $23 + 4 = 27$; por tanto, $4 + 23 = 27$.

¿Lo entiendes?

¡Demuéstralo! ¿Cómo puedes usar la tabla de 100 para hallar la suma de 6 más 50?

☆ Práctica guiada ☆

Usa la parte de la tabla de 100 para sumar.

1. $2 + 12 =$ ___14___

2. $5 + 40 =$ _____

3. $13 + 20 =$ _____

4. $10 + 31 =$ _____

5. $32 + 6 =$ _____

1	2	3	4	5	6	7	8	9	10
11	12	13	14	15	16	17	18	19	20
21	22	23	24	25	26	27	28	29	30
31	32	33	34	35	36	37	38	39	40
41	42	43	44	45	46	47	48	49	50

556 quinientos cincuenta y seis

Tema 10 | Lección 3

Herramientas Evaluación

Práctica independiente

Usa la tabla de 100 para sumar.

1	2	3	4	5	6	7	8	9	10
11	12	13	14	15	16	17	18	19	20
21	22	23	24	25	26	27	28	29	30
31	32	33	34	35	36	37	38	39	40
41	42	43	44	45	46	47	48	49	50
51	52	53	54	55	56	57	58	59	60
61	62	63	64	65	66	67	68	69	70
71	72	73	74	75	76	77	78	79	80
81	82	83	84	85	86	87	88	89	90
91	92	93	94	95	96	97	98	99	100

6. $7 + 60 =$ _____

7. $33 + 20 =$ _____

8. $20 + 18 =$ _____

9. $5 + 13 =$ _____

10. $3 + 26 =$ _____

11. $1 + 41 =$ _____

12. $4 + 32 =$ _____

13. $56 + 2 =$ _____

14. $10 + 85 =$ _____

15. $7 + 12 =$ _____

16. $50 + 13 =$ _____

17. $71 + 5 =$ _____

18. **Razonamiento de orden superior** Sonia tenía algunas calcomanías en su libro. Ella compró 30 calcomanías más. Ahora tiene 36 calcomanías en su libro. ¿Cuántas calcomanías tenía Sonía al principio?

_____ calcomanías

Empieza con el número que haga más fácil el sumar en la tabla de 100.

Resolución de problemas

Usa la tabla de 100 para resolver cada problema.

1	2	3	4	5	6	7	8	9	10
11	12	13	14	15	16	17	18	19	20
21	22	23	24	25	26	27	28	29	30
31	32	33	34	35	36	37	38	39	40
41	42	43	44	45	46	47	48	49	50
51	52	53	54	55	56	57	58	59	60
61	62	63	64	65	66	67	68	69	70
71	72	73	74	75	76	77	78	79	80
81	82	83	84	85	86	87	88	89	90
91	92	93	94	95	96	97	98	99	100

19. Usar herramientas Las gallinas pusieron 40 huevos. Luego, pusieron 45 huevos más. ¿Cuántos huevos pusieron en total?

_____ huevos

20. Usar herramientas Había 22 estudiantes en la feria del libro. Después, llegaron más estudiantes. Ahora hay 72 estudiantes en total en la feria del libro. ¿Cuántos estudiantes llegaron después?

_____ estudiantes

21. Razonamiento de orden superior

Escribe un cuento numérico para $3 + 42$.

_____

_____

_____

22. ✓Evaluación Hay 8 personas en un autobús. Hay 50 personas en otro autobús. ¿Qué ecuaciones muestran cuántas personas hay en total en los dos autobuses? Selecciona todas las que apliquen.

☐ $80 + 5 = 85$

☐ $8 + 5 = 13$

☐ $8 + 50 = 58$

☐ $50 + 8 = 58$

Tema 10 | Lección 3

¡Revisemos! Puedes usar una tabla de 100 para sumar 2 números de dos dígitos.

$24 + 30 = ?$

Empieza en 24.

Baja 3 filas para sumar 30.

Para en el __54__ .

Por tanto, $24 + 30 =$ __54__ .

1	2	3	4	5	6	7	8	9	10
11	12	13	14	15	16	17	18	19	20
21	22	23	24	25	26	27	28	29	30
31	32	33	34	35	36	37	38	39	40
41	42	43	44	45	46	47	48	49	50
51	52	53	54	55	56	57	58	59	60
61	62	63	64	65	66	67	68	69	70
71	72	73	74	75	76	77	78	79	80
81	82	83	84	85	86	87	88	89	90
91	92	93	94	95	96	97	98	99	100

ACTIVIDAD PARA EL HOGAR
Use una tabla de 100. Dele a su niño(a) un número de un dígito, como 7. Pídale que le sume un múltiplo de 10, como 30. Repita la actividad con otros números de un dígito y de dos dígitos.

Usa una tabla de 100 para sumar 2 números de dos dígitos.

1. 10
   + 36

2. 15
   + 8

3. 20
   + 58

4. 11
   + 40

5. 40
   + 13

6. 7
   + 34

Cuenta de 10 en 10 para hallar cada número que falta.

7. **Sentido numérico** 5, 15, _____, 35, _____

8. **Sentido numérico** 9, _____, 29, 39, _____

9. **Razonamiento de orden superior** Mario tiene 8 canicas. Compra algunas más. Ahora tiene 28 canicas. ¿Cuántas canicas compró Mario?

Haz un dibujo para resolver el problema.

Mario compró _____ canicas.

Usa la tabla de 100 para resolver cada problema.

1	2	3	4	5	6	7	8	9	10
11	12	13	14	15	16	17	18	19	20
21	22	23	24	25	26	27	28	29	30
31	32	33	34	35	36	37	38	39	40
41	42	43	44	45	46	47	48	49	50
51	52	53	54	55	56	57	58	59	60
61	62	63	64	65	66	67	68	69	70
71	72	73	74	75	76	77	78	79	80
81	82	83	84	85	86	87	88	89	90
91	92	93	94	95	96	97	98	99	100

10. ✔ **Evaluación** ¿Qué ecuaciones **NO** son verdaderas? Selecciona todas las que apliquen.

☐ $1 + 10 = 11$
☐ $8 + 60 = 78$
☐ $3 + 70 = 73$
☐ $8 + 40 = 84$

11. ✔ **Evaluación** ¿Qué opciones **NO** muestran el número que falta? Selecciona todas las que apliquen.

$6 + \underline{\ ?\ } = 76$

☐ 70
☐ 10
☐ 60
☐ 7

560 quinientos sesenta

Tema 10 | Lección 3

Nombre _____

Resuélvelo y coméntalo

Usa esta recta numérica para resolver 43 + 6.

Puedo...
usar una recta numérica para
resolver problemas de suma.

También puedo
razonar sobre las matemáticas.

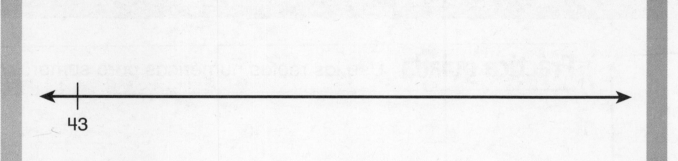

43

43 + 6 = _____

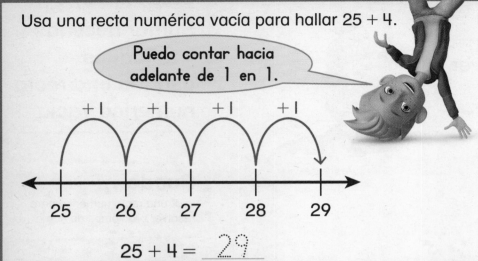

Usa una recta numérica vacía para hallar 25 + 4.

Puedo contar hacia adelante de 1 en 1.

+1 +1 +1 +1

25 26 27 28 29

25 + 4 = 29

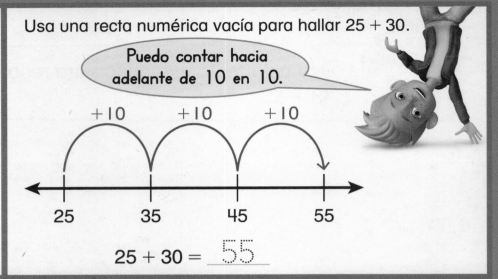

Usa una recta numérica vacía para hallar 25 + 30.

Puedo contar hacia adelante de 10 en 10.

+10 +10 +10

25 35 45 55

25 + 30 = 55

¿Lo entiendes?

¡Demuéstralo! Piensa en el problema 20 + 17. ¿Sería más fácil empezar con 20 o con 17 en la recta numérica para resolver el problema?

✫Práctica guiada* Usa las rectas numéricas para sumar.

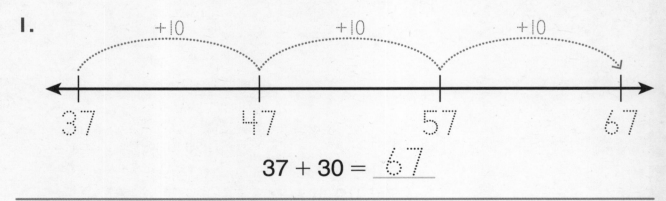

1.

+10 +10 +10

37 47 57 67

37 + 30 = 67

2.

26 + 50 = _____

562 quinientos sesenta y dos

562 quinientos sesenta y dos

Herramientas   Evaluación

☆ Práctica independiente ☆

Usa las rectas numéricas para sumar.

3.

$11 + 8 =$ _____

4.

$40 + 16 =$ _____

5.

$48 + 20 =$ _____

6.

$22 + 7 =$ _____

7. Razonamiento de orden superior Escribe una ecuación de suma con un número de dos dígitos y otro de un dígito. Luego, muestra cómo resuelves tu ecuación en la recta numérica.

_____ + _____ = _____

8. Hacerlo con precisión Daniel escribió 20 páginas de su trabajo el lunes y 32 páginas el martes. ¿Cuántas páginas escribió Daniel en total? Usa la recta numérica para resolver el problema.

$20 + 32 =$ _____ _____ páginas

9. Hacerlo con precisión Lola vio 41 películas el año pasado y 30 películas este año. ¿Cuántas películas ha visto Lola en total? Usa la recta numérica para resolver el problema.

$41 + 30 =$ _____ _____ películas

10. Razonamiento de orden superior Explica cómo puedes resolver $57 + 7$ en una recta numérica.

_____

_____

11. ✓Evaluación Resuelve $60 + 26$ en la recta numérica. Muestra tu trabajo

$60 + 26 =$ _____

Nombre _____

Tarea y práctica
10-4
Sumar decenas
y unidades
usando una recta
numérica vacía

¡Revisemos! Usa diferentes estrategias para resolver problemas de suma en la recta numérica. Muestra $30 + 29$ en la recta numérica.

Empieza en 30.
Suma las decenas y
luego las unidades.

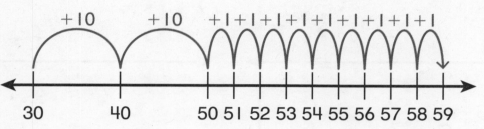

Empieza en 29.
Suma las decenas.

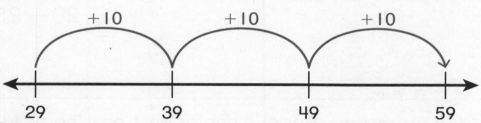

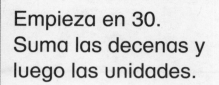
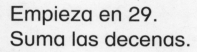

Es mejor empezar con el número que haga más fácil sumar en la recta numérica.

$30 + 29 = \underline{59}$

ACTIVIDAD PARA EL HOGAR
Dibuje una recta numérica en una hoja. Dígale una ecuación de suma a su niño(a) que tenga un número de dos dígitos y un número de un dígito. Pídale que haga la suma usando la recta numérica.

Usa las rectas numéricas para sumar.

1. ⟷

$80 + 18 = \underline{}$

2. ⟷

$60 + 24 = \underline{}$

3. Cuenta hacia adelante de 1 en 1 para resolver $42 + 7$.

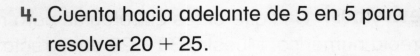

$42 + 7 =$ _____

4. Cuenta hacia adelante de 5 en 5 para resolver $20 + 25$.

$20 + 25 =$ _____

5. Razonamiento de orden superior ¿Por qué contar de 1 en 1 no es la forma más rápida de sumar $20 + 26$ en una recta numérica?

_____

_____

6. ✓**Evaluación** Resuelve $42 + 30$ en una recta numérica vacía. Muestra tu trabajo.

$42 + 30 =$ _____

Nombre _____

Resuélvelo y coméntalo

¿Cómo puedes hallar la suma de 50 + 5?

Usa bloques de valor de posición para ayudarte a hallar la suma. Luego, usa números y dibujos para mostrar tu trabajo.

Puedo...
usar bloques o dibujos para resolver problemas de suma.

También puedo representar con modelos matemáticos.

50 + 5 = _____

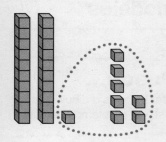

Halla 21 + 7. Primero, usa los bloques.

21 + 7 = _28_

Luego, dibuja lo que hiciste para resolver el problema.

Sumé las unidades primero.

21 + 7 = _28_

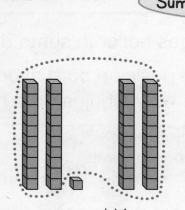

Halla 21 + 20.

21 + 20 = _41_

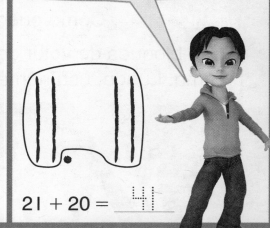

Sumé las decenas y luego la unidad.

21 + 20 = _41_

¿Lo entiendes?

¡Demuéstralo! ¿Podrías contar de 10 en 10 para sumar 21 + 20?

Práctica guiada

Usa bloques para sumar. Luego, dibuja lo que hiciste.

1.

24 + 4 = _28_

2.

16 + 30 = _____

3.

32 + 20 = _____

4.

33 + 6 = _____

Tema 10 | Lección 5

Práctica independiente

Suma. Dibuja bloques para mostrar tu trabajo.

5.

37 + 2 = _____

6.

21 + 40 = _____

7.

42 + 10 = _____

8.

4 + 33 = _____

9.

50 + 14 = _____

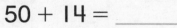

Puedes sumar los números en cualquier orden.

Busca un patrón para ayudarte a encontrar los números que faltan.

10. Álgebra Escribe los números que faltan. Luego, escribe el último problema de suma en el patrón.

```
  4  0
+  ☐
―――――
  4  4
```

```
  4  0
+     5
―――――
 ☐  ☐
```

```
 ☐  ☐
+     6
―――――
  4  6
```

```
  4  0
+     7
―――――
 ☐  ☐
```

```
  4  0
+  ☐
―――――
  4  8
```

```
 ☐  ☐
+  ☐
―――――
 ☐  ☐
```

Resolución de problemas

Escribe una ecuación para resolver cada problema. Usa bloques para ayudarte si es necesario.

11. **Representar** Jamal tiene 32 monedas en una alcancía. Su papá le da 4 monedas más. ¿Cuántas monedas tiene Jamal ahora?

_____ + _____ = _____

_____ monedas

12. **Representar** Julia vende 18 galletas el lunes y 20 galletas el viernes. ¿Cuántas galletas vendió Julia en total?

_____ + _____ = _____

_____ galletas

13. **Razonamiento de orden superior** Leo tiene 9 canicas. Le regalan algunas canicas más. Ahora tiene 79 canicas. ¿Cuántas canicas le regalaron a Leo? Haz un dibujo para resolverlo.

_____ canicas

14. ✓ **Evaluación** Lisa tiene 37 listones. Le dan 40 listones más. ¿Cuántos listones tiene Lisa ahora?

¿Que ecuación de suma representa este cuento?

Ⓐ $10 + 37 = 47$

Ⓑ $20 + 37 = 57$

Ⓒ $37 + 30 = 67$

Ⓓ $40 + 37 = 77$

Nombre _____

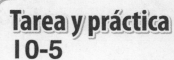

**Tarea y práctica
10-5**

Sumar decenas y
unidades usando
modelos

¡Revisemos! Dibujar decenas y unidades te puede
ayudar a sumar.

Las líneas
son decenas y
los puntos son
unidades.

ACTIVIDAD PARA EL HOGAR
Dele a su niño(a) un múltiplo de
10, como 50. Pídale que le sume
un número de un dígito, como 4.
Repita la actividad con otros
múltiplos de 10 y otros números
de un dígito.

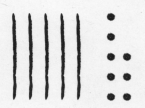

$50 + 8 =$ _58_

$23 + 6 =$ _29_

Suma. Dibuja bloques para mostrar tu trabajo.

1.

$20 + 2 =$ _____

2.

$45 + 30 =$ _____

Tema 10 | **Lección 5**   Recursos digitales en SavvasRealize.com   quinientos setenta y uno   **571**

Escribe una ecuación para representar cada problema. Dibuja bloques para ayudarte si es necesario.

3. Andy tiene 19 marcadores. Le dan 21 marcadores más. ¿Cuántos marcadores tiene Andy ahora?

_____ = _____ + _____

_____ marcadores

4. Matemáticas y Ciencias Ted contó 30 estrellas en una noche. En otra noche, contó 5 estrellas. ¿Cuántas estrellas contó Ted en las dos noches?

_____ = _____ + _____

_____ estrellas

Escribe el número que falta en cada problema.

5. Álgebra

$70 +$ _____ $= 76$

6. Álgebra

_____ $+ 8 = 28$

7. Álgebra

$50 + 3 =$ _____

8. Razonamiento de orden superior Jorge tiene 4 lápices. Sus amigos le dan unos más. Ahora tiene 24 lápices. ¿Cuántos lápices le dieron a Jorge sus amigos? Haz un dibujo para resolver el problema.

_____ lápices

9. ✓ Evaluación Halla el número que falta.

$$71 + \underline{\ ?\ } = 77$$

Ⓐ 6
Ⓑ 10
Ⓒ 60
Ⓓ 70

Nombre _____

Resuélvelo y coméntalo

¿Cómo puedes usar grupos de 10 para ayudarte a sumar 25 + 8? Usa bloques como ayuda. Muestra tu trabajo.

Puedo...
usar lo que sé sobre las decenas como ayuda para que sea más fácil resolver los problemas de suma.

También puedo
razonar sobre las matemáticas.

_____ + _____ = _____

Aprende   Glosario

Algunas veces puedes formar 10, o 1 decena, cuando sumas.

Probemos con 28 + 6.

Suma unidades hasta formar 10.

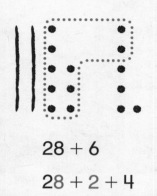

28 + 6

28 + 2 + 4

Ahora, tengo 3 decenas y 4 unidades.

30 + 4 = 34

So, 28 + 6 = 34.

Algunas veces, no puedes formar 10 cuando sumas.

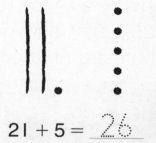

21 + 5 = 26

¿Lo entiendes?

¡Demuéstralo! Cuando sumas dos números, ¿cómo sabes si puedes formar 10?

✩ Práctica guiada ✩

Dibuja bloques para sumar. ¿Necesitas formar 10? Encierra en un círculo **Sí** o **No.**

1.

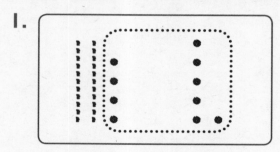

24 + 6 = 30

¿Formar 10?

(Sí)   No

2.

65 + 2 = _____

¿Formar 10?

Sí   No

574 quinientos setenta y cuatro

Tema 10 | Lección 6

Práctica independiente

Dibuja bloques para sumar. ¿Necesitas formar 10? Encierra en un círculo **Sí** o **No**.

3.

$17 + 7 =$ _____

¿Formar 10?

Sí   No

4.

$32 + 4 =$ _____

¿Formar 10?

Sí   No

Suma. Usa bloques de valor de posición y tu tablero. ¿Puedes formar 10?

Usa lo que sabes sobre el valor de posición como ayuda.

	Muestra.	Suma.	¿Puedes formar 10?		Halla la suma.
5.	42	8	Sí	No	_____ + _____ = _____
6.	29	5	Sí	No	_____ + _____ = _____

Álgebra Escribe los números que faltan. Usa los bloques de valor de posición si lo necesitas.

7. $23 +$ ⬜ $= 32$

8. $35 +$ ⬜ $= 40$

9. **Usa herramientas** Jaime tiene 28 tarjetas. Su hermana le da 6 tarjetas más. ¿Cuántas tarjetas tiene Jaime ahora? Dibuja bloques para mostrar tu trabajo.

_____ + _____ = _____ _____ tarjetas

10. **Usa herramientas** Lupe teje 15 bufandas. Luego, teje 8 más. ¿Cuántas bufandas teje Lupe en total? Dibuja bloques para mostrar tu trabajo.

_____ + _____ = _____ _____ bufandas

11. **Razonamiento de orden superior** ¿Cómo puedes resolver 19 + 6 usando solamente ecuaciones para representar tu razonamiento? Explícalo.

_____

_____

_____

12. ✓**Evaluación** Explica cómo puedes usar la estrategia de formar 10 para resolver 37 + 5.

_____

_____

_____

_____

Nombre _____

Ayuda   Herramientas   Juegos

¡Revisemos! Puedes dibujar bloques de valor de posición para hallar 24 + 8.

¿Puedes formar 10?

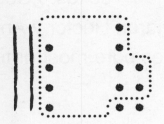

¡Sí, puedo formar 10!

Hay ___3___ decenas y ___2___ unidades.

24 + 8 = ___32___

ACTIVIDAD PARA EL HOGAR
Pídale a su niño que use monedas de 1¢ para hallar la suma de 26 + 5. Pídale que forme grupos de 10 centavos para explicar su respuesta.

Dibuja bloques para sumar. ¿Necesitas formar 10? Encierra en un círculo **Sí** o **No.**

1.

28 + 3 = _____

¿Formar 10?

Sí   No

2.

47 + 7 = _____

¿Formar 10?

Sí   No

3.

55 + 6 = _____

¿Formar 10?

Sí   No

Resuelve cada problema.

4. **Usar herramientas** Susi tiene ahorradas 16 monedas de 1¢. Luego, se encuentra 6 monedas de 1¢ más. ¿Cuántas monedas de 1¢ tiene Susi ahora? Dibuja bloques para mostrar tu trabajo.

_____ + _____ = _____   _____ monedas de 1¢

5. **Usar herramientas** Héctor maneja 26 vueltas en la pista de *karts*. Ana maneja 7 vueltas. ¿Cuántas vueltas manejaron Héctor y Ana en total? Dibuja bloques para mostrar tu trabajo.

_____ + _____ = _____   _____ vueltas

6. **Razonamiento de orden superior** Blanca suma 35 más 9. ¿Cómo puede resolver el problema usando solamente ecuaciones para representarlo? Explícalo.

_____

_____

_____

7. ✓**Evaluación** Sandra le suma 9 a 27. Explica cómo puede usar la estrategia de formar 10 para resolver el problema.

_____

_____

_____

Nombre _____

Resuélvelo y coméntalo

Ale tiene 25 piedras. Sus amigos le dieron 16 piedras más. ¿Cuántas piedras tiene Ale ahora? ¿Puedes formar 10? Muestra cómo lo sabes. Usa bloques como ayuda.

Puedo...
sumar 2 números de dos dígitos.

También puedo
entender bien los problemas.

¿Formar 10?   Sí   No

25 + 16 = _____

Cuando sumas, algunas veces necesitas formar 10. Suma las unidades. 8 unidades + 6 unidades = 14 unidades. 14 tiene 1 decena y 4 unidades.

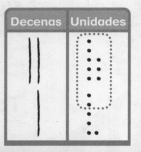

Decenas	Unidades
2	8
+ 1	6

Puedes formar 10 con las 14 unidades y te sobrarán 4 unidades.

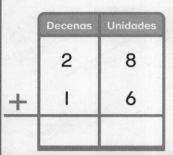

Decenas	Unidades
2	8
+ 1	6

Ahora puedes terminar de sumar.

4 decenas y 4 unidades son 44.

Decenas	Unidades
2	8
+ 1	6
4	4

¿Lo entiendes?

¡Demuéstralo! ¿Necesitas formar 10 para sumar 23 + 15? ¿Cómo lo sabes?

Práctica guiada

Dibuja bloques para sumar. ¿Necesitas formar 10? Encierra en un círculo **Sí** o **No**.

1.

Decenas	Unidades
3	5
+ 1	5
5	0

Decenas	Unidades

¿Formar 10?   (Sí)   No

Nombre _____

Herramientas Evaluación

Práctica independiente

Dibuja bloques para sumar. ¿Necesitas formar 10? Encierra en un círculo **Sí** o **No**.

2.

Decenas	Unidades
2	7
+ 2	5

¿Formar 10?

Decenas	Unidades

Sí   No

3.

Decenas	Unidades
4	8
+ 5	0

¿Formar 10?

Decenas	Unidades

Sí   No

Suma. ¿Necesitas formar 10? Encierra en un círculo **Sí** o **No**.

	Muestra.	Suma.	¿Puedes formar 10?	Halla la suma.
4.	37	33	Sí No	___ + ___ = ___
5.	19	42	Sí No	___ + ___ = ___
6.	22	26	Sí No	___ + ___ = ___
7.	56	32	Sí No	___ + ___ = ___

8. Razonar Selena corta el césped de 15 patios. Víctor corta el césped de 12 patios. ¿En cuántos patios en total cortaron el césped Selena y Víctor? Escribe una ecuación de suma para mostrar el problema.

_____ + _____ = _____   _____ patios

9. Razonar Pedro lee 24 páginas y luego lee 27 más. ¿Cuántas páginas leyó Pedro en total? Escribe una ecuación de suma para mostrar el problema.

_____ + _____ = _____   _____ páginas

10. Razonamiento de orden superior Luis recogió algunas flores. Después, recogió 20 más. Ahora tiene 38 flores. ¿Cuántas flores recogió primero? Muestra tu trabajo.

_____ flores

11. ✓Evaluación ¿En cuáles de las ecuaciones de suma puedes formar 10 para sumar? Selecciona todas las que apliquen.

☐ $12 + 29 =$ ___?___

☐ $61 + 26 =$ ___?___

☐ $33 + 35 =$ ___?___

☐ $34 + 18 =$ ___?___

Nombre _____

Ayuda   Herramientas   Juegos

Tarea y práctica 10-7

Sumar usando el valor de posición

¡Revisemos! Algunas veces necesitas formar 10 cuando sumas.

8 unidades + 7 unidades = 15 unidades. Puedes formar 10 con las 15 unidades.

Cuando hay más de 9 unidades, necesitas formar 10.

Después de sumar tienes 5 decenas y 5 unidades.

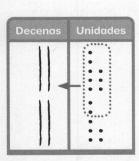

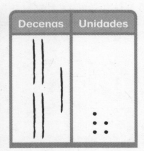

ACTIVIDAD PARA EL HOGAR
En esta actividad, use monedas de 10¢ para representar decenas y monedas de 1¢ para representar unidades. Pídale a su niño(a) que use las monedas para hallar 18 + 27. Cuando su niño(a) vea 15 monedas de 1¢, anímelo a formar 10, intercambiando 10 monedas de 1¢ por 1 moneda de 10¢. Repita esta actividad con sumas de números de dos dígitos.

Dibuja bloques para sumar. ¿Necesitas formar 10?
Encierra en un círculo **Sí** o **No**.

1.

Decenas	Unidades
4	2
+ 1	7

Decenas	Unidades

¿Formar 10?   Sí   No

2.

Decenas	Unidades
3	3
+ 2	8

Decenas	Unidades

¿Formar 10?   Sí   No

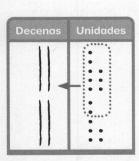

Tema 10 | Lección 7   Recursos digitales en SavvasRealize.com   quinientos ochenta y tres **583**

Resuelve cada problema. Dibuja bloques como ayuda.

3. **Razonar** A Fred le gusta armar veleros. Tiene 34 veleros grandes y 26 pequeños. ¿Cuántos veleros armó Fred en total? Escribe una ecuación que muestre el problema.

_____ + _____ = _____ _____ veleros

4. **Razonar** María aplaude 15 veces. Luego, aplaude 22 veces más. ¿Cuántas veces aplaude María en total? Escribe una ecuación que muestre el problema.

_____ + _____ = _____ _____ aplausos

5. **Razonamiento de orden superior** Escribe dos sumandos con los cuales **NO** necesites formar 10 para sumarlos. Luego, resuelve el problema.

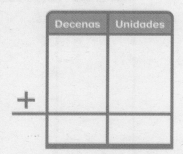

6. ✅**Evaluación** ¿En cuáles de las ecuaciones de suma puedes formar 10 para sumar? Selecciona todas las que apliquen.

☐ $24 + 14 = $ ___?___

☐ $17 + 25 = $ ___?___

☐ $16 + 13 = $ ___?___

☐ $26 + 14 = $ ___?___

Nombre _____

Resuélvelo y coméntalo

Resuelve 36 + 7 usando cualquiera de las estrategias que has aprendido.

Puedo...
usar diferentes estrategias para resolver problemas de suma.

También puedo
usar herramientas matemáticas correctamente.

$$36 + 7 = \underline{\hspace{1cm}}$$

Halla 25 + 17 de diferentes maneras.

Usé bloques y formé 10.

25 + 17 = 42

Puedes dibujar decenas y unidades para hallar 25 + 17.

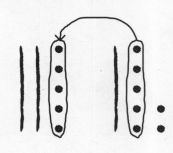

25 + 17 = 42

Puedes sumar 25 + 17 en una recta numérica vacía.

Suma 10 y luego separa las unidades en números fáciles de sumar.

+10   +5 +2

25   35   40 42   25 + 17 = 42

¿Lo entiendes?

¡Demuéstralo! ¿Por qué puedes usar diferentes estrategias para resolver el mismo problema?

☆ **Práctica guiada** ☆   Halla cada suma. Resuelve de la manera que prefieras. Dibuja o explica lo que hiciste.

1. 37 + 24 = 61

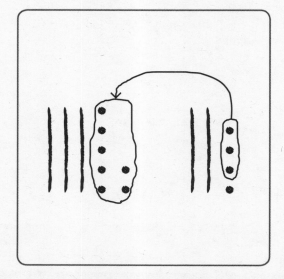

2. 48 + 10 = _____

Nombre _____

Herramientas Evaluación

☆ Práctica ☆ independiente ☆

Halla cada suma. Resuelve de la manera que prefieras.
Dibuja o explica lo que hiciste.

3.

$27 + 9 =$ _____

4.

$50 + 23 =$ _____

5.

$32 + 28 =$ _____

6.

$22 + 19 =$ _____

Tema 10 | Lección 8

quinientos ochenta y siete **587**

Resolución de problemas

Halla cada suma. Resuelve de la manera que prefieras.

7. **Razonar** Lidia hace collares con cuentas de colores. Tiene 43 cuentas azules y 20 rosadas. ¿Cuántas cuentas tiene Lidia en total?

_____ cuentas

8. **Razonar** Juan tiene una colección de gorras deportivas. Tiene 32 gorras de equipos de futbol americano y 28 de equipos de beisbol. ¿Cuántas gorras tiene Juan en total?

_____ gorras

9. **Razonamiento de orden superior** Hubo una venta de panadería del equipo de futbol de Cora. El equipo vendió 18 panes de plátano y 24 panes de avena. También vendió 12 galletas de granola. ¿Cuántos panes vendió el equipo de Cora? Haz un dibujo y escribe una ecuación para mostrar tu trabajo.

_____ panes

10. ✓**Evaluación** Garret usa bloques de valor de posición para mostrar $63 + 8$. ¿Cuáles de los siguientes modelos representan el problema? Selecciona todos los que apliquen.

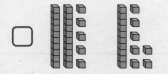  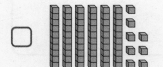 

Nombre _____

Tarea y práctica 10-8

Practicar la suma usando estrategias

¡Revisemos! Dibujaste bloques para hallar la suma de $34 + 18$.

¿Puedes formar 10?

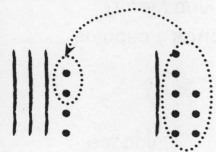

Hay ___5___ decenas.

Hay ___2___ unidades.

$34 + 18 = $ ___52___

¡Sí puedo formar 10!

Halla cada suma. Resuelve de la manera que prefieras. Dibuja o explica lo que hiciste.

ACTIVIDAD PARA EL HOGAR
Haga bloques de valor de posición con papel: tiras largas de papel para las decenas y cuadritos de papel para las unidades. También, puede usar objetos para representar las decenas y unidades. Escriba una ecuación como esta: número de dos dígitos + número de dos dígitos, como $35 + 17$. Pídale a su niño(a) que represente el problema con las tiras y cuadritos de papel o con los objetos, y que forme 10 para resolverlo. Repita la actividad con otros problemas parecidos.

1.

$49 + 14 = $ _____

2.

$56 + 10 = $ _____

Halla cada suma. Resuelve de la manera que prefieras.

3. Razonar Celina tiene
27 monedas de plata y 30 de cobre.
¿Cuántas monedas tiene Celina
en total?

_____ monedas

4. **Vocabulario** Marni colecciona caracoles.
Tiene 33 caracoles grises y 37 blancos.
¿Cuántos caracoles tiene Marni?
Escribe cuántas **decenas** y cuántas
unidades.

_____ decenas   _____ unidades

_____ caracoles

5. Razonamiento de orden superior
Edna colecciona camisetas deportivas. Tiene
16 camisetas de futbol y 24 de básquetbol.
También tiene 12 gorras. ¿Cuántas camisetas
tiene Edna en total? Haz un dibujo y escribe
una ecuación para mostrar tu trabajo.

_____ camisetas

6. ✔️**Evaluación** Óscar usa bloques de valor de posición para mostrar $87 + 9$. ¿Cuáles de
los siguientes modelos representan el problema? Selecciona todos los que apliquen.

☐    ☐    ☐ ☐

       Tema 10 | Lección 8

Resuélvelo y coméntalo

Pilar tiene 13 botones. Julio le da 10 botones más. ¿Cuántos botones tiene Pilar en total? Usa cualquier método para resolver el problema y dibuja lo que hiciste.

Lección 10-9
Representar con modelos matemáticos

Puedo...
representar un problema con modelos matemáticos, como dibujos o ecuaciones, para ayudarme a resolverlo.

También puedo
sumar números de 2 dígitos.

Hábitos de razonamiento

¿Cómo puedo usar los números, símbolos o signos para resolver este problema?

¿Cómo puedo usar lo que sé de matemáticas para representar el problema?

Miko tiene 23 canicas verdes y 18 azules. ¿Cuántas canicas tiene Miko en total?

¿Cómo puedo representar el problema?

Podría usar bloques, una recta numérica, una ecuación o dibujos para representar el problema.

Este es un cuento de suma. Puedo dibujar decenas y unidades para mostrar 23 + 18.

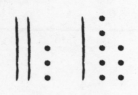

$$23 + 18 = ?$$

Puedo formar 10. Ahora tengo 4 decenas y 1 unidad. Miko tiene 41 canicas en total.

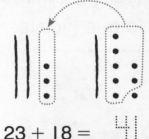

$$23 + 18 = \underline{41}$$

¿Lo entiendes?

¡Demuéstralo! Si Miko tiene 23 canicas verdes y 30 azules, ¿cuántas canicas tiene en total? Haz un dibujo para resolver el problema.

Práctica guiada Usa dibujos para representar y resolver el problema. Luego, escribe la ecuación.

1. Elena tiene 27 calcomanías. Su hermano le da 26 más. ¿Cuántas calcomanías tiene Elena en total?

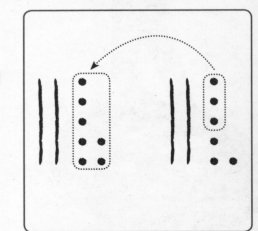

____ + ____ = ____

---

592 quinientos noventa y dos

Nombre ______________________________

Herramientas Evaluación

Práctica independiente

Usa dibujos para representar y resolver el problema. Luego, escribe la ecuación.

2. Beto tiene 12 carritos rojos y 14 azules. ¿Cuántos carritos tiene Beto en total?

_____ + _____ = _____

3. Amy cortó 18 rosas. René cortó 36 tulipanes. ¿Cuántas flores cortaron Amy y René en total?

_____ + _____ = _____

4. Hay 16 manzanas en un platón. Jorge compró 15 manzanas más. ¿Cuántas manzanas hay en total?

_____ + _____ = _____

Colección de estampillas

Manuel, Adrián y Yésica tienen cada uno su propia colección de estampillas.

5. Representar Manuel tiene 18 estampillas. Adrián le da 30 estampillas a Manuel. ¿Cuántas estampillas tiene Manuel en total ahora?

Haz un dibujo para representar el problema.

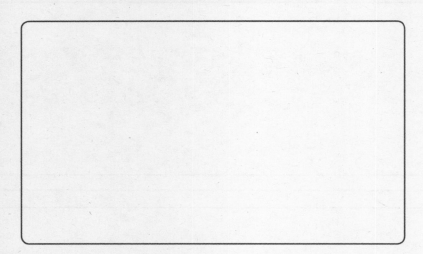

6. Razonar Escribe una ecuación que represente el cuento.

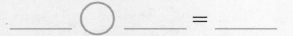

_____ ◯ _____ = _____

7. Explicar Adrián tiene 24 estampillas rojas. Le pide a Manuel que le dé suficientes estampillas rojas para completar 50. Manuel le da 25 estampillas rojas. ¿Le dio Manuel suficientes estampillas rojas?

Usa palabras o dibujos para explicar cómo lo sabes.

¿Puedes formar 10? ¿Por qué sí o por qué no?

_____

_____

Nombre _____

Tarea y práctica
10-9
Representar con modelos matemáticos

¡Revisemos!

Manolo tiene una caja con 24 crayones.
Se encuentra otra caja con
13 crayones y decide poner todos
los crayones juntos.

¿Cuántos crayones tiene en total?
Resuelve y escribe la ecuación.

Puedes usar dibujos para representar el problema. Suma las decenas y luego suma las unidades.

$$24 + 13 = 37$$

ACTIVIDAD PARA EL HOGAR
Escriba con su niño(a) cuentos numéricos en los cuales se sumen dos cantidades. Pídale a su niño(a) que represente cada cuento con un dibujo y que escriba la ecuación que corresponda con cada cuento numérico.

Usa dibujos para representar y resolver el problema.
Luego, escribe la ecuación.

1. Hay 31 cartas de baraja en una pila.
   Julio pone otras 15 cartas en la pila.
   ¿Cuántas cartas hay en la pila ahora?

_____ + _____ = _____ cartas

Colección de monedas

Goyo, Clara y Tim tienen cada uno
una colección de monedas.

2. **Representar** Goyo tiene 10 monedas.
Clara le da a Goyo 24 monedas. ¿Cuántas
monedas tiene Goyo ahora?

Haz un dibujo para mostrar el problema.

3. **Razonar** Escribe una ecuación que
represente el cuento.

_____ ◯ _____ = _____

Haz dibujos
para representar
tu trabajo.

4. **Explicar** Tim dice que puede formar
10 si añade 32 monedas a 28. ¿Tiene
razón?

Usa palabras o dibujos para explicar
cómo lo sabes.

Escribe una ecuación para mostrar el
problema.

_____ ◯ _____ = _____

_____ monedas

Actividad de práctica de fluidez

Colorea las casillas que tengan estas sumas y diferencias. Deja el resto en blanco.

Puedo...
sumar y restar hasta 10.

| 8 | 6 | 9 |

4 + 2	9 − 3	0 + 6	10 − 2	3 + 5	5 + 3	5 + 4	10 − 1	9 + 0
6 − 0	8 − 7	8 − 2	4 + 4	1 + 2	8 − 0	8 + 1	6 + 1	5 + 4
3 + 3	6 + 0	7 − 1	3 + 5	5 − 3	2 + 6	9 − 0	9 + 0	2 + 7
2 + 4	4 + 3	3 + 2	8 + 0	4 − 4	7 + 1	4 + 5	4 + 5	1 + 1
10 − 4	2 + 2	6 − 6	6 + 2	9 − 1	0 + 8	0 + 9	4 + 0	9 − 0

La palabra es

_____ _____ _____

TEMA 10 | Repaso del vocabulario

 Glosario

Lista de palabras
- decenas
- recta númerica vacía
- sumar
- unidades

Comprender el vocabulario

1. Usa los modelos para sumar las decenas.

_____ decenas + _____ decenas = _____ decenas

2. Usa los modelos para sumar las decenas.

_____ decenas + _____ decenas = _____ decenas

---

3. Suma las decenas y las unidades. ¿Necesitas formar 10?
Encierra en un círculo **Sí** o **No.**

$$25 + 6$$

Sí   No

4. Suma las decenas y las unidades. ¿Necesitas formar 10?
Encierra en un círculo **Sí** o **No.**

$$74 + 5$$

Sí   No

5. Suma las decenas y las unidades. ¿Necesitas formar 10?
Encierra en un círculo **Sí** o **No.**

$$52 + 4$$

Sí   No

Usar el vocabulario al escribir

6. Resuelve $20 + 6$ en la recta númerica vacía.
Usa los términos de la Lista de palabras para explicar cómo lo resolviste.

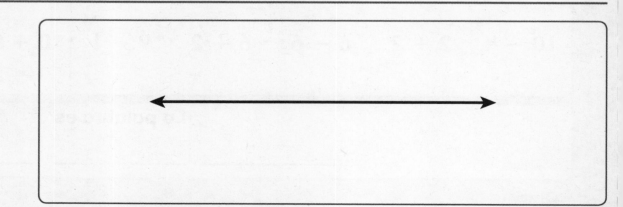

598 quinientos noventa y ocho

Nombre _____

Grupo A _____

Refuerzo

Puedes sumar grupos de 10.

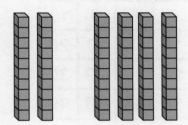

___2___ decenas + ___4___ decenas

= ___6___ decenas

_20_ + _40_ = _60_

Escribe los números para completar cada ecuación.

1.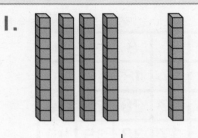

_____ + _____ = _____

2.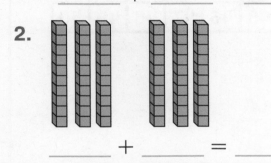

_____ + _____ = _____

Grupo B _____

También puedes usar el cálculo mental para sumar diez. Cuando sumas 10, el dígito de las decenas aumenta en 1 y el dígito de las unidades se queda igual.

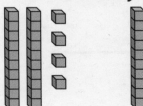

2 decenas + 1 decena = 3 decenas

24 + 10 = _34_

Cuenta las decenas y las unidades. Luego, escribe el número.

3. 36 + 10 = _____

4. 53 + 10 = _____

5. 71 + 10 = _____

Grupo C

Puedes usar parte de una tabla de
100 para sumar decenas y unidades.

$3 + 40 = ?$

1	2	3	4	5	6	7	8	9	10
11	12	13	14	15	16	17	18	19	20
21	22	23	24	25	26	27	28	29	30
31	32	33	34	35	36	37	38	39	40
41	42	43	44	45	46	47	48	49	50

$3 + 40 = \underline{43}$

Usa parte de una tabla de 100
para sumar decenas y unidades.

1	2	3	4	5	6	7	8	9	10
11	12	13	14	15	16	17	18	19	20
21	22	23	24	25	26	27	28	29	30
31	32	33	34	35	36	37	38	39	40
41	42	43	44	45	46	47	48	49	50
51	52	53	54	55	56	57	58	59	60

6. $4 + 50 =$ _____

7. $8 + 30 =$ _____

Grupo D

También puedes usar una recta
numérica vacía para sumar.

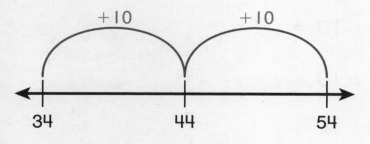

$34 + 20 = \underline{54}$

Usa una recta numérica vacía para sumar.

8.

$11 + 6 =$ _____

Grupo E _____

Puedes usar bloques para sumarle decenas a un número.

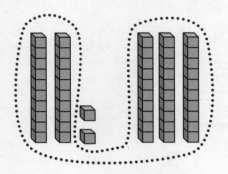

22 + 30 = 52

Suma las decenas y las unidades. Usa bloques como ayuda.

9. 44 + 30 = _____

10. 20 + 5 = _____

11. 30 + 28 = _____

12. 19 + 60 = _____

Grupo F _____

Algunas veces puedes formar 10 cuando sumas.

27 + 6 = ?

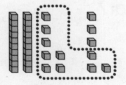

27 + 3 + 3

30 + 3 = 33

Por tanto, 27 + 6 = 33.

Usa bloques de valor de posición para resolver cada problema. ¿Puedes formar 10?

	Mostrar	Sumar	¿Puedes formar 10?		Halla la suma
13.	33	9	Sí	No	
14.	21	7	Sí	No	

Cuando usas el valor de posición al sumar, algunas veces es necesario formar 10.

Decenas	Unidades

Decenas	Unidades
3	4
+ 2	8
6	2

Suma. Usa bloques. ¿Necesitas formar 10? Encierra en un círculo **Sí** o **No.**

15.

Decenas	Unidades
2	4
+ 1	9

¿Formar 10?   Sí   No

Hábitos de razonamiento

Representar con modelos matemáticos

¿Puedo usar un dibujo, un diagrama, una tabla o una gráfica para representar el problema?

¿Puedo escribir una ecuación para representar el problema?

Usa dibujos para mostrar y resolver el problema. Luego, escribe la ecuación.

16. Sandra ve 15 pájaros. Luego, ve 17 pájaros más. ¿Cuántos pájaros vio Sandra en total?

_____ + _____ = _____

1. Escribe una ecuación que represente los siguientes bloques de valor de posición.

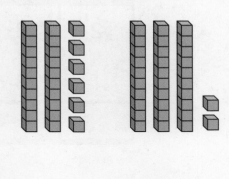

_____

2. Usa esta parte de la tabla de 100 para sumar.

$46 + 20 = ?$

26	60	66	68
Ⓐ	Ⓑ	Ⓒ	Ⓓ

31	32	33	34	35	36	37	38	39	40
41	42	43	44	45	46	47	48	49	50
51	52	53	54	55	56	57	58	59	60
61	62	63	64	65	66	67	68	69	70

3. Halla la suma. Dibuja bloques de valor de posición para mostrar cómo hallaste la suma.

$50 + 3 =$ _____

4. ¿Qué ecuación representa los siguientes bloques de valor de posición? Selecciona todas las que apliquen.

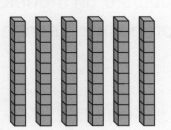 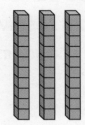

☐ $60 + 30 = 90$

☐ 6 decenas + 3 decenas = 9 decenas

☐ $60 + 10 = 70$

☐ 4 decenas + 3 decenas = 7 decenas

5. Javi recogió 18 hojas. Luego, recogió 11 más. ¿Cuántas hojas tiene Javi en total? Explica cómo resolviste el problema. ¿Tuviste que formar 10?

_____

_____

_____

6. Resuelve el problema. Usa bloques de valor de posición si es necesario.

¿Puedes formar 10?

Encierra en un círculo **Sí** o **No**.

Sí   No

Decenas	Unidades
2	8
+ 1	3

7. Andy lavó 16 platos. Berta lavó 18. ¿Cuántos platos lavaron Andy y Berta en total?

Usa palabras, dibujos o un modelo para resolver el problema. Escribe la ecuación.

_____ + _____ = _____   _____ platos

Nombre _____

Usa esta parte de la tabla de 100 para resolver cada problema.

1	2	3	4	5	6	7	8	9	10
11	12	13	14	15	16	17	18	19	20
21	22	23	24	25	26	27	28	29	30
31	32	33	34	35	36	37	38	39	40

8. $10 + 27 = ?$

Ⓐ 17   Ⓒ 37

Ⓑ 28   Ⓓ 40

9. $4 + 35 = ?$

Ⓐ 95   Ⓒ 31

Ⓑ 39   Ⓓ 12

Usa el cálculo mental para resolver los problemas.

10. $53 + 10 =$ _____

11. $48 + 10 =$ _____

12. $64 + 10 =$ _____

Escoge el número correcto para completar cada ecuación.

13. $20 + 70 =$ __?__

Ⓐ 70

Ⓑ 80

Ⓒ 90

Ⓓ 100

14. $30 +$ __?__ $= 60$

Ⓐ 20

Ⓑ 30

Ⓒ 40

Ⓓ 50

15. __?__ $+ 20 = 40$

Ⓐ 20

Ⓑ 30

Ⓒ 40

Ⓓ 50

16. Usa la recta numérica vacía para sumar. Muestra tu trabajo.

$$40 + 23 = \underline{}$$

17. Jonás dibujó los siguientes modelos para mostrar $43 + 8$. ¿Dibujó los modelos correctamente? Explica cómo lo sabes.

_____

_____

_____

Resuelve cada problema. ¿Puedes formar 10?
Usa los bloques de valor de posición si es necesario.

	Muestra	Suma	¿Puedes formar 10?		Halla el total
18.	42	37	Sí	No	
19.	16	35	Sí	No	
20.	14	16	Sí	No	

Encuesta de mascotas

María les preguntó a sus compañeros
qué mascotas tenían.

Número de mascotas	
Peces	27
Gatos	30
Pájaros	8
Perros	39

1. ¿Cuántos **Peces** y **Gatos** tenían
en total? Usa la recta numérica
vacía para sumar.

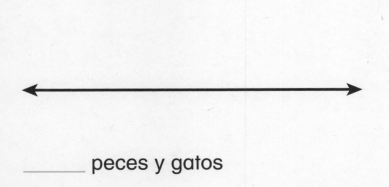

⟵——————————————⟶

_____ peces y gatos

2. ¿Cuántos **Perros** y **Pájaros**
tenían en total?
Usa la tabla de 100 para sumar.

1	2	3	4	5	6	7	8	9	10
11	12	13	14	15	16	17	18	19	20
21	22	23	24	25	26	27	28	29	30
31	32	33	34	35	36	37	38	39	40
41	42	43	44	45	46	47	48	49	50
51	52	53	54	55	56	57	58	59	60
61	62	63	64	65	66	67	68	69	70
71	72	73	74	75	76	77	78	79	80
81	82	83	84	85	86	87	88	89	90
91	92	93	94	95	96	97	98	99	100

_____ + _____ = _____

_____ perros y pájaros

3. María les preguntó a 18 estudiantes el lunes y a 17 estudiantes el martes. ¿A cuántos estudiantes les preguntó en total en los dos días?

Usa bloques de valor de posición para resolver el problema. Dibuja los bloques que usaste.

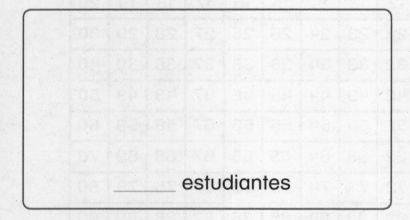

_____ estudiantes

¿Tuviste que formar 10 cuando sumabas las unidades? Encierra en un círculo **sí** o **no.**

Explica tu respuesta.

_____

_____

_____

4. María suma otras mascotas a su tabla. 19 estudiantes de primer grado y 24 estudiantes de segundo grado tienen conejos. ¿Cuántos estudiantes en total tienen conejos?

Parte A
Usa las tablas de decenas y unidades para ayudarte a resolver el problema.

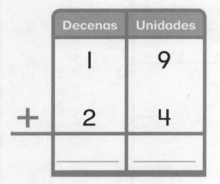

Parte B
Escribe una ecuación que represente el cuento.

_____ ◯ _____ = _____

Usar modelos y estrategias para restar decenas

TEMA
11

Pregunta esencial: ¿Cómo puedes usar lo que sabes sobre la resta para restar decenas?

> La gente desarrolla todo tipo de herramientas para resolver problemas y hacer su vida más fácil.

> Algunas veces, la gente toma una herramienta que ya existe y solo la mejora.

> ¡Qué interesante! Hagamos este proyecto para aprender más.

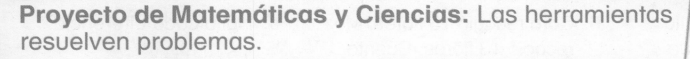

Proyecto de Matemáticas y Ciencias: Las herramientas resuelven problemas.

Investigar Habla con tu familia y tus amigos sobre las diferentes herramientas que usamos para resolver problemas. Pregúntales sobre las herramientas que ellos usan en su vida diaria.

Diario: Hacer un libro Muestra lo que encontraste. En tu libro, también:

• dibuja herramientas para resolver problemas simples y describe cómo los resuelven.

• inventa problemas de resta sobre herramientas.

Tema 11

seiscientos nueve **609**

Nombre _____

Repasa lo que sabes

Vocabulario

1. ¿Cuántas **decenas** hay en este número?

23

_____ decenas

2. Usa la **tabla de 100** para contar de 10 en 10.

1	2	3	4	5	6	7	8	9	10
11	12	13	14	15	16	17	18	19	20
21	22	23	24	25	26	27	28	29	30
31	32	33	34	35	36	37	38	39	40
41	42	43	44	45	46	47	48	49	50
51	52	53	54	55	56	57	58	59	60
61	62	63	64	65	66	67	68	69	70
71	72	73	74	75	76	77	78	79	80
81	82	83	84	85	86	87	88	89	90
91	92	93	94	95	96	97	98	99	100

30, 40, 50, _____, _____

3. Usa la **recta numérica vacía** para sumar.

$7 + 9 =$ _____

Contar hacia atrás para restar

4. Mario tomó 8 fotos. Julia tomó 3 fotos menos que Mario. Cuenta hacia atrás para hallar cuántas fotos tomó Julia.

8, _____, _____, _____

_____ fotos

5. Cora recogió 15 flores. Max recogió 13 flores. Cuenta hacia atrás para hallar cuántas flores menos que Cora recogió Max.

15, _____, _____

_____ flores menos

Operaciones de resta

6. Halla cada diferencia.

$12 - 4 =$ _____

$14 - 7 =$ _____

$19 - 9 =$ _____

---

610 seiscientos diez

Tema 11

Nombre _____

¿De qué manera el pensar en 4 − 1 te ayuda a hallar la diferencia de 40 − 10? Usa bloques de valor de posición como ayuda.

Resuelve

Lección 11-1

Restar decenas usando modelos

Puedo...
usar modelos para restar decenas.

También puedo
razonar sobre las matemáticas.

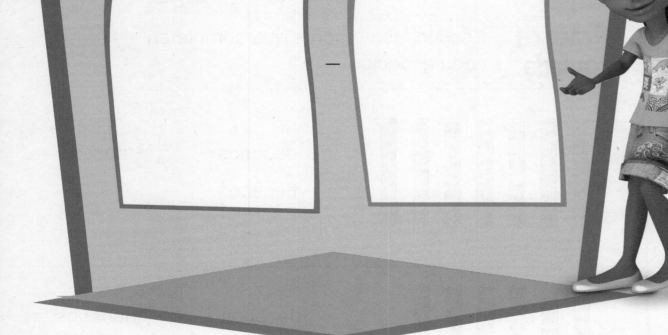

___ ___ − ___ ___ = ___ ___   ___ ___ − ___ ___ = ___ ___

Sabes restar unidades.

$5 - 1 =$ ___4___

5 decenas menos 1 decena es como restar 5 − 1.

Por tanto, puedes restar 1 decena de un grupo de decenas.

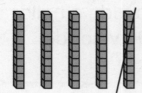

5 decenas − 1 decena = ___4___ decenas

5 decenas es 50 y 1 decena es 10.

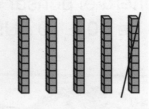

$50 - 10 =$ ___?___

5 decenas menos 1 decena es igual a 4 decenas.

4 decenas es 40; por tanto,

$50 - 10 =$ ___40___.

¿Lo entiendes?

¡Demuéstralo! Cuando resuelves 40 − 10, ¿cómo cambia el dígito de las decenas? ¿Cómo cambia el dígito de las unidades?

Práctica guiada
Escribe los números que completen cada ecuación.

1.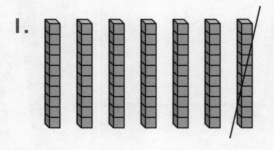

___7___ decenas − ___1___ decena = ___6___ decenas.

$70 - 10 = 60$

2.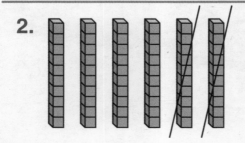

___ decenas − ___ decenas = ___ decenas

___ − ___ = ___

Práctica independiente

Escribe los números que completen cada ecuación.

3.

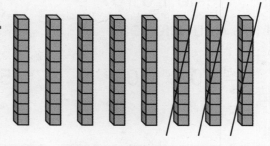

_____ decenas − _____ decenas = _____ decenas

_____ − _____ = _____

4.

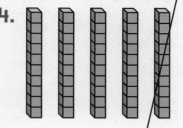

_____ decenas − _____ decena = _____ decenas

_____ − _____ = _____

5.

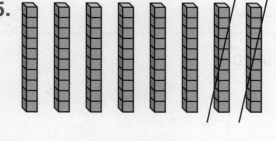

_____ decenas − _____ decenas = _____ decenas

_____ − _____ = _____

> Mira el dígito de las decenas.

6.

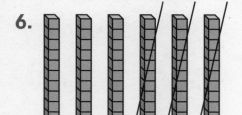

_____ decenas − _____ decenas = _____ decenas

_____ − _____ = _____

7. Entender Mario tiene 30 crayones.
Regala 10. ¿Cuántos crayones tiene
Mario ahora?

Escribe la ecuación.

_____ − _____ = _____   _____ crayones

8. Álgebra Jacobo resolvió estos
problemas. ¿Restó 1 o 10?
Completa las ecuaciones.

$50 - \boxed{} = 40$ $60 - \boxed{} = 59$

9. Razonamiento de orden superior Escribe y resuelve un problema-cuento para 90 − 10.

_____

_____

_____

10. ✓**Evaluación** 20 ositos de peluche estaban a la venta en la tienda.
Ayer se vendieron 10 ositos de peluche.

¿Cuántos ositos de peluche están a la venta hoy?

30	50	10	0
Ⓐ	Ⓑ	Ⓒ	Ⓓ

Nombre _____

Tarea y práctica
11-1
Restar decenas usando modelos

¡Revisemos! Si sabes cómo restar unidades, sabes cómo restar decenas.

$40 - 20 = ?$

$40 - 20$ es lo mismo que
4 decenas − 2 decenas.

2 decenas son 20.
Por tanto, $40 - 20 = 20$.

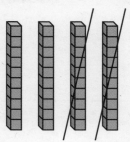

4 decenas − 2 decenas = 2 decenas

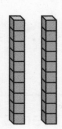

$40 - 20 = \underline{20}$

ACTIVIDAD PARA EL HOGAR
Use tazas y objetos pequeños como botones o clips. Llene 8 tazas con 10 objetos pequeños cada una. Pídale a su niño(a) que cuente los objetos. Luego, quite una o dos tazas y pregúntele cuántos objetos quedan. Repita la actividad y pídale a su niño(a) que escriba una ecuación para mostrar cuántos objetos quedan.

 Tacha los bloques que se necesiten para resolver el problema.

1.
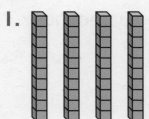

_____ decenas − 3 decenas = _____ decena

_____ − _____ = _____

2.
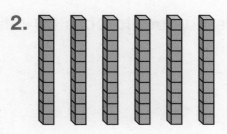

_____ decenas − 2 decenas = _____ decenas

_____ − _____ = _____

Tacha los bloques que se necesiten para resolver el problema.

3.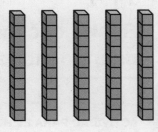

_____ decenas — 3 decenas = _____ decenas

_____ — _____ = _____

4.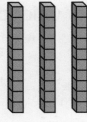

_____ decenas — 1 decena = _____ decenas

_____ — _____ = _____

---

5. **Matématicas y Ciencias** Mely hizo una herramienta para aplastar latas. Tiene 70 latas que aplastar. Mely aplasta 20 latas. ¿Cuántas latas le quedan a Mely por aplastar? Escribe una ecuación y resuélvela.

_____ — _____ = _____ latas

---

6. **Razonamiento de orden superior** Escribe y resuelve un problema-cuento para 80 − 50.

_____

_____

_____

_____

7. ✅**Evaluación** ¿Qué número es el resultado de 7 decenas − 3 decenas?

Ⓐ 20

Ⓑ 30

Ⓒ 40

Ⓓ 50

Nombre _____

Resuélvelo y coméntalo

¿Cómo puedes usar la tabla de 100 para restar 50 − 30?

Puedo...
usar una tabla de 100 para restarle múltiplos de 10 a números de 2 dígitos.

También puedo
usar herramientas matemáticas correctamente.

1	2	3	4	5	6	7	8	9	10
11	12	13	14	15	16	17	18	19	20
21	22	23	24	25	26	27	28	29	30
31	32	33	34	35	36	37	38	39	40
41	42	43	44	45	46	47	48	49	50
51	52	53	54	55	56	57	58	59	60
61	62	63	64	65	66	67	68	69	70
71	72	73	74	75	76	77	78	79	80
81	82	83	84	85	86	87	88	89	90
91	92	93	94	95	96	97	98	99	100

_____ − _____ = _____

Puedes usar una tabla de 100 para restar decenas. Halla 70 − 20.

41	42	43	44	45	46	47	48	49	50
51	52	53	54	55	56	57	58	59	60
61	62	63	64	65	66	67	68	69	70

70 − 20 = _?_

Empieza en 70.

Por cada decena que restas, muévete 1 fila hacia arriba.

41	42	43	44	45	46	47	48	49	50
51	52	53	54	55	56	57	58	59	60
61	62	63	64	65	66	67	68	69	70

70 − 20 = _50_

20 son 2 decenas. Muévete 2 filas hacia arriba.

Revisa tu trabajo. Empieza en 70 y cuenta hacia atrás de 10 en 10.

_70_ , _60_ , _50_

¿Lo entiendes?

¡Demuéstralo! Usa una tabla de 100 y cuenta hacia atrás de 10 en 10 para resolver 80 − 50. ¿Cuántas decenas estás restando? Di cómo lo resolviste.

Práctica guiada

Usa esta parte de la tabla de 100 para restar decenas.

1	2	3	4	5	6	7	8	9	10
11	12	13	14	15	16	17	18	19	20
21	22	23	24	25	26	27	28	29	30
31	32	33	34	35	36	37	38	39	40

1. 40 − 10 = _30_   2. 40 − 20 = ___

3. 30 − 20 = ___   4. 10 − 10 = ___

618 seiscientos dieciocho

Copyright © Savvas Learning Company LLC. All Rights Reserved.

Tema 11 | Lección 2

Nombre _____

Herramientas Evaluación

Práctica independiente

Usa la tabla de 100 para restar decenas.

1	2	3	4	5	6	7	8	9	10
11	12	13	14	15	16	17	18	19	20
21	22	23	24	25	26	27	28	29	30
31	32	33	34	35	36	37	38	39	40
41	42	43	44	45	46	47	48	49	50
51	52	53	54	55	56	57	58	59	60
61	62	63	64	65	66	67	68	69	70
71	72	73	74	75	76	77	78	79	80
81	82	83	84	85	86	87	88	89	90
91	92	93	94	95	96	97	98	99	100

5. $50 - 10 =$ _____

6. $80 - 60 =$ _____

7. $30 - 20 =$ _____

8. $90 - 30 =$ _____

9. $70 - 20 =$ _____

10. $20 - 10 =$ _____

11. $60 - 30 =$ _____

12. $90 - 50 =$ _____

13. $90 - 40 =$ _____

14. $80 - 10 =$ _____

Álgebra Halla los números que faltan.

15. $30 -$ _____ $= 20$

16. _____ $- 30 = 10$

17. _____ $- 50 = 20$

18. $20 -$ _____ $= 0$

19. _____ $- 20 = 30$

20. $70 -$ _____ $= 30$

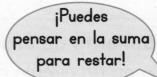
¡Puedes pensar en la suma para restar!

Resolución de problemas

Usa las partes de la tabla de 100 para restar decenas y resolver los problemas.

31	32	33	34	35	36	37	38	39	40
41	42	43	44	45	46	47	48	49	50
51	52	53	54	55	56	57	58	59	60
61	62	63	64	65	66	67	68	69	70

1	2	3	4	5	6	7	8	9	10
11	12	13	14	15	16	17	18	19	20
21	22	23	24	25	26	27	28	29	30
31	32	33	34	35	36	37	38	39	40

21. Usar herramientas Ciro intentó un experimento 70 veces. 10 veces obtuvo resultados diferentes de lo que esperaba. ¿Cuántas veces obtuvo los resultados que esperaba?

_____ – _____ = _____

_____ veces

22. Usar herramientas El equipo de básquetbol de Mónica anotó 40 puntos. Anotaron 10 puntos más que el otro equipo. ¿Cuántos puntos anotó el otro equipo?

_____ – _____ = _____

_____ puntos

23. Razonamiento de orden superior Encierra en un círculo cualquier número de la última fila de la tabla parcial de 100 que está arriba. Réstale 30 y escribe la ecuación.

_____ – _____ = _____

24. ✓Evaluación Luis hizo 50 donas para la venta de pasteles de su clase. Luis vendió 10 donas. ¿Cuántas donas le quedaron?

Ⓐ 10

Ⓑ 20

Ⓒ 30

Ⓓ 40

Nombre _____

Tarea y práctica 11-2

Restar decenas usando una tabla de 100

ACTIVIDAD PARA EL HOGAR
Practique el conteo de 10 en 10 hacia adelante y hacia atrás con su niño(a). Cuente los primeros números y deje que su niño(a) continúe. También puede intentar contar alternando los números con su niño(a).

¡Revisemos! Puedes usar una tabla de 100 para restar decenas.

$50 - 30 = ?$

30 son ___3___ decenas

$50 - 30 = \underline{20}$

Por cada decena que quito, me muevo una fila hacia arriba en la tabla de 100.

1	2	3	4	5	6	7	8	9	10
11	12	13	14	15	16	17	18	19	20
21	22	23	24	25	26	27	28	29	30
31	32	33	34	35	36	37	38	39	40
41	42	43	44	45	46	47	48	49	50

Usa la tabla parcial de 100 para resolver cada problema.

41	42	43	44	45	46	47	48	49	50
51	52	53	54	55	56	57	58	59	60
61	62	63	64	65	66	67	68	69	70
71	72	73	74	75	76	77	78	79	80

1. $80 - 30 =$ _____

2. $70 - 10 =$ _____

3. $80 - 20 =$ _____

4. $60 - 10 =$ _____

Usa la tabla de 100 para restar.

1	2	3	4	5	6	7	8	9	10
11	12	13	14	15	16	17	18	19	20
21	22	23	24	25	26	27	28	29	30
31	32	33	34	35	36	37	38	39	40
41	42	43	44	45	46	47	48	49	50
51	52	53	54	55	56	57	58	59	60
61	62	63	64	65	66	67	68	69	70
71	72	73	74	75	76	77	78	79	80
81	82	83	84	85	86	87	88	89	90
91	92	93	94	95	96	97	98	99	100

5. $20 - 10 =$ _____

6. $90 - 30 =$ _____

7. $80 - 30 =$ _____

8. $80 - 40 =$ _____

9. $60 - 40 =$ _____

10. $70 - 20 =$ _____

11. $80 - 80 =$ _____

12. $20 - 10 =$ _____

13. $80 - 50 =$ _____

14. $90 - 20 =$ _____

15. **Razonamiento de orden superior**

¿Cómo puedes usar una tabla de 100 para resolver $90 - 80$?

Resuelve el problema y explica cómo obtuviste la respuesta.

$$90 - 80 = \underline{\hspace{2cm}}$$

_____

_____

16. ✅ **Evaluación** La maestra Rivas tiene que calificar 30 exámenes de ortografía en total. Ya ha calificado 10 exámenes.

¿Cuántos exámenes de ortografía le faltan por calificar?

Ⓐ 10

Ⓑ 20

Ⓒ 30

Ⓓ 40

Resuélvelo y coméntalo

Muestra en esta recta vacía cómo resolver 50 − 20.

Puedo...
usar una recta numérica vacía para resolver problemas de resta.

También puedo representar con modelos matemáticos.

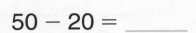

50 − 20 = _____

Resta 70 − 30 usando una recta numérica vacía.

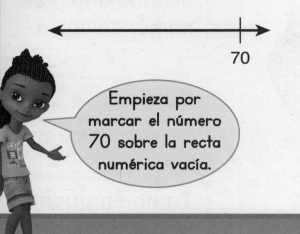

70

Empieza por marcar el número 70 sobre la recta numérica vacía.

Cuenta hacia atrás de 10 en 10 desde 70.

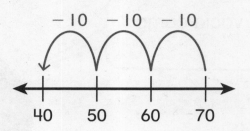

− 10   − 10   − 10

40   50   60   70

Cuento hacia atrás 3 decenas para restar 30.

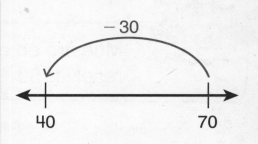

− 30

40   70

Cuando conté hacia atrás, terminé en 40.

70 − 30 = 40.

¿Lo entiendes?

¡Demuéstralo! ¿Cómo puedes usar una recta numérica vacía para restar decenas?

Práctica guiada *Usa la recta numérica vacía para restar.

1.

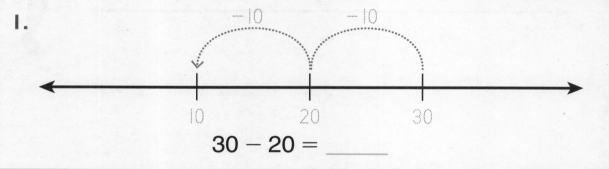

−10   −10

10   20   30

30 − 20 = _____

2.

90 − 70 = _____

Práctica independiente
Usa la recta numérica vacía para restar.

3.

$70 - 20 =$ _____

4.

$60 - 10 =$ _____

5.

$80 - 30 =$ _____

6.

$40 - 40 =$ _____

Usa la recta numérica vacía para resolver los problemas.

7. Representar Darío tiene 40 palillos. Usó 20. ¿Cuántos palillos le quedan por usar?
Muestra tu trabajo.

_____ − _____ = _____   A Darío le quedan _____ palillos.

8. Razonamiento de orden superior Escribe una ecuación de lo que muestra esta recta numérica.

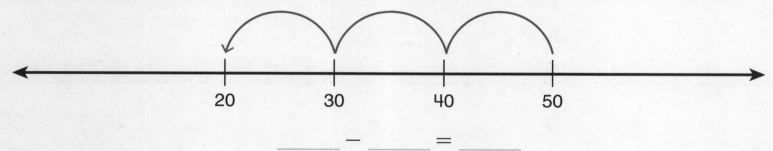

_____ − _____ = _____

9. ✔Evaluación Resuelve 80 − 20 en la recta numérica vacía. Explica tu trabajo.

Nombre _____

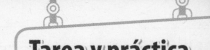

Tarea y práctica 11-3
Restar decenas usando una recta numérica vacía

¡Revisemos! Puedes usar una recta numérica vacía para restar.

Halla 90 − 50.

Marca el 90 en la recta numérica.

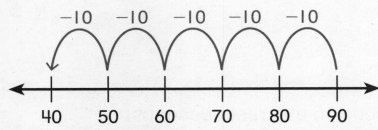

−10 −10 −10 −10 −10

40   50   60   70   80   90

Cuenta hacia atrás de 10 en 10 hasta que hayas restado 50.

¿En qué número terminaste? __40__

Como estás contando hacia atrás, debes marcar el 90 en el lado derecho.

ACTIVIDAD PARA EL HOGAR
Dé a su niño(a) los siguientes problemas de resta para resolver: 20 − 10, 90 − 30, 80 − 50 y 30 − 30. Pídale que dibuje una recta numérica vacía y resuelva los problemas. Si su niño(a) tiene dificultad, ayúdelo a dibujar la recta numérica vacía y escriba el primer número en la recta.

Usa las rectas numéricas para restar.

1.

⟵──────────────────⟶

80 − 40 = _____

2.

⟵──────────────────⟶

70 − _____ = 10

3.

$$40 - 30 = \underline{\hspace{1cm}}$$

4. Razonamiento de orden superior Escribe una ecuación que reste decenas. Muestra el problema en la recta numérica vacía y resuélvelo.

$$\underline{\hspace{1.5cm}} - \underline{\hspace{1cm}} = \underline{\hspace{1cm}}$$

5. ✓Evaluación Resuelve 90 − 40 en la recta numérica vacía. Explica tu trabajo.

Nombre _____

Resuélvelo y coméntalo

Resuelve el problema de resta. Usa la estrategia que creas que funcione mejor y explica por qué.

Puedo...
usar la suma para restar decenas.

También puedo
construir argumentos matemáticos.

$$70 - 30 = \_\_\_\_$$

Puedes usar la suma para ayudarte a restar decenas. Halla 70 − 50.

Esto es lo mismo que 50 + _____ = 70.

+?

50   70

Cuenta de 10 en 10 para hallar el número que falta.

10 + 10 = 20
Necesito sumar 20 en total.

+10   +10

50   60   70

Usa el sumando que falta para resolver el problema de resta.

50 + 20 = 70; por tanto,

70 − 50 = 20.

¿Lo entiendes?

¡Demuéstralo! ¿De qué manera te ayuda la suma a resolver los problemas de resta?

☆ Práctica guiada ☆

Usa la suma para resolver cada problema de resta. Muestra cómo hallaste el sumando que falta en la recta numérica vacía.

1. 40 + 40 = 80;

por tanto,

80 − 40 = 40.

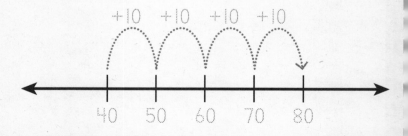

+10 +10 +10 +10

40 50 60 70 80

2. 30 + _____ = 90;

por tanto,

90 − 30 = _____.

Herramientas Evaluación

☆ **Práctica** ☆
independiente
☆

Usa la suma para resolver cada problema de resta. Muestra cómo hallaste el sumando que falta en la recta numérica vacía.

3. 20 + _____ = 60; por tanto,

60 − 20 = _____ .

4. 30 + _____ = 80; por tanto,

80 − 30 = _____ .

←————————————————→

←————————————————→

Usa la suma para resolver cada problema de resta.
Haz un dibujo para mostrar tu razonamiento.

5. 30 + _____ = 50; por tanto, 50 − 30 = _____ .

Puedo dibujar decenas para mostrar el sumando que conozco y el sumando que falta.

6. 60 + _____ = 80; por tanto, 80 − 60 = _____ .

Resolución de problemas Escribe la ecuación y resuelve los problemas.

7. Razonar El maestro Adame tiene 90 trabajos de sus estudiantes. Ya ha calificado 40. ¿Cuántos trabajos le falta por calificar al maestro Adame?

_____ ◯ _____ = _____

_____ trabajos

8. Razonar Sonia maneja 40 millas para llegar a su trabajo. Ya ha manejado algunas millas. Le faltan 20 millas para llegar a su trabajo. ¿Cuántas millas ya ha manejado Sonia?

_____ ◯ _____ = _____

_____ millas

9. Razonamiento de orden superior Sam tiene 4 cajas de jugos. Cada caja tiene 10 jugos. Sam comparte 3 cajas de jugos con sus compañeros de clase.

Escribe y resuelve una ecuación para mostrar cuántos jugos le quedan a Sam.

_____ − _____ = _____

_____ jugos

10. ✔Evaluación La doctora Ríos tiene que ver a 20 pacientes hoy. Ya ha visto 10 pacientes. ¿Cuántos pacientes le falta por ver?

Ⓐ 40
Ⓑ 30
Ⓒ 20
Ⓓ 10

Nombre _____

¡Revisemos! Puedes usar las sumas para restar decenas.

90 − 50 = ?   Imagínate una parte
de una tabla de 100.

$50 + \underline{40} = 90;$

por tanto,

$90 - 50 = \underline{40}.$

41	42	43	44	45	46	47	48	49	50
51	52	53	54	55	56	57	58	59	60
61	62	63	64	65	66	67	68	69	70
71	72	73	74	75	76	77	78	79	80
81	82	83	84	85	86	87	88	89	90

Si empiezo en 50,
me muevo hacia abajo 4 filas
para llegar a 90.

ACTIVIDAD PARA EL HOGAR
Practique con su niño(a) el conteo
de 10 en 10. Empiece con los
primeros números y pídale a su
niño(a) que continúe la secuencia.
Después, practiquen la suma de
diferentes múltiplos de 10 (del 10
al 90 solamente).

Usa la suma para resolver cada problema de resta. Usa la
tabla de 100 de arriba como ayuda si es necesario.

1. $50 + \underline{} = 70;$ por tanto,

   $70 - 50 = \underline{}.$

2. $60 + \underline{} = 90;$ por tanto,

   $90 - 60 = \underline{}.$

Usa la suma para resolver cada problema de resta.
Haz un dibujo para mostrar tu razonamiento.

3. $20 +$ _____ $= 40$; por tanto,

$40 - 20 =$ _____ .

4. $30 +$ _____ $= 80$; por tanto,

$80 - 30 =$ _____ .

5. $60 +$ _____ $= 70$; por tanto,

$70 - 60 =$ _____ .

6. $40 +$ _____ $= 90$; por tanto,

$90 - 40 =$ _____ .

7. Razonamiento de orden superior

Rita les va a pintar las uñas de las manos a 8 amigas. Ya le pintó las uñas a 4 amigas. Si cada amiga tiene 10 uñas, ¿cuántas uñas le falta por pintar a Rita?

Escribe y resuelve una ecuación para mostrar cuántas uñas más necesita pintar Rita.

_____ $-$ _____ $=$ _____

_____ uñas

8. ✓**Evaluación** ¿Qué ecuación de suma podrías usar para ayudarte a resolver el siguiente problema de resta?

$70 - 20 =$?

Ⓐ $20 + 10 = 30$

Ⓑ $70 + 20 = 90$

Ⓒ $20 + 50 = 70$

Ⓓ $10 + 10 = 20$

Nombre _____

Resuélvelo y coméntalo

Supón que tienes 89 tarjetas y le quieres dar 10 a tu amigo. ¿Cómo podrías hallar cuántas tarjetas te quedan sin usar papel y lápiz?

Lección 11-5

Cálculo mental: Diez menos que un número

Puedo...
usar el cálculo mental para restarle decenas a un número de dos dígitos.

También puedo
entender bien los problemas.

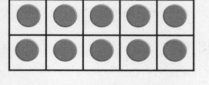 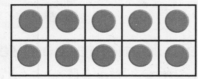 

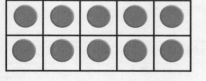 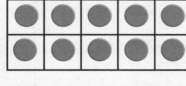 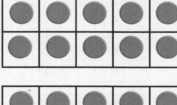

 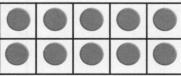 

89 − 10 = _____

Aprende Glosario

Ya has usado diferentes maneras de restar decenas. Halla 35 − 10.

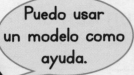
Puedo usar un modelo como ayuda.

1	2	3	4	5	6	7	8	9	10
11	12	13	14	15	16	17	18	19	20
21	22	23	24	25	26	27	28	29	30
31	32	33	34	35	36	37	38	39	40

También puedes usar el cálculo mental para restar decenas. Cuando restas 10, el dígito de las decenas disminuye en 1.

Sé que 3 − 1 = 2.
Por tanto, 35 − 10 = 25

35 − 10 = _25_

Réstale 10 a estos números.

46 − 10 = _36_

78 − 10 = _68_

95 − 10 = _85_

Recuerda que cuando restas decenas, solamente cambia el dígito de las decenas.

¿Lo entiendes?

¡Demuéstralo! Explica por qué cambia solamente el dígito de las decenas cuando restas 76 menos 10.

☆ Práctica guiada ☆

Usa el cálculo mental para restar.
Usa los marcos de 10 si es necesario.

1.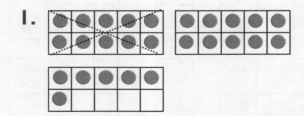

26 − 10 = _16_

2.

32 − 10 = ____

3. 98 − 10 = ____

4. 44 − 10 = ____

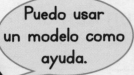

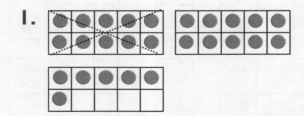

Tema 11 | Lección 5

Herramientas Evaluación

Práctica independiente

Calcula mentalmente para resolver los problemas.

5. 53 – 10 = _____

6. 20 – 10 = _____

7. 32 – 10 = _____

8. 80 – 10 = _____

9. 17 – 10 = _____

10. 60 – 10 = _____

11. 47 – 10 = _____

12. 85 – 10 = _____

13. 11 – 10 = _____

14. Sentido numérico Usa el cálculo mental y los marcos de 10 para restar. Completa la ecuación relacionada de suma.

Piensa en cómo cambian los dígitos cuando restas decenas.

 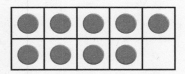

39 – 10 = _____

_____ + 10 = 39

Resolución de problemas

Calcula mentalmente para resolver los siguientes problemas.

15. Razonar Javier tiene 43 estampillas en su escritorio. Pone 10 estampillas en un cuaderno. ¿Cuántas estampillas le quedan?

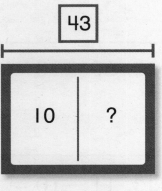

43

| 10 | ? |

_____ estampillas

16. 🅐🅩 **Vocabulario** Elsa lleva 27 naranjas a su casa. Su familia se come 10. ¿Cuántas naranjas le quedan a Elsa? Halla la **diferencia.**

$$27 - 10 = \underline{\hspace{1.5cm}}$$

_____ naranjas

17. Razonamiento de orden superior
Escribe un cuento de resta sobre $56 - 10$. Luego, resuelve tu cuento.

_____

_____

_____

_____

$56 - 10 = \underline{\hspace{1.5cm}}$

18. ✅ **Evaluación** Marta tiene 44 cuentas. Usa 10 para hacer un collar. ¿Cuántas cuentas le quedan? Escribe y resuelve una ecuación para este cuento.

$$\underline{\hspace{1cm}} - \underline{\hspace{1cm}} = \underline{\hspace{1cm}}$$

_____ cuentas

 Tema 11 | Lección 5

Nombre _____

Tarea y práctica
11-5
Cálculo mental:
Diez menos que
un número

¡Revisemos! Puedes restarle mentalmente 10 a cualquier número.

$72 - 10 = ?$

Imagina que te mueves 1 fila
hacia arriba en una tabla de 100.

51	52	53	54	55	56	57	58	59	60
61	62	63	64	65	66	67	68	69	70
71	72	73	74	75	76	77	78	79	80

O resta 1 al dígito de las decenas.

7 decenas − 1 decena =
6 decenas

El dígito de
las unidades se
queda igual.

$72 - 10 = \underline{62}$

ACTIVIDAD PARA EL HOGAR
Dele a su niño(a) un número
de 2 dígitos y pídale que reste
mentalmente 10 a ese número.
Pídale que le explique cómo
encontró la respuesta. Repita
la actividad con otros números
de 2 dígitos.

Calcula mentalmente para resolver los problemas.

1. $85 - 10 =$ _____

2. $37 - 10 =$ _____

3. $59 - 10 =$ _____

4. $41 - 10 =$ _____

5. $75 - 10 =$ _____

6. $16 - 10 =$ _____

Calcula mentalmente para resolver los problemas.

7. $29 - 10 = $ _____

8. $14 - 10 = $ _____

9. $28 - 10 = $ _____

10. $45 - 10 = $ _____

11. $78 - 10 = $ _____

12. $13 - 10 = $ _____

13. Álgebra Escribe el número que falta en cada ecuación.

$$\boxed{} + 10 = 50$$

$$50 - \boxed{} = 40$$

$$70 - 10 = \boxed{}$$

14. Razonamiento de orden superior Escoge dos números de la lista y escríbelos en los espacios vacíos de la ecuación para hacer la ecuación verdadera.

25 34 45 55 68 72

_____ $- 10 = $ _____

15. ✅ **Evaluación** Nico tiene 77 botones. Usó 10 para hacer un marco para fotografías. ¿Cuántos botones le quedan a Nico? Escribe y resuelve la ecuación de este cuento.

_____ $-$ _____ $=$ _____

_____ botones

Nombre _____

Resuélvelo y coméntalo

Resuelve el problema de resta. Usa la estrategia que pienses que funciona mejor y explica por qué.

Puedo...
usa diferentes estrategias para restar.

También puedo
usar herramientas matemáticas correctamente.

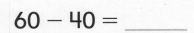

$60 - 40 = $ _____

Ted necesita quitar la nieve de 50 entradas de cocheras. Ya ha quitado la nieve a 30. ¿Cuántas entradas de cocheras le faltan a Ted?

Conozco 3 maneras diferentes de resolver un problema de resta.

Una manera de resolver el problema es usar una tabla de 100.

11	12	13	14	15	16	17	18	19	20
21	22	23	24	25	26	27	28	29	30
31	32	33	34	35	36	37	38	39	40
41	42	43	44	45	46	47	48	49	50

$50 - 30 = \underline{20}$

Otra manera es usar una recta numérica.

$-10 \quad -10 \quad -10$

20   30   40   50

$50 - 30 = \underline{20}$

También puedes pensar en la suma para restar.

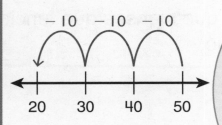

Ted ha hecho 30. Tiene que hacer algunas más para completar 50.

$30 + \underline{20} = 50$; por tanto,

$50 - 30 = \underline{20}$.

¿Lo entiendes?

¡Demuéstralo! ¿Qué estrategia usarías para resolver $50 - 40$? Explica por qué.

✩ Práctica guiada ✩ Usa la parte de la tabla de 100 u otra estrategia para resolver cada problema de resta.

31	32	33	34	35	36	37	38	39	40
41	42	43	44	45	46	47	48	49	50
51	52	53	54	55	56	57	58	59	60
61	62	63	64	65	66	67	68	69	70

1. $70 - 10 = \underline{60}$

2. $60 - 20 = \underline{\hphantom{00}}$

3. $43 - 10 = \underline{\hphantom{00}}$

4. $70 - 30 = \underline{\hphantom{00}}$

> **Práctica independiente** Usa la estrategia que pienses que funciona mejor para resolver cada problema de resta. Explica tu razonamiento.

5. $90 - 20 =$ _____

6. $40 - 20 =$ _____

7. $80 - 60 =$ _____

8. $30 - 20 =$ _____

9. $74 - 10 =$ _____

10. $80 - 40 =$ _____

11. Matemáticas y Ciencias Jacobo diseñó un robot que completa una carrera de obstáculos en 54 segundos. Clara diseñó un robot que completa la misma carrera en 10 segundos menos que el robot de Jacobo. ¿En cuántos segundos completa la carrera de obstáculos el robot de Clara? Escribe una ecuación para mostrar tu trabajo.

_____ − _____ = _____   _____ segundos

Resolución de problemas Escoge una de las estrategias que aprendiste para resolver cada problema de resta.

12. Usar herramientas Carlos quiere pegar 83 tarjetas de beisbol en un álbum. Ya puso 10 tarjetas en el álbum.

¿Cuántas tarjetas de beisbol le faltan por pegar en el álbum?

_____ tarjetas

13. Usar herramientas El equipo de básquetbol de Pat anotó 50 puntos en un juego. En la primera mitad anotaron algunos puntos. En la segunda mitad anotaron 20 puntos.

¿Cuántos puntos anotó el equipo de Pat en la primera mitad del juego?

_____ puntos

14. Razonamiento de orden superior Escribe un problema de resta en el cual podrías pensar en la suma para restar. Explica por qué eso sería una buena estrategia para resolver el problema.

_____

_____

_____

15. ✓Evaluación Explica cómo usarías una tabla de 100 para resolver 60 − 20.

_____

_____

_____

Nombre _____

Ayuda   Herramientas   Juegos

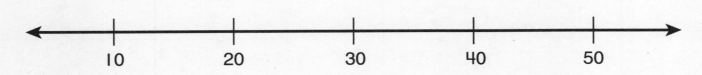

¡Revisemos! Puedes usar la suma para resolver los problemas de resta.

$80 - 50 = ?$

Cambia la ecuación de resta a una ecuación de suma.

$50 + ? = 80$

Cuenta hasta 80 para hallar el número que falta.

50, _60_ , _70_ , _80_

$50 + \underline{30} = 80$; por tanto, $80 - 50 = \underline{30}$.

Para llegar a 80, necesito sumar 10 tres veces. Lo cual es lo mismo que sumar 30.

ACTIVIDAD PARA EL HOGAR
Revise con su niño(a) las operaciones de resta hasta 10. Hablen sobre cómo las operaciones de resta hasta 10 se relacionan con las operaciones de resta hasta 100. Explíquele que la única diferencia es que se están restando decenas en lugar de unidades.

Usa la recta numérica para resolver los problemas de resta.

10   20   30   40   50

1. $40 - 20 =$ _____

2. $50 - 10 =$ _____

3. $30 - 20 =$ _____

Resuelve cada problema.

4. **Explicar** Escoge cualquier estrategia para resolver $80 - 30$. Di cómo resolviste el problema.

_____

_____

5. **Sentido numérico** Escribe una ecuación de suma relacionada para la siguiente ecuación de resta.

$57 - 10 = 47$

_____ + _____ = _____

6. **Razonamiento de orden superior** ¿Escogerías una tabla de 100 para resolver $90 - 80$? ¿Por qué sí o por qué no? Si no, ¿que estrategia sería mejor?

_____

_____

_____

7. ✅**Evaluación** Explica cómo usarías una recta numérica para resolver $70 - 50$.

_____

_____

_____

_____

_____

Nombre _____

Valeria recogió 40 fresas. Le da 20 a su hermano. ¿Cuántas fresas le quedan a Valeria?

¿Cómo te ayuda representar tu razonamiento a resolver este problema?

____ ◯ ____ = ____

Resuelve

Resolución de problemas

Lección 11-7
Representar con modelos matemáticos

Puedo…
representar mi razonamiento para resolver problemas.

También puedo
restar decenas.

Hábitos de razonamiento

¿Puedo usar dibujos, diagramas, tablas o gráficas para representar el problema?

¿Cómo puedo mejorar mi modelo si no funciona bien?

Neto tiene 70 manzanas verdes y 30 rojas. ¿Cuántas manzanas verdes más que rojas tiene Neto?

¿Cómo puedo representar este problema?

Puedo usar dibujos, objetos o ecuaciones para mostrar y resolver este problema. Luego, puedo decidir cuál funciona mejor.

Voy a hacer un dibujo y escribir una ecuación.

| 10 |
| 10 |
| 10 |
| 10 |
10	10
10	10
10	10

70 − 30 = 40

7 decenas − 3 decenas = 4 decenas

Neto tiene 40 manzanas verdes más.

¡También puedo mostrar mi trabajo de otra manera!

¿Lo entiendes?

¡Demuéstralo! En el ejemplo de arriba, ¿de que manera los recuadros con 10 te ayudan a representar el problema?

☆ Práctica guiada ☆

Usa dibujos, modelos o ecuaciones para resolver los problemas.

1. Una tienda tiene 60 galletas. Vende 30 galletas. ¿Cuántas galletas quedan en la tienda?

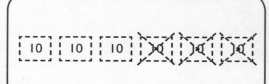

_30_ galletas

2. Andy tiene 84 tarjetas de beisbol. Regala 10. ¿Cuántas tarjetas le quedan a Andy?

_____ tarjetas

Nombre ______________________

Herramientas Evaluación

Práctica independiente

Usa dibujos, modelos o ecuaciones para resolver los problemas. Explica tu trabajo.

3. Vero tiene 80 calcomanías.
David tiene 60.
¿Cuántas calcomanías más que David tiene Vero?

_____ calcomanías más

4. Carla tiene un libro de 50 páginas.
Ya leyó 20. ¿Cuántas páginas le faltan por leer?

_____ páginas

5. En una tienda hay 72 carritos.
Se vendieron 10.
¿Cuántos carritos quedan en la tienda?

_____ carritos

Pasear al perro Jaime, Emilia y Simón pasean perros después de la escuela.

Los lunes tienen que pasear 40 perros.
Jaime y Emilia pasean 20 perros.
¿Cuántos perros faltan por pasear?

6. **Entender** ¿Qué problema necesitas resolver?

_____

_____

_____

7. **Usar herramientas** ¿Qué herramienta o herramientas puedes usar para resolver este problema?

_____

_____

_____

_____

8. **Representar** Escribe una ecuación para mostrar el problema. Luego, usa dibujos, palabras o signos para resolverlo.

_____ perros

____ ◯ ____ = ____

Nombre _____

¡Revisemos! Puedes usar lo que sabes de matemáticas para resolver nuevos problemas.

Gustavo tiene 30 calcomanías. Pegó 20 en su libro. ¿Cuántas calcomanías le quedan?

Haz un dibujo:

Escribe una ecuación:

Puedo representar los problemas matemáticos de diferentes maneras.

$$30 - 20 = ?$$

$$30 - 20 = \underline{10}$$

ACTIVIDAD PARA EL HOGAR
Dele a su niño(a) un problema de resta como este: 70 – 20. Pídale que le diga dos estrategias diferentes para resolverlo.

Usa dibujos, modelos o ecuaciones para resolver los problemas. Explica tu trabajo.

1. Tom tenía 40 canciones en su lista. Luego, quitó 10 canciones. ¿Cuántas canciones quedan todavía en su lista?

2. Tere vio 24 hormigas. 10 hormigas se metieron al hormiguero. ¿Cuántas hormigas quedan?

Emparejar calcetines Juan tenía 80 calcetines en una canasta. Hizo pares con 50 calcetines.

¿Cuántos calcetines le quedan por emparejar?

3. **Usar herramientas** ¿Qué herramienta o herramientas puedes usar para resolver este problema?

_____

_____

_____

_____

4. **Representar** Haz un dibujo y escribe una ecuación para resolver este problema.

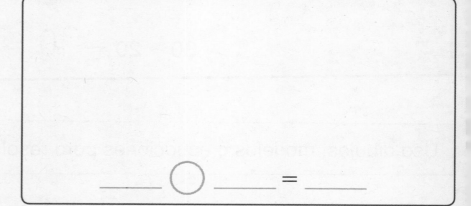

_____ ◯ _____ = _____

5. **Entender** ¿Cómo te puedes asegurar de que tu respuesta tiene sentido?

_____

_____

_____

 Tema 11 | Lección 7

Nombre _____

Trabaja con un compañero. Necesitan papel y lápiz.

Cada uno escoge un color diferente: celeste o azul.

El Compañero 1 y el Compañero 2 apuntan a uno de los números negros al mismo tiempo. Resten el número del Compañero 2 al número del Compañero 1.

Si la respuesta está en el color que escogiste, puedes anotar una marca de conteo. Sigan la actividad hasta que uno de los compañeros tenga doce marcas de conteo.

Puedo...
sumar y restar hasta 10.

TEMA 11 | Repaso del vocabulario

A-Z
Glosario

Lista de palabras
- decenas
- diferencia
- recta numérica vacía
- restar
- sumar
- tabla numérica

Comprender el vocabulario

1. Resta las decenas que muestra el modelo.

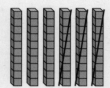

_____ decenas — _____ decenas

= _____ decenas

2. Resta las decenas que muestra el modelo.

_____ decenas — _____ decenas

= _____ decenas

3. Encierra en un círculo la operación de suma que podría ayudarte a resolver 50 − 30.

$10 + 40 = 50$

$25 + 25 = 50$

$30 + 20 = 50$

$40 + 10 = 50$

4. Usa la tabla numérica para resolver 40 − 20. Encierra en un círculo la diferencia.

1	2	3	4	5	6	7	8	9	10
11	12	13	14	15	16	17	18	19	20
21	22	23	24	25	26	27	28	29	30
31	32	33	34	35	36	37	38	39	40
41	42	43	44	45	46	47	48	49	50

5. Calcula mentalmente para resolver 70 − 10. Encierra en un círculo la diferencia.

40   50

60   70

Usar el vocabulario al escribir

6. Usa la recta numérica vacía para resolver 80 − 50. Usa palabras de la Lista de palabras para explicar cómo lo resolviste.

654 seiscientos cincuenta y cuatro

Nombre _____

Grupo A

Puedes restar decenas.

$$40 - 30 = \underline{\quad ? \quad}$$

Necesitas restar 30, que son 3 decenas.

Tacha ese número de decenas.

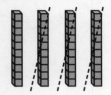

Cuenta las decenas y las unidades que quedan.

$$40 - 30 = 10$$

Tacha las decenas y escribe la diferencia.

1.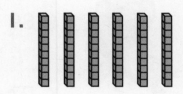

$$60 - 40 = \underline{\qquad}$$

2.

$$50 - 20 = \underline{\qquad}$$

Grupo B

Puedes usar la tabla de 100 para restar decenas.

$$80 - 20 = \underline{\quad ? \quad}$$

51	52	53	54	55	56	57	58	59	60
61	62	63	64	65	66	67	68	69	70
71	72	73	74	75	76	77	78	79	80

$$80 - 20 = 60$$

Usa esta parte de la tabla de 100 para restar decenas.

41	42	43	44	45	46	47	48	49	50
51	52	53	54	55	56	57	58	59	60
61	62	63	64	65	66	67	68	69	70

3. $70 - 20 = \underline{\qquad}$

4. $60 - 10 = \underline{\qquad}$

Puedes calcular mentalmente para restar decenas. Halla 46 − 10.

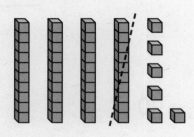

4 decenas − 1 decena
= 3 decenas.
Por tanto, 46 − 10 = 36.

Resta. Usa el cálculo mental.

5. 62 − 10 = _____

6. 89 − 10 = _____

7. 27 − 10 = _____

Hábitos de razonamiento

Representar con modelos matemáticos

¿Puedo usar dibujos, diagramas, tablas o gráficas para representar el problema?

¿Cómo puedo mejorar mi modelo si no funciona bien?

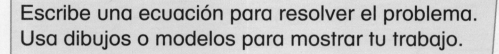

Escribe una ecuación para resolver el problema. Usa dibujos o modelos para mostrar tu trabajo.

8. Hay 50 barcos en una juguetería. Se vendieron 10. ¿Cuántos barcos hay ahora en la juguetería?

_____ barcos

Nombre _____

1. Usa la parte de la tabla de 100 para restar decenas.

41	42	43	44	45	46	47	48	49	50
51	52	53	54	55	56	57	58	59	60
61	62	63	64	65	66	67	68	69	70

$70 - 20 =$ _____

70   60   50   40
Ⓐ   Ⓑ   Ⓒ   Ⓓ

2. Usa los bloques de valor de posición para hallar la diferencia.

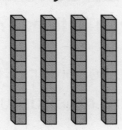

$40 - 30 =$ _____

10   20   30   40
Ⓐ   Ⓑ   Ⓒ   Ⓓ

3. Usa la recta numérica vacía para resolver el problema.
Muestra tu trabajo.

$60 - 20 =$ _____

4. Resuelve el problema. Usa cualquier estrategia. Explica por qué escogiste esa estrategia.

$$70 - 60 = \underline{\hphantom{000}}$$

_____

_____

Usa el cálculo mental para resolver las restas.

5. $23 - 10 = \underline{\hphantom{000}}$

6. $94 - 10 = \underline{\hphantom{000}}$

7. $51 - 10 = \underline{\hphantom{000}}$

Usa la suma para resolver cada problema de resta.

8. $50 + \underline{\hphantom{000}} = 80$; por tanto,

$80 - 50 = \underline{\hphantom{000}}$.

9. $20 + \underline{\hphantom{000}} = 60$; por tanto,

$60 - 20 = \underline{\hphantom{000}}$.

10. Hay 90 trineos en una tienda. Se vendieron 30. ¿Cuántos trineos quedan en la tienda?

Escribe una ecuación para resolver el problema. Usa dibujos o modelos para mostrar tu trabajo.

_____ trineos

Nombre _____

La granja de Ramón

Ramón vende verduras de su granja en paquetes de 10.

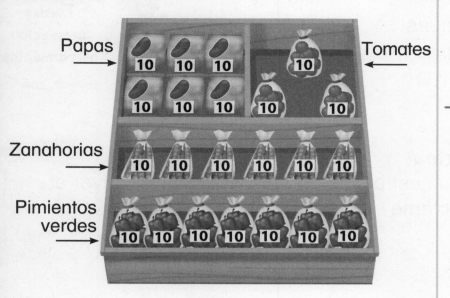

1. Ramón vende 3 paquetes de pimientos verdes. ¿Cuántos pimientos verdes le quedan por vender?

    Usa la recta numérica vacía para resolver el problema.

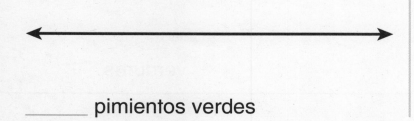

    _____ pimientos verdes

2. Ramón le da de comer 10 zanahorias a su caballo. ¿Cuántas zanahorias le quedan?

    _____ zanahorias

3. Ramón vendió 30 papas el lunes. El resto de las papas las vendió el martes. ¿Cuántas papas vendió el martes?

    Usa esta parte de la tabla de 100 para resolver el problema. Escribe los números que faltan en la ecuación.

21	22	23	24	25	26	27	28	29	30
31	32	33	34	35	36	37	38	39	40
41	42	43	44	45	46	47	48	49	50
51	52	53	54	55	56	57	58	59	60
61	62	63	64	65	66	67	68	69	70
71	72	73	74	75	76	77	78	79	80

    _____ ◯ _____ = _____

    _____ papas

4. Dora compró 4 paquetes de zanahorias en la granja. Usó 10 zanahorias para hacer una sopa. ¿Cuántas zanahorias le quedan?

Usa una de las estrategias que aprendiste para resolver el problema. Muestra cómo resolviste el problema.

- recta numérica
- tabla de 100
- pensar en la suma para restar
- usar bloques

_____ zanahorias

5. Tim compra 36 verduras. Lina compra 10 verduras menos que Tim. ¿Cuántas verduras compra Lina?

- dibujos
- bloques
- tabla de 100
- recta numérica
- otra herramienta

Puedes usar estas herramientas

Parte A
¿Qué estrategia podrías usar para resolver el problema?

_____

_____

Parte B
Escribe una ecuación y resuelve el problema. Muestra cómo lo resolviste.

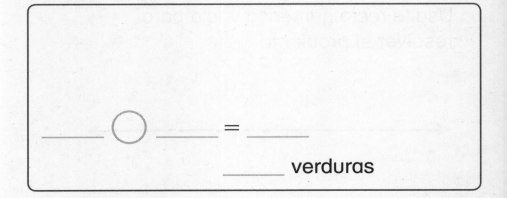

_____ ◯ _____ = _____

_____ verduras

Recursos digitales

Resuelve · Aprende · Glosario

Herramientas · Evaluación · Ayuda · Juegos

TEMA 12 · Medir longitudes

Pregunta esencial: ¿De qué maneras se puede medir la longitud de un objeto?

La gente no puede ver en la oscuridad.

Algunos animales pueden producir luz o brillar en la oscuridad.

¡Qué interesante! Hagamos este proyecto para aprender más.

Proyecto de Matemáticas y Ciencias: Ahora me ves, ahora no me ves

Investigar Habla con tus amigos y tu familia sobre los animales que se pueden ver en la oscuridad. Pregúntales cómo es que algunos animales pueden brillar por sí mismos en la oscuridad.

Diario: Hacer un libro Muestra lo que encontraste. En tu libro, también:

• haz dibujos de animales que brillan en la oscuridad.

• piensa cómo podrías medir a esos animales.

Nombre _____

✦Repasa lo que sabes✦

A-Z Vocabulario

1. Encierra en un círculo el número que es **menor que** la cantidad de cubos.

   3   5   8

2. Encierra en un círculo el número que es **mayor que** la cantidad de cubos.

   1   3   5

3. Encierra en un círculo el símbolo que se usa para **comparar** dos números.

   +   −   >

Comparar números

4. Escoge dos números que hagan verdadera la oración.

   _____ es menor que _____.

5. Carlos tiene 9 calcomanías. Pati tiene 5 calcomanías. Escribe los números y el símbolo para comparar las cantidades de calcomanías.

   _____ ◯ _____

Contar

6. Escribe los números que faltan.

   6, 7, 8, _____, _____, 11, _____

Copyright © Savvas Learning Company LLC. All Rights Reserved.

Tema 12

Mis tarjetas de palabras

Estudia las palabras de las tarjetas.
Completa la actividad que está al reverso.

el más largo

el más largo

el más corto

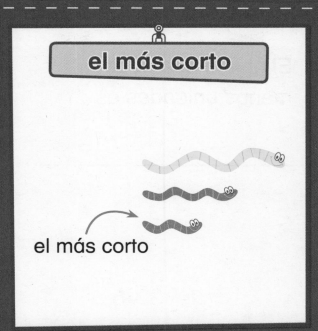

el más corto

más largo

más largo

más corto

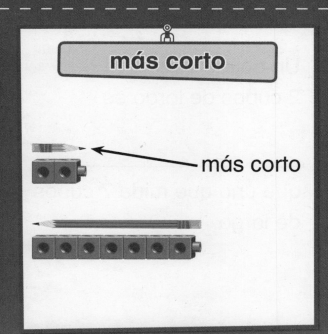

más corto

longitud

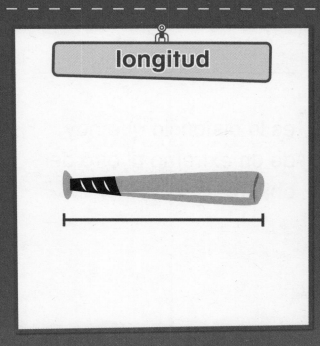

medir

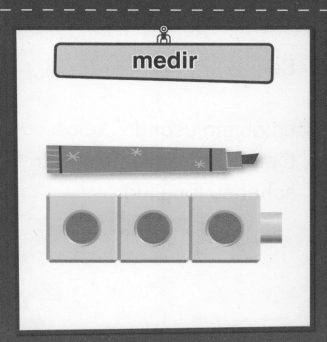

Mis tarjetas de palabras

Usa lo que sabes para completar las oraciones. Para ampliar lo que aprendiste, escribe tu propia oración usando cada palabra.

Un objeto que mide 7 cubos de largo es

____

que un objeto que mide 2 cubos de largo.

El objeto que mide menos unidades es

_______________.

El objeto que mide más unidades es

_______________.

Se _______________

un objeto usando cubos u otras herramientas para saber su longitud.

____

es la distancia que hay de un extremo al otro del objeto.

Un objeto que mide 2 cubos de largo es

____

que uno que mide 7 cubos de largo.

Mis tarjetas de palabras

Estudia las palabras de las tarjetas.
Completa la actividad que está al reverso.

A-Z
Glosario

unidad de longitud

Mis tarjetas de palabras

Usa lo que sabes para completar las oraciones. Para ampliar lo que aprendiste, escribe tu propia oración usando cada palabra.

Una _____

_____

es el objeto más corto que se usa para medir un objeto más largo.

Nombre ____________________

Resuélvelo y coméntalo ¿Puedes poner estos objetos en orden del más largo al más corto? ¿Cómo puedes saber si un objeto es más largo que otro objeto?

Lección 12-1
Comparar y ordenar según la longitud

Puedo...
ordenar objetos de acuerdo a su longitud.

También puedo
hacer mi trabajo con precisión.

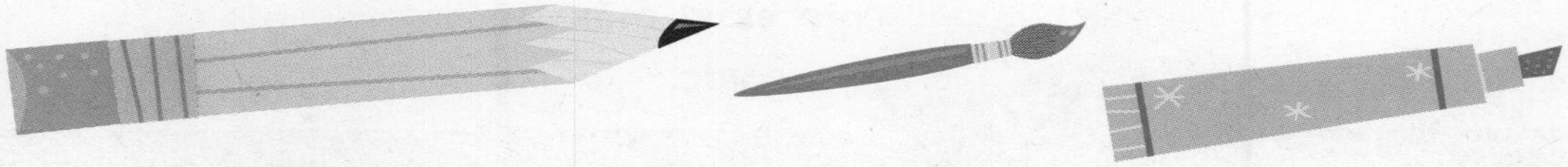

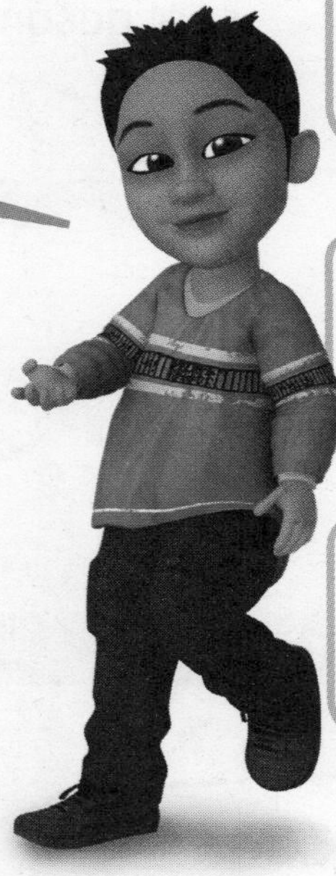

El más largo	
El más corto	

____

____

Puedes acomodar los gusanos en orden de acuerdo a su **longitud.**

El gusano amarillo es **más largo** que el gusano rojo y el gusano azul.

El gusano amarillo es el más largo.

El gusano rojo es **más corto** que el gusano azul.

el más largo

El gusano rojo es el más corto.

Ahora los gusanos están en orden del más largo al más corto.

el más largo

el más corto

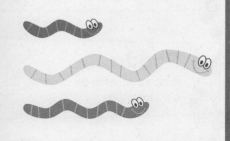

¿Lo entiendes?

¡Demuéstralo! Usa las frases "más corto" y "el más corto" para describir dos de los gusanos de arriba.

☆ Práctica guiada ☆

Dibuja líneas para mostrar cuál objeto es el más largo y cuál es el más corto.

1. el más largo ....

el más corto ....

2.

el más largo

el más corto

668 seiscientos sesenta y ocho

Copyright © Savvas Learning Company LLC. All Rights Reserved.

Tema 12 | Lección 1

☆ Práctica ☆ independiente

Dibuja líneas para mostrar cuál es el objeto más largo y cuál es el más corto.

3. el más largo

el más corto

4. el más largo

el más corto

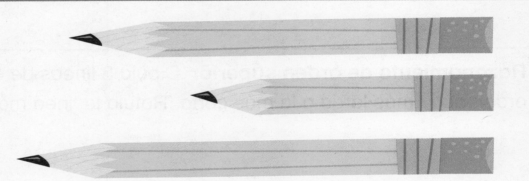

A-Z Vocabulario Usa las siguientes pistas sobre la **longitud** para colorear los crayones.

5. El crayón anaranjado es **el más corto.**

El crayón azul es **más largo** que el crayón verde.

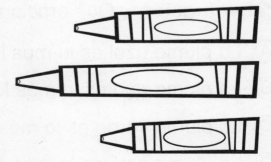

6. **Hacerlo con precisión** Tomás pintó una línea más larga que la línea azul. ¿De qué color es la línea que pintó? Usa el dibujo como ayuda. _____

7. **Hacerlo con precisión** La tiza de Carmen es más corta que la tiza azul. ¿De qué color es la tiza de Carmen? Usa el dibujo como ayuda. _____

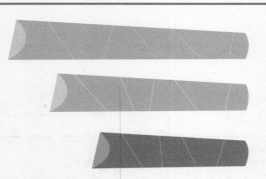

8. **Razonamiento de orden superior** Dibuja 3 líneas de diferentes longitudes en orden de la más larga a la más corta. Rotula la línea más corta y la más larga.

9. ✓**Evaluación** ¿Qué oración describe mejor las plumas?

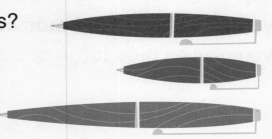

Ⓐ La pluma azul es la más larga.

Ⓑ La pluma roja es la más larga.

Ⓒ La pluma verde es la más larga.

Ⓓ La pluma azul es la más corta.

Nombre _____

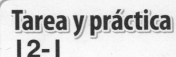

Ayuda   Herramientas   Juegos

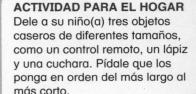
Tarea y práctica 12-1
Comparar y ordenar según la longitud

¡Revisemos! Puedes hallar la longitud de varios objetos comparándolos entre sí.

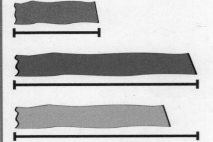

ACTIVIDAD PARA EL HOGAR
Dele a su niño(a) tres objetos caseros de diferentes tamaños, como un control remoto, un lápiz y una cuchara. Pídale que los ponga en orden del más largo al más corto.

¿Qué cinta es la más larga? ___Morada___

¿Qué cinta es la más corta? ___Azul___

Escribe el número del objeto más largo.
Luego, escribe el número del objeto más corto.

1. 1:

2:

3:

El más largo: _____   El más corto: _____

2. 1:

2:

3:

El más largo: _____   El más corto: _____

Encierra en un círculo el objeto más largo. Tacha el objeto más corto.

3.

4.
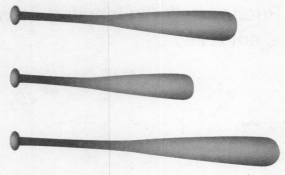

5. **Razonamiento de orden superior** Escribe estos 3 objetos en orden del más largo al más corto.

Carro   Bicicleta   Avión

_____

_____

6. ✅**Evaluación** ¿Cuál de estos libros es el más largo?

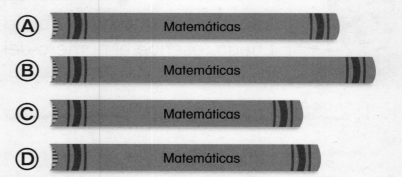

Ⓐ Matemáticas

Ⓑ Matemáticas

Ⓒ Matemáticas

Ⓓ Matemáticas

Resuélvelo y coméntalo

¿Cómo puedes saber cuál es más largo, el zapato o el lápiz, sin ponerlos uno al lado del otro? ¿Qué puedes usar? Encierra en un círculo el objeto más largo y explica cómo lo supiste.

Resuelve

Lección 12-2
Medición indirecta

Puedo…
comparar la longitud de los objetos indirectamente.

También puedo
usar herramientas matemáticas correctamente.

¿Cómo puedes comparar objetos cuando no están juntos?

Podemos usar un objeto para comparar y resolver qué lápiz es más largo.

Compara el lápiz con un pedazo de cuerda.

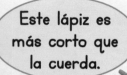

Este lápiz es más corto que la cuerda.

Compara el otro lápiz con el mismo pedazo de cuerda.

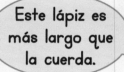

Este lápiz es más largo que la cuerda.

El lápiz azul es más corto que la cuerda.

El lápiz rojo es más largo que la cuerda.

Por tanto, el lápiz rojo es más largo que el lápiz azul.

¿Lo entiendes?

¡Demuéstralo! ¿Cuál de los dibujos de arriba es el objeto más largo? ¿Cómo lo sabes?

☆ Práctica guiada ☆

Encierra en un círculo el objeto que es más largo. Usa el crayón **rojo** como ayuda.

1.

2.

Nombre _____

☆ Práctica independiente

Encierra en un círculo el objeto que es más largo.
Usa la cuerda **anaranjada** como ayuda.

3. rana   hoja

_____   _____

4. tijeras   engrapadora

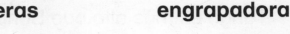

_____   _____

5. libro   pasta de dientes

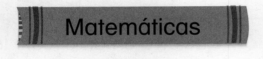

Matemáticas

_____   _____

6. pasta de dientes   engrapadora

_____   _____

7. Razonamiento de orden superior Usa los objetos en los Ejercicios 5 y 6 para completar las oraciones.

El libro es más largo que la _____.

La pasta de dientes es más larga que la _____.

Por tanto, el libro es _____ que la engrapadora.

Resolución de problemas   Resuelve cada problema.

8. Entender Usa las pistas para encontrar el nombre de cada perro.

Escribe el nombre debajo de cada perro.

Pistas

- Tango es más alto que Bongo.
- Turbo es más bajo que Bongo.

| Bongo |
| Turbo |
| Tango |

¿Qué plan tengo para resolver el problema? ¿Cómo me puedo asegurar de que mi respuesta tenga sentido?

_____ _____ _____

---

9. Razonamiento de orden superior Fede tiene dos crayones y un pedazo de cuerda. Explica cómo puede determinar qué crayón es más largo sin ponerlos uno al lado del otro.

_____

_____

_____

10. ✓Evaluación Encierra en un círculo la vela más larga. Usa la cuerda **azul** como ayuda.

_____   _____

676 seiscientos setenta y seis

Tema 12 | Lección 2

Nombre _____

Ayuda   Herramientas   Juegos

Tarea y práctica 12-2
Medición indirecta

¡Revisemos! Puedes comparar la longitud de 2 objetos sin ponerlos uno al lado del otro.

Puedo usar la mesa para saber si el sofá o el librero es más largo.

El sofá es más largo que la mesa.   El librero es más corto que la mesa.

Esto significa que el sofá es ___más largo___ que el librero.

ACTIVIDAD PARA EL HOGAR
Revise el significado de *más corto, el más corto, más largo* y *el más largo* con su niño(a). Ponga 3 objetos de diferente tamaño en la mesa y pídale a su niño(a) que le diga cuál es el más corto y cuál es el más largo. Luego, escoja 2 objetos y pregúntele cuál es el más largo. Después, pídale que compare los 3 objetos y use las palabras *más largo* y *más corto*.

Encierra en un círculo el objeto que es más corto. Usa la cuerda **roja** como ayuda.

1.

_____   _____

2.

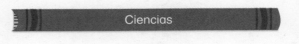   

_____   _____

Ciencias

Encierra en un círculo el objeto que es más corto. Usa la cuerda **morada** como ayuda.

3.

_____ _____

4.

_____ _____

5.

_____ _____

6.

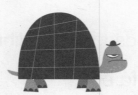 

_____ _____

7. Razonamiento de orden superior
Andrea tiene 3 velas. Explica cómo puede ella usar la vela amarilla para saber si la vela roja es más baja o más alta que la vela azul.

_____

8. ✓**Evaluación** Encierra en un círculo la figura que es más larga. Usa la cuerda anaranjada como ayuda.

_____ _____

Tema 12 | Lección 2

Resuélvelo y coméntalo

¿Cómo puedes usar los cubos conectables para saber qué tan largo es este lápiz?

Puedo...
usar objetos, como cubos, para medir la longitud.

También puedo
usar herramientas matemáticas correctamente.

El lápiz mide _____ de largo.

Puedes usar un objeto corto para **medir** un objeto más largo. Acomoda los objetos cortos uno al lado del otro. Este objeto será la **unidad de longitud.**

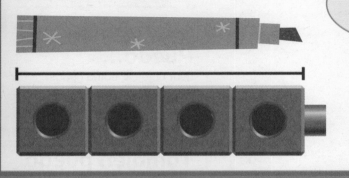

¡El marcador mide 4 cubos de largo!

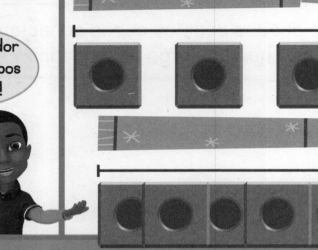

No dejes espacios ni superpongas los cubos porque tu medición no será correcta.

¿Lo entiendes?

¡Demuéstralo! ¿Por qué tienes que emparejar la punta izquierda de los cubos con la punta izquierda del marcador?

Práctica guiada
Usa cubos para medir la longitud.

1.

4

2.

Tema 12 | Lección 3

Nombre _____

⭐ Práctica independiente

Usa cubos para medir la longitud.

3.

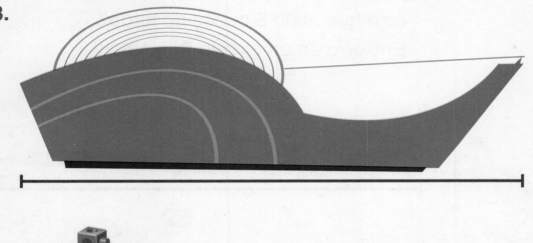

_____

4.

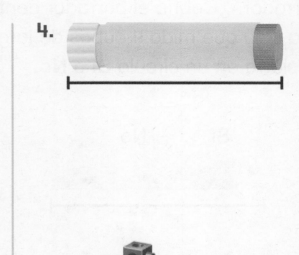

_____

---

5. Razonamiento de orden superior Mide la longitud y la altura de la calculadora con cubos. Luego, di cuántos cubos más mide la altura que la longitud de la calculadora.

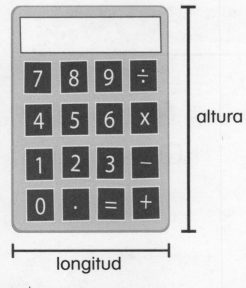

altura

longitud

Medidas

La 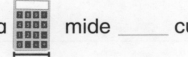 mide _____ cubos de longitud.

La mide _____ cubos de altura.

La mide _____ cubo más que la .

Tema 12 | Lección 3

seiscientos ochenta y uno **681**

6. **Usar herramientas** Mide la longitud del borrador. ¿Cabría el borrador dentro de una caja que mida 4 cubos de largo? Encierra en un círculo **Sí** o **No.**

Sí   No

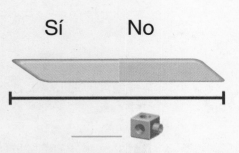

7. **Usar herramientas** Mide la longitud del pincel. ¿Cabría el pincel dentro de una caja que mida 5 cubos de largo? Encierra en un círculo **Sí** o **No.**

Sí   No

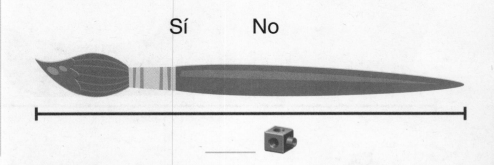

8. **Razonamiento de orden superior** Busca un objeto que pudiera medir alrededor de 10 🎲 de largo. Mide la longitud y la altura del objeto y di si es más alto o más largo.

Medida:

_____ 🎲 de largo   _____ 🎲 de alto

Mi objeto es _____ .

9. ✅**Evaluación** ¿Cuál **NO** es la longitud correcta de este marcador? Selecciona todas las que apliquen.

20 🎲   10 🎲   5 🎲   1 🎲

☐   ☐   ☐   ☐

Nombre _____

¡Revisemos! Puedes usar objetos más pequeños para medir la longitud de objetos más largos. El objeto pequeño será la unidad de longitud.

Usa clips para medir la longitud del libro.

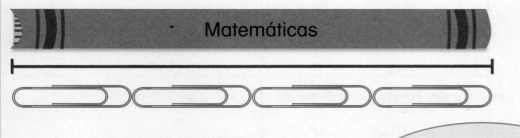

Matemáticas

Medida: __4__

Usa clips que sean de la misma longitud. ¡Asegúrate de que no haya espacios ni se superpongan!

ACTIVIDAD PARA EL HOGAR
Haga que su niño(a) mida la longitud de varios objetos pequeños. Use clips u otros objetos pequeños del mismo tamaño como unidades de longitud.

Usa clips para medir la longitud.

1.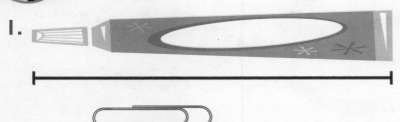

2.

3.

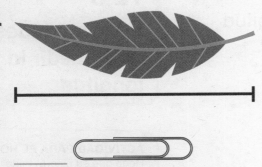

4.

_____

5. Razonamiento de orden superior Haz un dibujo para resolver el problema. Clara tiene un lápiz que mide 5 cubos de largo. ¿Cuántos clips aproximadamente mediría de largo? Explica tu respuesta.

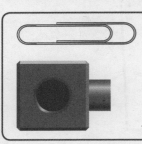

El lápiz de Clara mediría casi _____ .

6. ✓**Evaluación** ¿Cuál **NO** es la longitud correcta de las tijeras? Selecciona todas las que apliquen.

☐ 10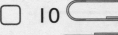

☐ 6

☐ 4

☐ 2

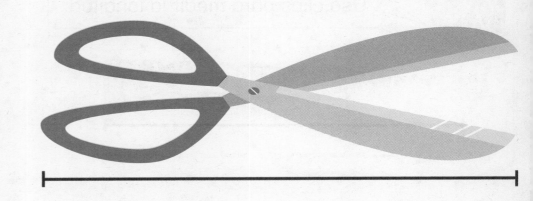

Nombre _____

Resuélvelo y coméntalo

Usa cubos para medir la longitud y la altura del cartel. Di si el cartel es más largo o más alto. ¿Cómo lo sabes?

Puedo...
usar cubos y otras unidades para comparar la longitud y la altura de los objetos.

También puedo
representar con modelos matemáticos.

El cartel es más _____ que _____.

Aprende Glosario

Puedes medir objetos para compararlos y ordenarlos según su longitud.

El borrador mide casi ___3___ 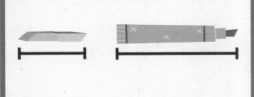 de largo.

El marcador mide casi ___6___ de largo.

El pincel mide casi ___8___ de largo.

El pincel es más largo que el marcador y que el borrador.

Los objetos están ordenados del más largo al más corto.

el más → largo

el más → corto

¿Lo entiendes?

¡Demuéstralo! ¿Cómo sabes qué objeto es más corto? ¿Cómo sabes qué objeto es más largo?

☆ **Práctica guiada** ☆ Busca cada objeto en tu salón de clases. Mide la longitud con cubos.

1.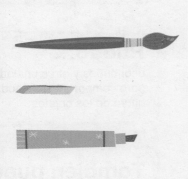

Librero

casi _____ de largo

2.

Escritorio

casi _____ de largo

3. El _____ es más largo.

Nombre _____

⭐ **Práctica independiente** ⭐ Busca cada objeto en tu salón de clases.
Mide la altura con cubos.

4.

Calendario

casi _____ de alto

5.

Mesa

casi _____ de alto

6.

Silla

casi _____ de alto

7.

Bote de basura

casi _____ de alto

8. Sentido numérico Ordena los objetos del más bajo al más alto.

_____   _____   _____

el más bajo   **el más alto**

Usa las mediciones de arriba para contestar el Ejercicio 8.

Resolución de problemas   Resuelve los problemas.

9. Representar Dibuja una línea que sea más larga que 2 cubos, pero más corta que 6 cubos. Luego, mídela con cubos.

Mi línea mide casi _____ de largo.

10. Representar Dibuja una torre que sea más alta que 3 cubos, pero más corta que 6 cubos. Luego, mídela con cubos.

Mi torre mide casi _____ de alto.

11. Razonamiento de orden superior Para el Ejercicio 9, ¿podría haber más de una respuesta correcta? Explícalo.

_____

_____

_____

12. Evaluación Mide la línea verde con cubos y escribe el número de cubos.

La línea verde mide _____ de largo.

Nombre _____

Tarea y práctica 12-4

Más sobre medir la longitud

¡Revisemos! Puedes usar diferentes objetos, como monedas de 1¢, para medir.

Mide la longitud de cada objeto usando monedas de 1¢.

> 4 es el número mayor; por tanto, el patito es el objeto más largo.

ACTIVIDAD PARA EL HOGAR
Una moneda de 1¢ (penny) mide casi $\frac{3}{4}$-de pulgada de largo/alto. Ayude a su niño(a) a encontrar un objeto que mida aproximadamente 1 moneda de 1¢ de alto o de largo. Repita la actividad con objetos que midan de 2 a 5 monedas de 1¢ de alto o largo.

casi __4__ de largo   casi __2__ de largo

> Busca cada objeto en tu casa. Mide la longitud con monedas de 1¢.

1.

Zapato

casi _____ de largo

2.

Camisa

casi _____ de largo

3.
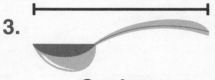
Cuchara

casi _____ de largo

Busca cada objeto en tu casa. Mide la longitud con monedas de 1¢.

4.

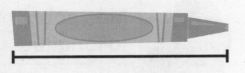

casi _____ de largo.

5.

casi _____ de largo.

6.

casi _____ de alto.

---

7. Razonamiento de orden superior ¿Cuál de los objetos de arriba es el más largo? ¿Cuál es el más corto? Explica cómo lo sabes.

_____

_____

_____

_____

_____

8. ✓ **Evaluación** Mide la altura del rectángulo con monedas de 1¢ y escribe el número de monedas.

El rectángulo mide _____ de alto.

Nombre _____

Resuélvelo y coméntalo ¿Qué herramienta o herramientas usarías para medir la longitud de esta cinta? Di por qué.

Mide la cinta y encierra en un círculo las herramientas que usaste.

Puedo...
escoger la herramienta apropiada y usarla para medir un objeto.

También puedo
medir objetos rectos y curvos.

Mide

casi _____

Hábitos de razonamiento

¿Qué herramientas puedo usar?

¿Hay alguna otra herramienta que podría usar?

¿Cómo puedes medir un objeto que **no** es recto?

¿Qué herramientas usarías?

Podría usar clips, cubos, una cuerda o más de una herramienta.

Puedes enderezar la cuerda y entonces medir su longitud con cubos.

La serpiente mide casi 5 cubos de largo.

¿Lo entiendes?

¡Demuéstralo! ¿Por qué podrías necesitar más de una herramienta para medir la longitud de un objeto curveado?

Práctica guiada

Encierra en un círculo si necesitas solo cubos o la cuerda y los cubos para medir cada objeto. Luego, mídelo.

1. cubos   cuerda y cubos

casi __4__ cubos

2. cubos   cuerda y cubos

casi ____ cubos

Nombre _____

 **Práctica independiente**   Encierra en un círculo si necesitas solo cubos o cuerda y cubos para medir cada objeto. Luego, mídelo.

3. cubos   cuerda y cubos

_____ cubos

4. cubos   cuerda y cubos

_____ cubos

5. cubos   cuerda y cubos

_____ cubos

6. cubos   cuerda y cubos

_____ cubos

Resolución de problemas

✓ **Evaluación del rendimiento**

Colgar pulseras

Cora quiere colgar estas pulseras en orden de
la más corta a la más larga.

7. **Usar herramientas** Encierra en un círculo el
grupo de herramientas que Cora podría usar
para medirlas.

cubos   cuerda y cubos

8. **Explicar** Explica por qué las herramientas que escogiste te pueden
dar las medidas más exactas.

_____

_____

_____

9. **Usar herramientas** Mide cada pulsera. Escribe los colores de las
pulseras en orden de la más corta a la más larga.

_____ , _____ , _____

694 seiscientos noventa y cuatro

Tema 12 | Lección 5

Nombre _____

Tarea y práctica
12-5
Usar herramientas apropiadas

¡Revisemos! Primero usa una cuerda para medir la cinta.

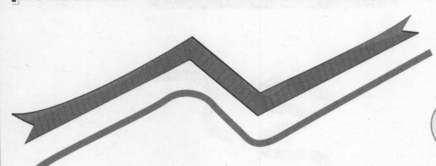

Una cuerda es una buena herramienta cuando mides una cosa que no es recta.

ACTIVIDAD PARA EL HOGAR
Ponga en la mesa un cordón para zapatos o una cinta en posición ondulada (no recta). Pídale a su niño(a) que use cubos u otros objetos de tamaño similar para medir la longitud de la cinta sin enderezarla. Después, enderece la cinta y pídale a su niño(a) que la vuelva a medir. Platique con su niño(a) sobre la diferencia en las medidas y por qué son diferentes.

Luego, usa clips para medir la cuerda.

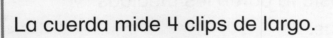

La cuerda mide 4 clips de largo.

Por tanto, la cinta mide casi ___4___ clips de largo.

Encierra en un círculo si necesitas solo clips o cuerda y clips para medir cada objeto. Luego, mídelo.

1. clips   cuerda y clips

_____

_____ clips

2. clips   cuerda y clips

_____

_____ clips

Pistas de carreras

Alfonso corre en 3 pistas. Ayúdale a poner las pistas en orden de la más corta a la más larga.

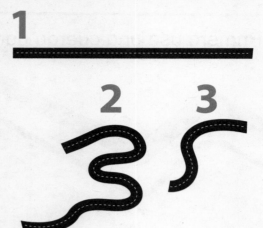

3. **Usar herramientas** ¿Qué herramientas podrías usar para medir cada pista? ¿Usarías la misma herramienta para medir cada pista? Explica tus respuestas.

_____

_____

_____

_____

4. **Explicar** Explica por qué las herramientas que escogiste te darán las medidas más exactas.

_____

_____

_____

5. **Usar herramientas** Mide cada pista. Escribe los números de las pistas de la más corta a la más larga.

_____, _____, _____

Nombre _____

Emparéjalo

Trabaja con un compañero. Señala una pista y léela. Mira la tabla de la parte de abajo de la página y busca la pareja de esa pista. Escribe la letra de la pista en la casilla al lado de su pareja. Halla una pareja para cada pista.

Puedo...
sumar y restar hasta 10.

Pistas

A $8 + 1$	**E** $8 - 1$
B $4 + 4$	**F** $1 + 1$
C $8 - 3$	**G** $4 + 2$
D $8 - 7$	**H** $1 + 3$

| ☐ $3 + 2$ | ☐ $7 - 5$ | ☐ $8 - 0$ | ☐ $9 - 3$ |
| ☐ $4 + 3$ | ☐ $6 - 2$ | ☐ $10 - 1$ | ☐ $5 - 4$ |

Las respuestas de Emparéjalo están en la siguiente página.

TEMA 12 · Repaso del vocabulario

A-Z
Glosario

Lista de palabras
- el más corto
- longitud
- más corto
- más largo
- medir
- unidad de longitud

Comprender el vocabulario

1. Completa la oración.

Puedo usar

_____

para _____

qué tan largo es un objeto.

2. Completa la oración.

_____

es el objeto que mide menos.

3. Encierra en un círculo las líneas que sean más largas que esta.

_____

_____

_____

_____

4. Tacha la medida que **NO** es más corta que 19 cubos.

8 cubos

32 cubos

14 cubos

5. Tacha la herramienta que **NO** se puede usar para medir la longitud.

cubos

tabla numérica

cubos y cuerda

Usar el vocabulario al escribir

6. Escribe algo sobre algunos objetos de tu salón de clases. Usa al menos un término de la Lista de palabras.

Respuestas de Empareéjalo
de la página 697

D	A	H	E
C	F	B	G

Nombre _____

Grupo A

Puedes hallar el objeto que es el más largo.

el más largo

el más corto

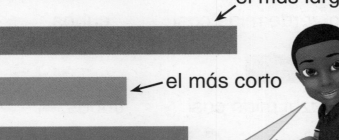

Encierra en un círculo la línea que es la más larga en cada grupo. Encierra en un cuadrado la línea que es la más corta en cada grupo.

1.

2.

También puedes hallar el objeto que es el más corto.

Grupo B

Puedes comparar objetos que no están uno al lado del otro, usando un tercer objeto.

El clip es más corto que el borrador. El lápiz es más largo que el borrador. Por tanto, el lápiz es más largo que el clip.

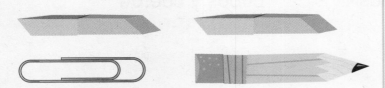

Encierra en un círculo el objeto que es más largo. Usa el objeto rojo como ayuda.

3.

Matemáticas

4.

Puedes medir la longitud de un objeto usando cubos.

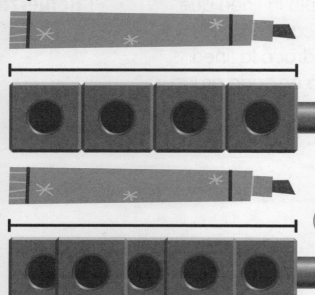

El marcador mide casi ___4___ cubos.

Usa cubos para medir.

5.

La tira verde mide casi _____ cubos.

6.

La tira azul mide casi _____ cubos.

Acomoda los cubos de un extremo a otro del objeto sin dejar espacios ni superponerlos.

Hábitos de razonamiento

Usar herramientas

¿Qué herramienta puedo usar para ayudarme a resolver el problema?

¿Puedo usar una herramienta diferente? ¿Por qué?

Escoge la herramienta o herramientas que puedes usar para medir el objeto. Mide su longitud.

7. cubos   cubos y cuerda

_____ cubos

Nombre _____

1. Encierra en un círculo la herramienta o herramientas que usarías para medir la longitud de la foto. Explica por qué la o las escogiste.

cubos   cuerda y cubos

_____

_____

_____

_____

---

2. ¿Qué palabras describen la línea roja?

▬▬▬▬▬▬▬

▬▬▬▬

▬▬▬▬▬▬▬▬▬

Ⓐ   la más corta

Ⓑ   la del medio

Ⓒ   la más alta

Ⓓ   la más larga

3. Usa cubos para medir la altura del cuaderno.

_____  de altura

4. Usa cubos para medir la longitud de la pluma.

Ⓐ   2

Ⓑ   6

Ⓒ   4

Ⓓ   8

5. Mide las líneas azul, roja y amarilla con cubos. ¿Qué oraciones son verdaderas acerca de las líneas? Selecciona todas las que apliquen.

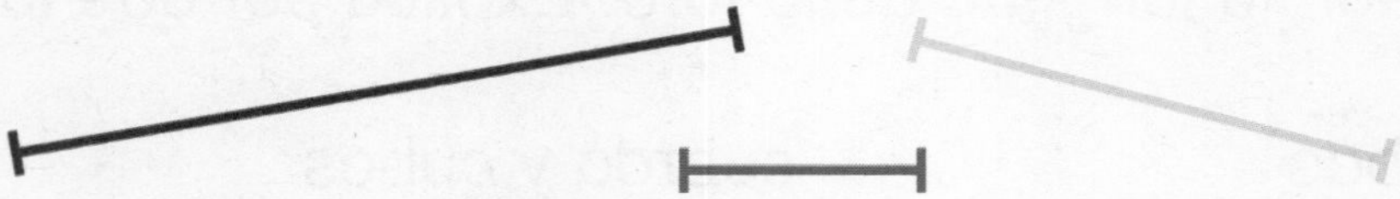

☐ La línea azul es la más corta.

☐ La línea roja es la más corta.

☐ La línea azul es más larga que la amarilla.

☐ La línea amarilla es más larga que la línea azul.

Encierra en un círculo el objeto que es más corto. Usa el objeto rojo como ayuda.

6.

7.

8. Tom midió el zapato con clips. ¿Lo midió correctamente? Explíca tu respuesta.

_____

_____

_____

Nombre _____

Útiles escolares

Sofía usa varios útiles escolares.

1. ¿Qué lápiz es el más largo?
   Encierra en un círculo el color del lápiz.
   ¿Qué lápiz es el más corto?
   Tacha el color del lápiz.

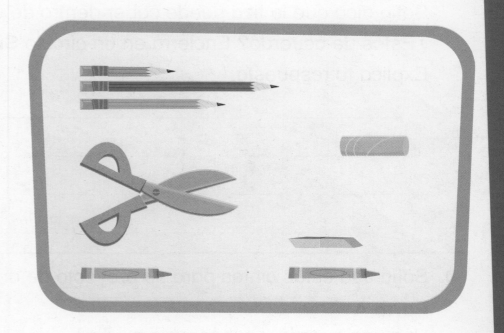

amarillo   rojo   azul

2. ¿Qué objeto es más largo? Encierra en un círculo ese objeto.
   Usa el crayón anaranjado como ayuda.

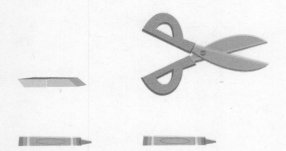

3. Usa cubos para medir la longitud de esta tiza.   _____ cubos

Sofía dice que la tiza puede caber dentro de una caja que mide 6 cubos de largo.
¿Estás de acuerdo? Encierra en un círculo **Sí** o **No.**   **Sí**   **No**
Explica tu respuesta.

_____

_____

_____

---

4. Sofía usa estas cintas para su proyecto de arte.

Parte A
Usa una cuerda y cubos para medir
la longitud de cada cinta.

Parte B
¿Qué tanto más larga es la cinta
morada que la cinta rosada?

casi _____ cubos de largo

casi _____ cubos   casi _____ cubos

Pregunta esencial: ¿Cuáles son las diferentes maneras de decir la hora?

Recursos digitales

Resuelve · Aprende · Glosario

Herramientas · Evaluación · Ayuda · Juegos

Los instrumentos musicales pueden producir diferentes sonidos.

Casi todos estos sonidos se producen cuando una parte del instrumento vibra.

¡Qué interesante! Hagamos este proyecto para aprender más.

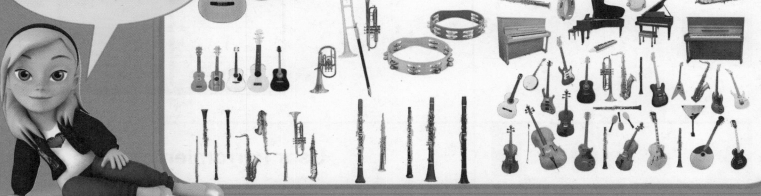

Proyecto de Matemáticas y Ciencias: El sonido de la vibración

Investigar Habla con tu familia y tus amigos sobre los sonidos que producen los diferentes tipos de intrumentos musicales. Pregúntales si saben qué parte del instrumento vibra para producir el sonido.

Diario: Hacer un libro Muestra lo que encontraste. En tu libro, también:

• haz dibujos de diferentes tipos de intrumentos musicales.

• encierra en un círculo o resalta la parte del instrumento que vibra para producir sonido.

Nombre _____

Repasa lo que sabes

A-Z Vocabulario

1. Cuenta para hallar los números que faltan.

28, 29, _____, _____,

32, _____, 34, _____

2. Encierra en un círculo el número que está en el lugar de las **unidades.**

1 2

3. Escribe los números que faltan para completar el **patrón.**

Decenas	Unidades
3	3
1	
	33

Contar

4. Cuenta de 1 en 1 para hallar los números que faltan.

47, 48, _____, _____,

_____, 52, 53, _____

5. Cuenta de 10 en 10 para hallar los números que faltan.

_____, 20, 30, _____,

_____, _____

Usar herramientas para contar

6. Usa lo que sabes sobre contar hacia adelante en una tabla de 100 para hallar los números que faltan.

31	32	33	34		36	37	38	39	
41	42	43	44		46	47	48	49	
51	52	53	54		56	57	58	59	

Mis tarjetas de palabras

Estudia las palabras de las tarjetas.
Completa la actividad que está al reverso.

A-Z Glosario

manecilla de la hora

manecilla
de la hora

hora

Hay 60 minutos en 1 **hora.**

2:00

minutero

minutero

minuto

Hay 60 **minutos** en 1 hora.

en punto

8:00

8 **en punto**

media hora

Hay 30 minutos en
media hora.

1:30

Mis tarjetas de palabras

Usa lo que sabes para completar las oraciones. Para ampliar lo que aprendiste, escribe tu propia oración usando cada palabra.

El _____

es la manecilla más larga del reloj.

Hay 60 minutos en

1 _____.

La _____

_____ es la

manecilla más corta del reloj.

Hay 30 minutos en

_____

_____.

3:00 se lee como las

3 _____.

Hay

60 _____

en 1 hora.

Nombre _____

Resuélvelo y coméntalo

Haz un dibujo para mostrar cómo dirías la hora sin usar relojes.

Luego, explícale a un compañero si se necesitan relojes, o no, para decir la hora.

Puedo...
decir la hora en punto.

También puedo
entender bien los problemas.

Aprende Glosario

La manecilla corta es la **manecilla de la hora.** La manecilla de la hora nos dice qué **hora** es.

manecilla de la hora

La manecilla larga es el **minutero.** El minutero indica los **minutos.**

minutero

Cuando el minutero apunta hacia el 12, se dice **en punto.**

Este reloj muestra las 3 en punto.

La manecilla de la hora apunta hacia el 3. El minutero apunta hacia el 12.

¿Lo entiendes?

¡Demuéstralo! ¿En qué se diferencian la manecilla de la hora y el minutero?

Práctica guiada Escribe la hora que muestra cada reloj.

1.

manecilla de la hora __4__

minutero __12__

__4__ en punto

2.

manecilla de la hora _____

minutero _____

_____ en punto

3.

manecilla de la hora _____

minutero _____

_____ en punto

---

710 setecientos diez

Copyright © Savvas Learning Company LLC. All Rights Reserved.

Tema 13 | Lección 1

Práctica independiente

Dibuja la manecilla de la hora y el minutero para mostrar la hora.

4.

10 en punto

5.

2 en punto

6.

11 en punto

7.

12 en punto

8.

6 en punto

9.

1 en punto

10.

5 en punto

11.

8 en punto

12. Razonamiento de orden superior Escribe una hora cualquiera.

Dibuja la manecilla de la hora y el minutero para mostrar la hora.

Dibuja una actividad que puedes hacer a esa hora.

_____ en punto

13. Buscar patrones Sara se levanta a las 7 en punto. Dibuja las manecillas del reloj para mostrar las 7 en punto.

14. Matemáticas y Ciencias Cada cuerda de una guitarra produce un sonido diferente cuando vibra. José empieza a afinar su guitarra a las 9 en punto. Le toma 1 hora afinarla. ¿A qué hora termina?

_____ en punto

15. Razonamiento de orden superior

Karen empieza a jugar futbol 1 hora después de las 5 en punto. Dibuja la manecilla de la hora y el minutero en el reloj para mostrar a qué hora Karen empieza a jugar futbol.

Luego, escribe una oración para describir una actividad que podrías hacer a esa hora.

_____

_____

16. ✓Evaluación A Pedro le gusta leer después de las 3 en punto y antes de las 5 en punto. ¿Qué reloj muestra la hora en que Pedro podría estar leyendo?

Nombre _____

¡Revisemos! Puedes usar las manecillas del reloj para decir la hora. La manecilla más corta es la manecilla de la hora. La manecilla más larga es el minutero.

manecilla de la hora

minutero

ACTIVIDAD PARA EL HOGAR
Use un reloj analógico que tenga en casa para ayudar a su niño(a) a crear una lista de actividades que él o ella realiza en un día determinado. Pídale que escriba la hora en la cual realiza cada una de las actividades.

La manecilla de la hora apunta hacia las 6.

El minutero apunta hacia las 12.

Son las 6 en punto.

La manecilla de la hora apunta hacia las _3_.

El minutero apunta hacia las _12_.

Son las _3_ en punto.

Escribe la hora que se muestra en cada reloj.

1.

manecilla de la hora _____

minutero _____

_____ en punto

2.

manecilla de la hora _____

minutero _____

_____ en punto

3.

manecilla de la hora _____

minutero _____

_____ en punto

Dibuja la manecilla de la hora y el minutero para mostrar la hora indicada.

4.

10 en punto

5.

2 en punto

6.

11 en punto

7.

3 en punto

8.

9 en punto

9.

6 en punto

Resuelve cada problema.

10. Razonamiento de orden superior
Escribe la hora en que almuerzas. Luego, dibuja la manecilla de la hora y el minutero para mostrar la hora que escribiste.

_____ en punto

11. ⊘Evaluación Ana se levanta todos los sábados después de las 6 en punto y antes de las 9 en punto. ¿Qué opción muestra la hora en la que se podría levantar Ana los sábados?

Ⓐ 2 en punto

Ⓑ 4 en punto

Ⓒ 5 en punto

Ⓓ 8 en punto

Nombre_____

Resuélvelo y coméntalo

Los dos relojes muestran la misma hora. Di qué hora muestran. Luego, escribe una manera en la que los relojes son iguales y otra manera en la que son diferentes.

9:00

Lección 13-2

Decir y escribir la hora en punto

Puedo…
decir la hora usando 2 tipos diferentes de reloj.

También puedo razonar sobre las matemáticas.

Iguales

Diferentes

_____ en punto

Desayuno a las 7 en punto.

Este reloj muestra las 7 en punto.

Este reloj muestra las 7 en punto de otra manera.

El 7 indica la hora. Los 00 indican los minutos.

Las 7 en punto es lo mismo que 7:00

¿Lo entiendes?

¡Demuéstralo! ¿Muestran estos relojes la misma hora? Explícalo.

☆ **Práctica guiada** ☆ Dibuja las manecillas en la esfera del reloj. Luego, escribe la hora en el otro reloj.

1.

3 en punto

2.

5 en punto

3.

12 en punto

4.

11 en punto

Tema 13 | **Lección 2**

✫ **Práctica** ✫ **independiente**

Dibuja las manecillas en la esfera del reloj.
Luego, escribe la hora en el otro reloj.

5.

2 en punto

6.

4 en punto

7.

6 en punto

8.

9 en punto

9.

10 en punto

10.

1 en punto

Piensa en cómo se mueven las manecillas del reloj
como ayuda para resolver el problema.

11. Sentido numérico María escribe un patrón.

Luego, borra algunas de las horas.

Escribe las horas que faltan.   6:00, 8:00, _____ : _____, 12:00, _____ : _____

12. **Razonar** Raúl empieza a montar su bicicleta a la 1:00. Da un paseo por 1 hora. ¿A qué hora termina de montar su bicicleta? Dibuja las manecillas en la esfera del reloj. Luego, escribe la hora en el otro reloj.

13. **A-Z Vocabulario** Lucía lee por 1 **hora.** Termina de leer a las 10:00. ¿A qué hora empieza a leer Lucía? Dibuja las manecillas en la esfera del reloj. Luego, escribe la **hora** en que Lucía empieza a leer.

_____ en punto

14. **Razonamiento de orden superior** David se acuesta 2 horas antes que su mamá. La mamá de David se acuesta a las 11:00.

Escribe en el reloj la hora en la que se acuesta David.

15. **✓ Evaluación** Maribel lava los platos después de las 6:00 y antes de las 9:00. ¿Qué relojes muestran la hora en la cual Maribel podría estar lavando platos? Selecciona todos los que apliquen.

 12:00 ☐

 8:00 ☐

 7:00 ☐

 5:00 ☐

Nombre _____

Tarea y práctica 13-2

Decir y escribir la hora en punto

¡Revisemos! Los dos relojes muestran la misma hora.

El 4 indica la hora.

Los 00 indican los minutos.

Los dos relojes muestran las 4 en punto.

_7_ indica la hora.

_00_ indican los minutos.

Los dos relojes muestran las _7_ en punto.

ACTIVIDAD PARA EL HOGAR
Use un reloj digital que tenga en casa para ayudar a su niño(a) a practicar cómo decir la hora. Cuando su niño(a) esté haciendo una actividad en una hora en punto, pídale que le diga qué hora es. Repita la actividad usando otras horas.

Dibuja las manecillas en la esfera del reloj. Luego, escribe la hora en el otro reloj.

1.

3 en punto

2.

7 en punto

3.

10 en punto

Dibuja líneas para unir los relojes que muestran la misma hora.

4.

5.

6.

---

7. Razonamiento de orden superior

Escribe a qué hora cenas.

Dibuja las manecillas en la esfera del reloj.

Luego, escribe la hora en el otro reloj.

_____ en punto

---

8. ✓ **Evaluación** Mira la hora en la esfera del reloj.

¿Cuáles de los siguientes relojes **NO** muestran la misma hora?

Selecciona todos los que apliquen.

El reloj rojo muestra la hora en punto.
Al reloj azul le falta el minutero.

Dibuja el minutero en el reloj azul para que
muestre media hora más tarde que el reloj rojo.
Explica por qué crees que tienes razón.

Lección 13-3

Decir y escribir la hora a la media hora más cercana

Puedo…
decir la hora a la media hora más cercana.

También puedo
razonar sobre las matemáticas.

Hay 60 minutos en 1 hora. Hay 30 minutos en media hora.

Cuando el minutero apunta hacia el 6, se dice 30 minutos o media hora.

La manecilla de la hora está a la mitad entre las 2 y las 3.

Son las dos y media o las dos y treinta.

2:30

¿Lo entiendes?

¡Demuéstralo! ¿Por qué la manecilla de la hora está entre el 6 y el 7 cuando son las 6:30?

☆Práctica guiada☆

Escribe los números que completan cada oración. Luego, escribe la hora en el otro reloj.

1. La manecilla de la hora está entre

el __7__ y el __8__.

El minutero apunta hacia el __6__.

7:30

2. La manecilla de la hora está entre

el _____ y el _____.

El minutero apunta hacia el _____.

:

Práctica independiente

Escribe la hora en cada reloj.

3.

4.

5.

Mira el patrón. Escribe las horas que faltan.

6. 6:00, 6:30, 7:00, _____, 8:00, _____,

7. 2:30, 3:30, _____, 5:30, _____, _____

8. Razonamiento de orden superior Carlos juega baloncesto por 30 minutos todos los días. Siempre empieza a jugar media hora después de la hora. Escribe la hora en la que Carlos podría empezar y la hora en la que podría terminar de jugar baloncesto. Dibuja las manecillas en cada esfera del reloj para indicar la hora.

Inicio

__ : __

Final

__ : __

9. Hacerlo con precisión Sandy pasea su perro a las 3:00. Lo pasea por 30 minutos. ¿A qué hora termina de pasear a su perro? Dibuja las manecillas en la esfera del reloj. Escribe la hora en el otro reloj.

10. Hacerlo con precisión Aldo llega a la escuela a las 9:00. Su clase de matemáticas empieza 30 minutos más tarde. ¿A qué hora empieza su clase de matemáticas? Dibuja las manecillas en la esfera del reloj. Escribe la hora en el otro reloj.

11. Razonamiento de orden superior Muestra las 8:00 en el primer reloj. Muestra 30 minutos más tarde en el segundo reloj. ¿Está la manecilla de la hora siempre apuntando hacia el 8? Explícalo.

12. ✓Evaluación ¿Cuál de los relojes de abajo muestra la misma hora que la esfera del reloj?

12:30   1:30   2:30   3:30

 Ⓐ   Ⓑ   Ⓒ   Ⓓ

Nombre _____

Ayuda Herramientas Juegos

¡Revisemos! Los relojes pueden indicar la hora a la media hora más cercana. Hay 30 minutos en media hora.

La manecilla de la hora está entre el 7 y el 8.

El minutero apunta hacia el 6.

Son las 7:30.

La manecilla de la hora está entre el _11_ y el _12_.

El minutero apunta hacia el _6_.

Son las _11:30_.

 Completa las oraciones. Luego, escribe la hora en el otro reloj.

1.

La manecilla de la hora está entre el _____ y el _____.

El minutero apunta hacia el _____.

Son las _____.

2.

La manecilla de la hora está entre el _____ y el _____.

El minutero apunta hacia el _____.

Son las _____.

3. **Explicar** Valeria tiene que caminar media hora para llegar a la biblioteca. Sale de su casa a las 5:00. ¿A qué hora llega a la biblioteca?

Escribe la hora en el reloj.
Luego, explica cómo resolviste el problema.

_____

_____

_____

4. **Álgebra** Pepe revuelve la sopa a la 1:00. Empezó a cocinar la sopa 30 minutos antes. ¿A qué hora empezó a cocinar la sopa? Dibuja las manecillas en la esfera del reloj y escribe la hora.

_____ : _____

5. **Razonamiento de orden superior** Escribe lo que haces media hora antes de acostarte. Escribe la hora en el reloj de la izquierda y dibuja las manecillas en la esfera del reloj.

_____

_____

6. ✔**Evaluación** ¿Qué opción muestra la misma hora que la esfera del reloj?

8:30   8:00   7:30   6:30

Ⓐ   Ⓑ   Ⓒ   Ⓓ

Nombre _____

Noel tiene clase de música a las 3:30.
A las 4:30, tiene que ir a la biblioteca.
A las 5:00, se alista para poder cenar a las 5:30.
A las 6:00, empieza a jugar videojuegos. ¿Cómo podrías organizar esta información en un horario?

Puedo...
razonar para decir y escribir la hora.

También puedo
leer y usar un horario.

Horario de la tarde

Hora	Actividad

Hábitos de razonamiento

¿Qué representan los números?

¿Cómo están relacionados los números en el problema?

El Sr. Díaz empieza a leer un cuento a la mitad entre las 8:00 y las 9:00. ¿A qué hora empieza a leer el cuento? Dibuja las manecillas en la esfera del reloj.

Horario de la clase del Sr. Díaz	
Hora	**Actividad**
8:00	Lectura
9:00	1+1= Matemáticas
10:00	Recreo
10:30	Arte
11:30	Almuerzo

¿Cómo puedo entender la pregunta?

¿Qué significa "la mitad"?

¿Cuál es mi razonamiento?

La cantidad de tiempo entre las 8:00 y las 9:00 es 1 hora, o 60 minutos. Hay 30 minutos en media hora.

Las 8:30 está a la mitad entre las 8:00 y las 9:00. Puedo volver a mirar la tabla para comprobar si mi respuesta tiene sentido.

¿Lo entiendes?

¡Demuéstralo! ¿Qué ocurre 1 hora después de comenzar la clase de Arte? Explica cómo lo sabes.

Práctica guiada

Usa el horario de la clase del Sr. Díaz para contestar las preguntas. Encierra en un círculo la actividad que empieza a la hora indicada en los relojes. Luego, explica tu razonamiento.

1.

Recreo

Arte

Lectura

_____

_____

2.
10:30
Arte

Recreo

Almuerzo

_____

_____

Herramientas Evaluación

☆ Práctica ☆ independiente

Usa el Horario del día de campo para contestar las preguntas.

3. ¿Qué actividad hacen los niños justo antes de Observar aves? Explica tu razonamiento.

_____

_____

4. ¿Qué actividades hacen los niños después del Almuerzo? Explica tu razonamiento.

_____

_____

5. ¿Qué actividad comienza a la hora que indica el reloj? Explica tu razonamiento.

_____

_____

_____

Horario del día de campo	
Hora	**Actividad**
10:00	Caminata
11:00	Observar aves
12:00	Almuerzo
12:30	Construir una pajarera
1:30	Recoger flores

6. **A-Z Vocabulario** Encierra en un círculo la hora que indica **media hora** después de las 3:00.

2:00   3:00   3:30   4:00

Resolución de problemas

Visitar la ciudad La familia de Andrés va a pasar el día en la ciudad.

Ayúdalo a resolver los problemas usando el Horario familiar del viaje.

Horario familiar	
Hora	**Actividad**
10:00	Museo
12:30	Acuario
2:00	Paseo por la ciudad
4:30	Edificio C
5:30	Cena

7. **Representar** El reloj no tiene minutero.
¿Qué hora debe mostrar el reloj cuando la familia de Andrés llegue al Acuario?

Dibuja el minutero y escribe la hora que indica el reloj.

8. **Razonar** Andrés escribe todas las actividades que su familia hará a los 30 minutos después de la hora. ¿Cuántas actividades escribió? Explica cómo lo averiguaste.

_____

_____

_____

Nombre _____

¡Revisemos! Razona para resolver los siguientes problemas.

Los estudiantes de primero pueden trabajar con un compañero en la segunda mitad de la actividad de Escritura.

¿A qué hora pueden los estudiantes empezar a trabajar con un compañero?

¿Cómo están los números relacionados? ¿Cómo puedes usar lo que ya sabes para resolver el problema?

Los estudiantes pueden empezar a trabajar con un compañero a la

Horario de clase	
Hora	**Clase**
12:30	Lectura en silencio
1:00	Escritura
2:00	Educación física

ACTIVIDAD PARA EL HOGAR
Ayúdele a su niño(a) a crear un horario de un día de clase. Hágale preguntas sobre el horario como: "¿A qué hora almuerzas? o ¿Qué hora es media hora después de la clase de matemáticas?".

1:30

¿Qué hora es a la mitad entre la 1:00 y las 2:00? Sé que entre la 1:00 y las 2:00 hay una hora. Sé que media hora son 30 minutos. 30 minutos después de la 1:00 es la 1:30.

Usa el horario de arriba para resolver los siguientes problemas.

1. Dibuja las manecillas en el reloj para indicar cuándo empieza la Lectura en silencio. Luego, explica tu razonamiento.

_____
_____

2. ¿Qué hora es 30 minutos después de empezar la clase de Educación física? Escribe la hora correcta en el reloj. Luego, explica tu razonamiento.

:

_____
_____

Una carrera divertida La escuela de Rita está recaudando fondos para los programas de música. ¿Puedes usar el horario para resolver problemas sobre de la recaudación de fondos?

Usa lo que sabes sobre decir y escribir la hora para resolver los problemas.

Horario de la recaudación de fondos	
Hora	**Actividad**
10:00	Presentación
10:30	Subasta
11:30	Carrera divertida
2:00	Discurso de despedida

3. **Representar** ¿A qué hora empieza la Presentación en la recaudación de fondos? Escribe la hora correcta en el reloj para mostrar tu respuesta.

---

4. **Razonar** Rita dibujó las manecillas en este reloj para indicar la hora en que empieza el Discurso de despedida. ¿Tiene razón? Si no, dibuja correctamente las manecillas en el reloj de la derecha.

Nombre _____

Actividad de práctica de fluidez

Trabaja con un compañero. Necesitan papel y lápiz. Cada uno escoge un color diferente: celeste o azul. El Compañero 1 y el Compañero 2 apuntan a uno de los números negros al mismo tiempo. Ambos suman esos números. Si la respuesta está en el color que escogiste, puedes anotar una marca de conteo. Sigan la actividad hasta que uno de los compañeros tenga doce marcas de conteo.

Puedo...
sumar y restar hasta 10.

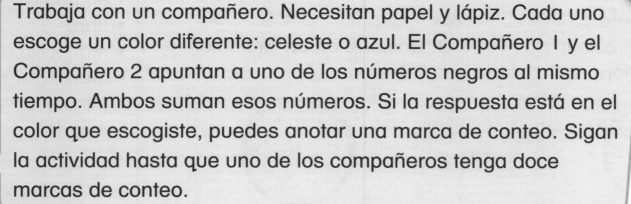

Compañero 1							Compañero 2
8	0	6	10	9	3	8	0
6							1
0							2
7	1	7	2	4	0	5	1
3							0
5							2

Marcas de conteo para el Compañero 1

Marcas de conteo para el Compañero 2

A-Z
Glosario

Lista de palabras

- en punto
- hora
- manecilla de la hora
- media hora
- minutero
- minuto

Comprender vocabulario

1. Encierra en un círculo la manecilla de la hora.

2. Encierra en un círculo el minutero.

3. Completa el espacio en blanco. Usa una de las palabras de la Lista de palabras. Hay 30 minutos en

_____ .

4. Completa el espacio en blanco. Usa una de las palabras de la Lista de palabras. En la hora 8:30, el 8 indica la

_____ .

5. Completa el espacio en blanco. Usa una de las palabras de la Lista de palabras. En la hora 8:30, el 30 indica los

_____ .

Usar el vocabulario al escribir

6. Di la hora que indica el reloj usando una de las palabras de la Lista de palabras.

10:00

Grupo A

Puedes dibujar la manecilla de la hora y el minutero para indicar la hora.

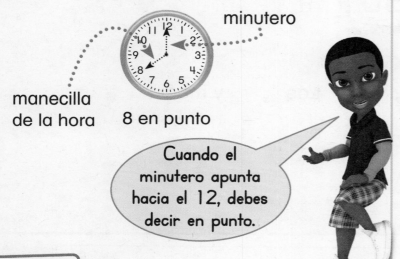

minutero

manecilla de la hora

8 en punto

Cuando el minutero apunta hacia el 12, debes decir en punto.

Refuerzo

Dibuja la manecilla de la hora y el minutero para indicar la hora.

1.

2.

3 en punto

11 en punto

Grupo B

¿Qué hora muestra el reloj?

5 indica la hora.

00 indica los minutos.

5:00

___ en punto

Escribe la hora que se muestra en cada reloj.

3.

6:00

___ en punto

4.

10:00

___ en punto

¿Qué hora muestra el reloj?

8:30

Las __8__ y media

u __8__ : __30__

Recuerda: Las palabras "y media" significan 30 minutos después de la hora.

Escribe la hora que se muestra en cada reloj.

5. **7:30**

Las _____ y media

o _____ : _____

6.

Las _____ y media

o _____ : _____

Hábitos de razonamiento

Razonamiento

¿Qué representan los números?

¿Cómo están relacionados los números en el problema?

Usa el horario para contestar las preguntas.

Horario de la clase del Sr. Díaz	
Hora	**Actividad**
8:30	Lectura
9:30	1+1= Matemáticas
10:30	Recreo

7. ¿Qué actividad empieza 2 horas después de Lectura?

_____

8. ¿A qué hora empieza Matemáticas?

_____ : _____

Nombre _____

I. Lisa monta en bicicleta todos los viernes después de las 2 en punto y antes de las 6 en punto. ¿Qué relojes muestran la hora en la cual Lisa podría estar montando en bicicleta? Selecciona todos los que apliquen.

 ☐

 ☐

 ☐

 ☐

2. ¿Qué reloj muestra la misma hora que la esfera del reloj?

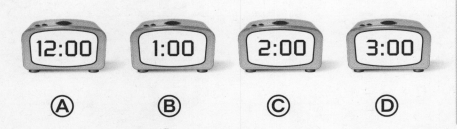

Ⓐ   Ⓑ   Ⓒ   Ⓓ

3. Escribe la hora que muestra la esfera del reloj.

4. ¿Cuántos minutos hay en media hora?

15   20   30   60
Ⓐ   Ⓑ   Ⓒ   Ⓓ

---

5. Escribe los números para completar la oración.

Cuando empieza la actividad de Artes y manualidades, la manecilla de la hora está entre el _____ y el _____ .

Horario de la clase del Sr. Díaz	
Hora	**Actividad**
11:00	Almuerzo
12:00	Natación
1:30	Hora de cuentos
2:00	Merienda
2:30	Artes y manualidades

---

6. Dibuja las manecillas en la esfera del reloj para indicar a qué hora empieza la Hora de cuentos.

---

7. Indica la misma hora en los dos relojes. ¿Cómo sabes que tienes razón?

_____

_____

_____

_____

 Tema 13 | Evaluación

Nombre _____

Una visita al zoológico

La clase de Cárol visita el zoológico.
Este es el horario de la visita.

| Horario del zoológico ||
Hora	Actividad
9:00	Aviario
9:30	Paseo en tren
10:00	Animales grandes
11:30	Almuerzo
12:30	Función de delfines
1:00	Animales pequeños

1. Muestra otra forma de escribir la hora en que empieza cada actividad.

Animales grandes

_____

Paseo en tren

_____

2. Dibuja las manecillas en la esfera del reloj para indicar a qué hora empieza la Función de delfines.

3. Los estudiantes salen de la escuela 30 minutos antes de llegar al Aviario.

Dibuja las manecillas y escribe la hora en los relojes para mostrar a qué hora salieron de la escuela.

4. Los estudiantes verán los Animales pequeños por 30 minutos.

¿A qué hora saldrán de ver los animales pequeños? Escoge una manera de indicar la hora.

[ ]

Los estudiantes volverán a la escuela 30 minutos después de haber terminado de ver los Animales pequeños.

¿Qué hora será entonces? Escoge una manera de indicar la hora.

[ ]

5. Cárol dice que este reloj muestra la misma hora que la hora de Almuerzo.

¿Estás de acuerdo con ella?

Encierra en un círculo **Sí** o **No**.

Explica tu respuesta.

_____

_____

_____

_____

_____

_____

Razonar usando figuras y sus atributos

Pregunta esencial: ¿Cómo puedes definir las figuras y componer nuevas figuras?

Recursos digitales

Resuelve Aprende A-Z Glosario

Herramientas Evaluación Ayuda Juegos

Algunos materiales se pueden convertir en figuras que nos ayudan a hacer un trabajo.

Los ladrillos tienen forma de prisma rectangular. ¡Se pueden construir edificios con ladrillos!

¡Increíble! Hagamos este proyecto y aprendamos más.

Proyecto de Matemáticas y Ciencias: Usar figuras para construir

Investigar Habla con tu familia y tus amigos sobre las formas de algunos objetos de la vida diaria. Comenten de qué manera la forma de un objeto es importante para su uso.

Diario: Hacer un libro Muestra lo que encontraste. En tu libro, también:

• dibuja diferentes edificios usando círculos, cuadrados, rectángulos, cilindros y prismas rectangulares.

• en tus dibujos, muestra cómo las figuras pueden juntarse para crear figuras nuevas.

Nombre _____

Repasa lo que sabes

A-Z Vocabulario

1. Esteban **agrupó** estas figuras. Marca con una X la figura que es diferente a las otras.

2. Encierra en un círculo el objeto que tiene una forma **diferente.**

3. Encierra en un círculo el **cuadrado.**

Igual y diferente

4. Dibuja una figura que sea igual a la siguiente figura.

5. Dibuja una figura que sea diferente a la siguiente figura.

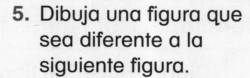

Contar de 1 en 1

6. Escribe los números que faltan.

1, _____, 3, 4, _____

Mis tarjetas de palabras

Estudia las palabras de las tarjetas.
Completa la actividad que está al reverso.

figuras bidimensionales

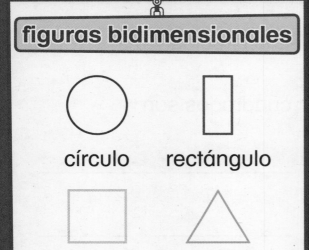

círculo   rectángulo

cuadrado   triángulo

lado

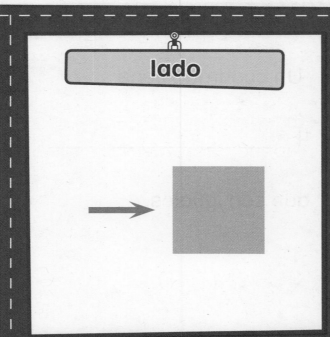

vértice

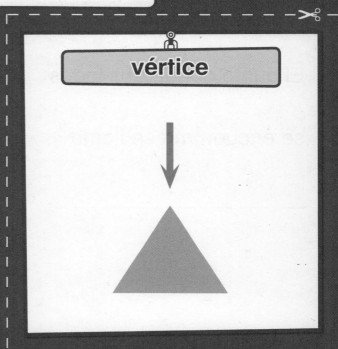

figuras tridimensionales

cono   cilindro   esfera

cubo   prisma rectangular

superficies planas

aristas

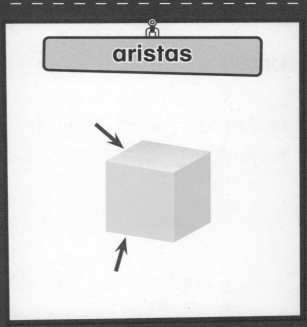

Mis tarjetas de palabras

Usa lo que sabes para completar las oraciones. Para ampliar lo que aprendiste, escribe tu propia oración usando cada palabra.

El punto donde dos lados se encuentran se llama ______________________.

Un cuadrado tiene 4 ______________________ que son iguales.

Los círculos y los cuadrados son ______________________ ______________________.

Una ______________________ se forma cuando 2 caras se juntan.

Un cilindro tiene 2 ______________________ ______________________.

Los cubos, conos, cilindros y esferas son ______________________ ______________________.

Mis tarjetas de palabras

Estudia las palabras de las tarjetas.
Completa la actividad que está al reverso.

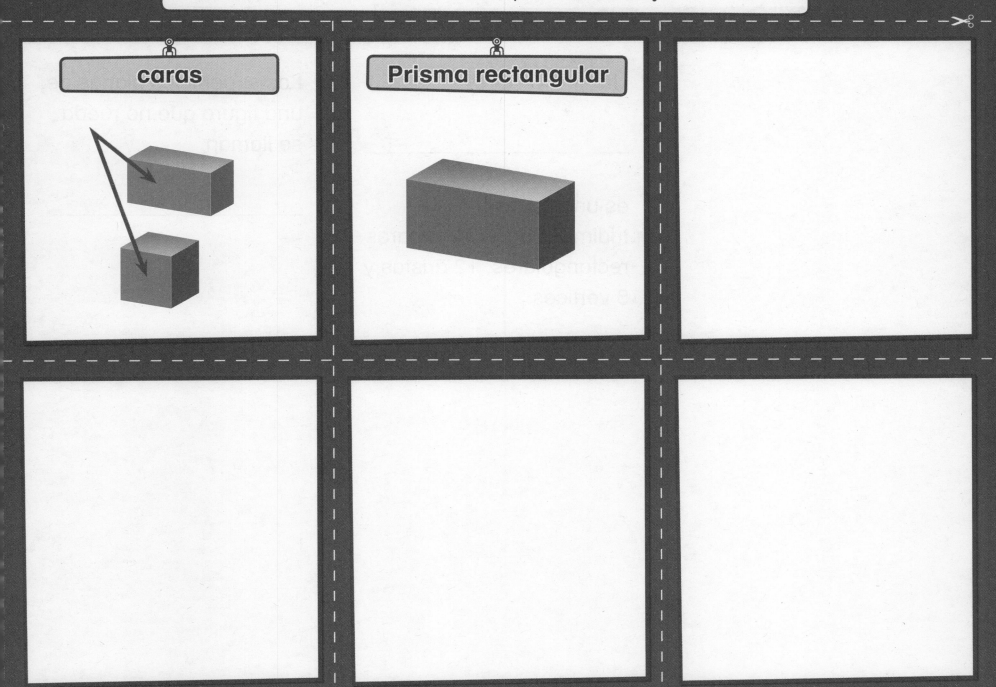

caras

Prisma rectangular

Mis tarjetas de palabras

Usa lo que sabes para completar las oraciones. Para ampliar lo que aprendiste, escribe tu propia oración usando cada palabra.

Un _____

_____

es una figura tridimensional con 6 caras rectangulares, 12 aristas y 8 vértices.

Las superficies planas de una figura que no rueda se llaman

_____.

Resuélvelo y coméntalo

Dibuja un objeto de tu clase que se parezca a cada una de las siguientes figuras.

¿Cómo sabes que la figura que dibujaste es igual a una de las que están en esta página?

Resuelve

Lección 14-1

Usar atributos para definir figuras bidimensionales

Puedo...
usar atributos para representar figuras.

También puedo buscar patrones.

Cuadrado

Círculo

Triángulo

Rectángulo

Hexágono

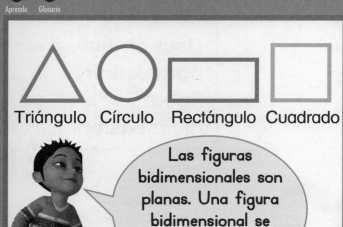

Triángulo   Círculo   Rectángulo   Cuadrado

Las figuras bidimensionales son planas. Una figura bidimensional se puede definir según su forma.

Algunas figuras bidimensionales tienen sus **lados** rectos y otras no.

3 lados rectos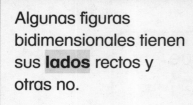

0 lados rectos

Algunas figuras bidimensionales tienen esquinas llamadas **vértices** y otras no.

3 vértices

2   3

0 vértices

Las figuras bidimensionales son cerradas. Todos sus lados están conectados.

Esto no es un triángulo. No es una figura cerrada con 3 lados.

¿Lo entiendes?

¡Demuéstralo! Mira el triángulo verde que está arriba. ¿Cómo lo definirías a partir de su forma?

Práctica guiada

Di cuántos lados rectos o vértices tiene cada figura, y si es cerrada o no.

1.    ¿Cuántos lados rectos? __4__

¿Es cerrada? __Sí__

2.    ¿Cuántos vértices? _____

¿Es cerrada? _____

3.   ¿Cuántos lados rectos? _____

¿Es cerrada? _____

    Tema 14 | Lección 1

Nombre _____

☆ Práctica independiente ☆   Dibuja cada figura.

4. Dibuja una figura cerrada con 3 vértices.

5. Dibuja una figura cerrada con 0 vértices.

6. Dibuja una figura cerrada con más de 3 vértices.

7. Encierra en un círculo las figuras cerradas.

8. Razonamiento de orden superior Mira las figuras que están en cada grupo. Explica cómo están clasificadas las figuras.

_____

_____

_____

Grupo 1   **Grupo 2**

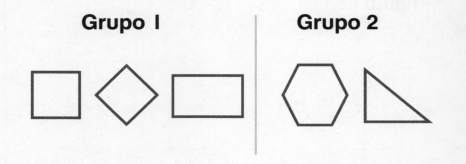

9. Hacerlo con precisión Encierra en un círculo 3 figuras que tengan el mismo número de vértices que de lados.

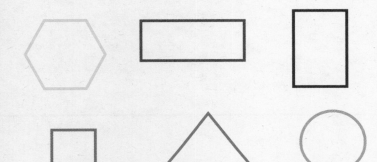

10. Hacerlo con precisión Encierra en un círculo 3 figuras que **NO** tengan vértices.

11. Razonamiento de orden superior Piensa en una figura bidimensional. Escribe una adivinanza sobre la figura para que un compañero adivine qué figura es.

_____

_____

_____

_____

12. ✓ Evaluación Tengo 4 vértices. Mis lados son iguales. ¿Qué figura o figuras **NO** puedo ser? Selecciona todas las que apliquen.

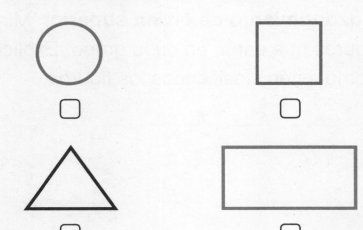

Nombre _____

Tarea y práctica
14-1
Usar atributos
para definir
figuras
bidimensionales

¡Revisemos! Puedes clasificar figuras según su número de lados rectos y vértices. Una figura es cerrada si todos sus lados están conectados.

Di si la figura es cerrada o no. Luego, cuenta los lados rectos y los vértices.

ACTIVIDAD PARA EL HOGAR
Dibuje un cuadrado, un rectángulo y un círculo. Pídale a su niño(a) que diga cuántos lados rectos y cuántos vértices tiene cada figura.

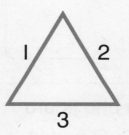
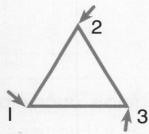

Un triángulo es una figura cerrada con 3 lados rectos y 3 vértices.

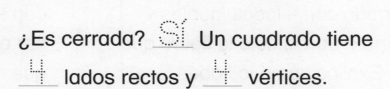

¿Es cerrada? _Sí_ Un cuadrado tiene _4_ lados rectos y _4_ vértices.

Di si cada una de las figuras es cerrada o no. Luego, di cuántos lados y cuántos vértices tiene.

1.

¿Es cerrada? _____
Un círculo tiene _____ lados rectos y _____ vértices.

2.

¿Es cerrada? _____
Un rectángulo tiene _____ lados rectos y _____ vértices.

3.

¿Es cerrada? _____
Un hexágono tiene _____ lados rectos y _____ vértices.

Dibuja cada figura.

4. Dibuja una figura con más de 3 lados.

5. Dibuja una figura con 4 vértices.

6. Dibuja una figura sin vértices.

---

7. Razonamiento de orden superior Un rombo es una figura cerrada con 4 lados iguales y 4 vértices. Encierra en un círculo la figura que no es un rombo. Explica cómo lo sabes.

_____

_____

_____

8. ✅ **Evaluación** Juan dibuja una figura con 4 lados y 4 vértices. ¿Cuál podría ser esa figura? Selecciona todas las que apliquen.

Nombre _____

Lección 14-2

Atributos que definen y no definen a las figuras bidimensionales

Resuélvelo y coméntalo

¿Son todas estas figuras el mismo tipo de figura? Explica cómo lo sabes.

Puedo...
definir las figuras bidimensionales según sus atributos.

También puedo
construir argumentos matemáticos.

_____

_____

_____

¿Son todas estas el mismo tipo de figura?	Las figuras se pueden definir según su número de lados rectos y vértices, o según si son figuras cerradas o no.	Las figuras no se definen según su color.	Las figuras no se definen según su tamaño o posición.
	Esta es una figura cerrada. Tiene 4 vértices y 2 pares de lados de la misma longitud. Esta figura es un rectángulo.	Todas estas figuras son azules. Pero veo un rectángulo, un círculo y un hexágono.	¡Todos estos son rectángulos!

¿Lo entiendes?

¡Demuéstralo! Dibuja 4 hexágonos. ¿Cómo sabes que todos son hexágonos?

☆ Práctica guiada ☆

Encierra en un círculo las palabras que son verdaderas para la figura.

1.

Todos los cuadrados:

son azules.

tienen 4 lados iguales.

son figuras cerradas.

son pequeños.

754 setecientos cincuenta y cuatro

Tema 14 | Lección 2

Herramientas Evaluación

Práctica independiente

Encierra en un círculo las palabras que son verdaderas para cada figura.

2.

Todos los triángulos:

tienen 3 lados.

tienen 3 lados iguales.

son altos.

son anaranjados.

3.

Todos los círculos:

son azules.

tienen 0 vértices.

son pequeños.

tienen 0 lados rectos.

4. **Razonamiento de orden superior**

Tomás dice que este es un triángulo. ¿Tiene razón? Di por qué sí o por qué no.

_____

_____

_____

5. Usar herramientas ¿Tienen todos los triángulos los lados iguales? Encierra en un círculo **Sí** o **No**.

Sí   No

Escoge una herramienta para mostrar cómo lo sabes.

6. Razonamiento de orden superior José dice que las dos figuras son hexágonos porque son cerradas, tienen 6 lados rectos y son rojas. ¿Estás de acuerdo? Explícalo.

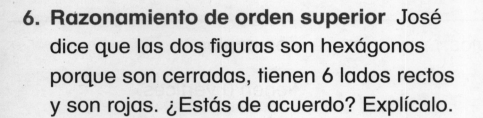

_____

_____

_____

_____

7. ✓**Evaluación** Une con una línea el nombre de la figura con las palabras que la describen.

Rectángulo   Círculo   Triángulo

3 vértices   4 vértices   No tiene lados ni vértices.

Nombre _____

Tarea y práctica
14-2
Atributos
que definen
y no definen
a las figuras
bidimensionales

¡Revisemos! Puedes usar ciertas características para identificar las figuras.

¿Cómo puedes saber si una figura es un cuadrado?

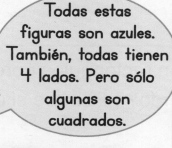

Todas estas figuras son azules. También, todas tienen 4 lados. Pero sólo algunas son cuadrados.

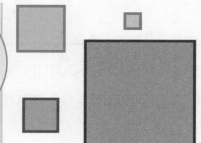

Todos los cuadrados:

tienen 4 lados iguales.

son azules.

son pequeños.

tienen 4 vértices.

Aunque todas estas figuras tienen diferentes colores y tamaños, todas son cuadrados.

ACTIVIDAD PARA EL HOGAR
Encuentre con su niño(a) figuras alrededor de la casa (como triángulos, cuadrados y hexágonos). Luego, hagan una lista de los atributos que definen cada figura. Pídale que dibuje o construya 3 ejemplos diferentes de cada figura.

Encierra en un círculo las palabras que son verdaderas para cada figura.

1.    Todos los triángulos: son amarillos.   tienen 3 lados rectos.

son cortos.   tienen 3 vértices.

Encierra en un círculo las palabras que son verdaderas para cada figura.

2. 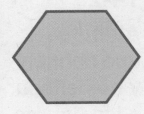 Todos los hexágonos: son morados.   tienen 6 lados iguales.

    tienen 6 lados rectos.   tienen 6 vértices.

3. **Razonamiento de orden superior** Daniel dice que estas figuras son rectángulos porque las dos son figuras altas con 4 lados rectos y 4 vértices. ¿Estás de acuerdo? ¿Por qué sí o por qué no? ¿Qué otras figuras tienen 4 lados rectos y 4 vértices?

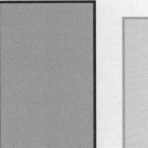

_____

_____

_____

_____

4. ✓ **Evaluación** Une con una línea el nombre de la figura con las palabras que la describen.

Triángulo   Cuadrado   Hexágono   Círculo

4 lados iguales   3 vértices   6 lados   No tiene lados ni vértices.

Nombre _____

Usa los objetos que te da tu maestro para hacer 2 rectángulos diferentes.
Explica por qué cada figura es un rectángulo.

Rectángulo 1

Rectángulo 2

Puedo...
hacer figuras con diferentes materiales.

También puedo
usar herramientas matemáticas correctamente.

Las figuras bidimensionales se pueden hacer con diferentes tipos de materiales.

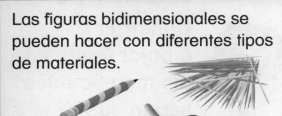

Tienes que pensar en cómo se ve la figura.

Voy a hacer un triángulo. ¿Qué hace que un triángulo sea un triángulo?

Un triángulo tiene 3 lados y 3 vértices.

Este también es un triángulo.

Aunque se ve un poco diferente, esta figura también tiene 3 lados y 3 vértices.

¿Lo entiendes?

¡Demuéstralo! Lola dibujó la figura de la derecha. ¿Es también un hexágono? Di cómo lo sabes.

☆Práctica guiada☆

Haz un cuadrado con los materiales que te da tu maestro. Pega el cuadrado en el espacio de abajo. Explica por qué sabes que es un cuadrado.

1.

Nombre _____

Herramientas Evaluación

☆ **Práctica** ✧
independiente
☆

Usa los materiales que te da tu maestro para hacer cada figura.
Pega la figura en los espacios en blanco. Explica por qué sabes
que es la figura correcta.

2. Haz un círculo.

3. Haz un rectángulo.

4. Razonamiento de orden superior
Carlos hizo las siguientes figuras.
Dice que las dos figuras son
cuadrados. ¿Tiene razón? Explícalo.

_____

_____

_____

_____

Tema 14 | Lección 3

setecientos sesenta y uno **761**

Resolución de problemas Haz un dibujo para resolver cada problema. Usa bloques de patrón como ayuda.

5. **Razonar** Sara dibuja una figura cerrada con 4 lados iguales. ¿Qué figura dibujó?

____

Dibuja la figura que Sara dibujó.

6. **Razonar** Mina dibuja una figura cerrada con 3 lados rectos y 3 vértices. ¿Qué figura dibujó?

____

Dibuja la figura que Mina dibujó.

7. **Razonamiento de orden superior** Haz un cuadrado con una hoja de papel. Luego, convierte el cuadrado en un triángulo. ¿Cómo lo hiciste? Explícalo.

8. **Evaluación** Marcos quiere usar pajillas para hacer un hexágono. Usa los puntos para dibujar líneas rectas que muestren a Marcos cómo se vería el hexágono.

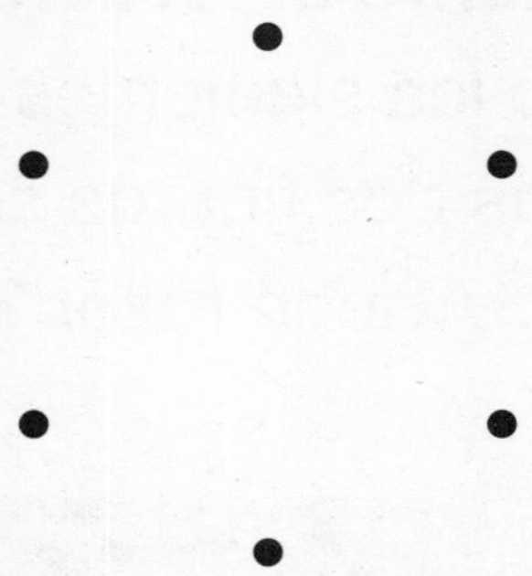

Nombre _____

Ayuda Herramientas Juegos

¡Revisemos! Puedes usar materiales diferentes para hacer figuras.

Este círculo fue hecho con una cuerda.

Un círculo tiene 0 lados y 0 vértices.

Este ___rectángulo___ fue hecho con palitos de madera.

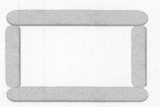

Los lados opuestos de un ___rectángulo___ son iguales.

Construir y dibujar figuras bidimensionales según sus atributos

ACTIVIDAD PARA EL HOGAR
Pídale a su niño(a) que use materiales que se puedan encontrar en casa para crear diferentes figuras. Pídale que cuente el número de lados que tiene cada figura creada.

Usa materiales para hacer cada figura. Pega la figura en los espacios de abajo.

1. Haz un triángulo. Di 1 característica de los triángulos.

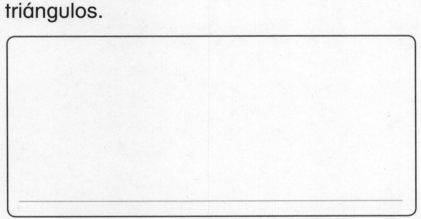

2. Haz un cuadrado. Di 1 característica de los cuadrados.

Haz un dibujo para resolver cada problema.

3. Lucía hizo una figura. La figura tiene 4 lados y tiene lados opuestos que son iguales. ¿Qué figura es?

Lucía hizo un _____.

4. Tere hizo una figura. La figura no tiene lados y no tiene vértices. ¿Qué figura es?

Tere hizo un _____.

5. Razonamiento de orden superior
Usa figuras para dibujar una casa. Escribe el nombre de cada figura que usaste.

6. ✅**Evaluación** Luis hizo un triángulo con palillos. Sabe que un triángulo tiene 3 lados, pero no sabe cuántos vértices tiene. Encierra en un círculo cada vértice del siguiente triángulo.

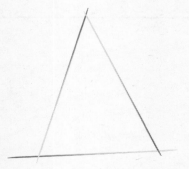

Nombre _____

Resuélvelo y coméntalo

Usa ▟ ▱ ▲ para crear un ▱.
Muestra 3 formas diferentes. Escribe en la tabla cuántas de cada figura usaste.

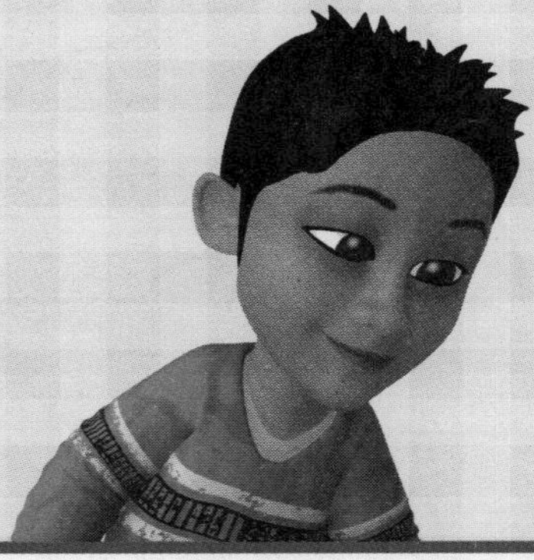

Puedo...
juntar figuras para crear otras figuras.

También puedo
representar con modelos matemáticos.

	▟	▱	▲
▱			
▱			
▱			

Usa figuras pequeñas para crear figuras más grandes. 	Traza la figura más grande. 	Usa las figuras pequeñas para cubrir el trazo. 	Traza las figuras pequeñas. 

¿Lo entiendes?

¡Demuéstralo! ¿Cómo puedes crear una figura a partir de figuras más pequeñas?

☆ **Práctica guiada** ☆   Usa bloques de patrón para crear figuras más grandes.

1. Completa la tabla.

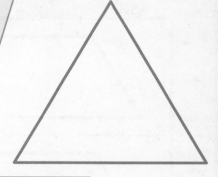

Maneras de crear el triángulo grande		
Figuras que usé		▲
Manera 1	0	4
Manera 2		

Nombre _____

Práctica independiente

Usa figuras pequeñas para crear figuras más grandes.

2. Completa la tabla para mostrar una lista de maneras de cómo crear un hexágono. Usa bloques de patrón como ayuda.

Maneras de crear un			
Figuras que usé			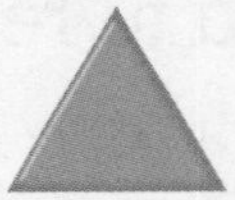
Manera 1			
Manera 2			
Manera 3			

3. Usa [figura] para crear un [círculo].

Dibuja los [figura] en el siguiente espacio.

4. **Razonamiento de orden superior** Usa 3 bloques de patrón para crear una figura nueva. Traza los bloques de patrón. ¿Qué figuras usaste? ¿Qué figura creaste?

_____

5. **Entender** ¿Dos de qué figura hacen

   un  ?

6. **Entender** ¿Dos de qué figura hacen

   un ?

7. **Razonamiento de orden superior** Dibuja y escribe el nombre de la figura que se forma al juntar los dos bloques de patrón anaranjados. Explica tu respuesta.

_____

_____

_____

8. ✓**Evaluación** Nicolás quiere crear un hexágono.

   Tiene 1 . ¿Qué grupo de figuras podría usar para completar un hexágono?

   Ⓐ

   Ⓑ

   Ⓒ

   Ⓓ

Nombre _____

¡Revisemos! Une las figuras para crear figuras nuevas.

Puedes crear un

usando 3 .

Puedes crear un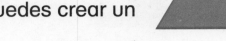

usando ͗3͗ .

Encierra en un círculo las figuras que puedes usar para crear cada figura.

1. Crea un .

2. Crea un .

Resuelve cada problema.

3. **Sentido numérico** Escribe cuántas de cada figura se necesitan para crear un .

_____    _____    _____

4. Mary usa estas figuras para crear una nueva figura.

Encierra en un círculo la figura que Mary creó.

5. Tony usa estas figuras para crear una nueva figura.

Encierra en un círculo la figura que Tony creó.

6. **Razonamiento de orden superior**
Carlos quiere usar 3  para crear un cuadrado. ¿Lo puede hacer? Explícalo.

7. ✔**Evaluación** ¿Cuántos 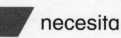 necesita

Adán para crear un ?

1	2	3	4
Ⓐ	Ⓑ	Ⓒ	Ⓓ

Tema 14 | **Lección 4**

Crear nuevas figuras bidimensionales usando figuras bidimensionales

Resuélvelo y coméntalo

Usa figuras para crear un bote pequeño. Luego, traza el bote en el espacio de abajo.

Puedo...
usar figuras para crear figuras diferentes.

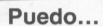

También puedo
razonar sobre las matemáticas.

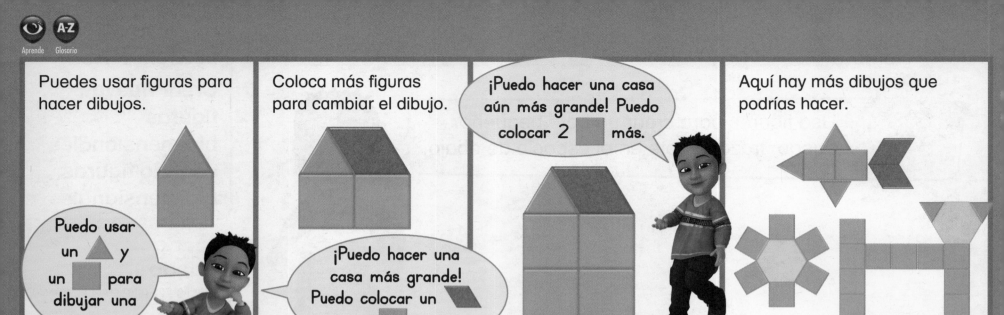

¿Lo entiendes?

¡Demuéstralo! ¿Cómo puedes usar figuras para hacer un dibujo?

⭐ **Práctica guiada** ⭐

Empieza con un triángulo y usa bloques de patrón para hacer un dibujo. Traza las figuras para mostrar tu dibujo. Escribe cuántas de cada figura usaste.

1.

Nombre _____

> ☆ **Práctica** ☆
> **independiente**
> ☆
> Haz dibujos con los bloques de patrón que se muestran. Traza alrededor de los bloques para hacer las figuras y formar tus dibujos. Escribe cuántas de cada figura usaste para hacer cada dibujo.

2.

3.

Resolución de problemas Resuelve cada problema.

4. Representar Dana empezó a dibujar una flor usando estos bloques de patrón. Dibuja más hojas y pétalos para ayudarla a terminar su dibujo.

5. Razonamiento de orden superior Usa bloques de patrón para hacer un dibujo de un pez.

6. ✓Evaluación Pepe está haciendo un modelo para esta flecha. ¿Qué figura necesita colocar para terminar el modelo?

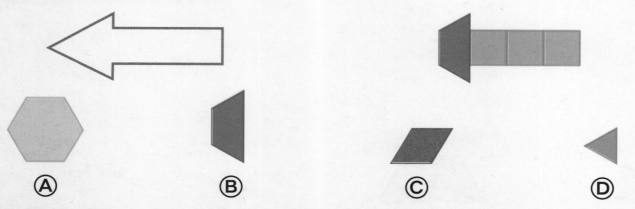

Ⓐ   Ⓑ   Ⓒ   Ⓓ

774 setecientos setenta y cuatro

Tema 14 | Lección 5

Nombre _____

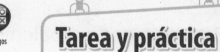

¡Revisemos! Puedes usar bloques diferentes para hacer el mismo dibujo.

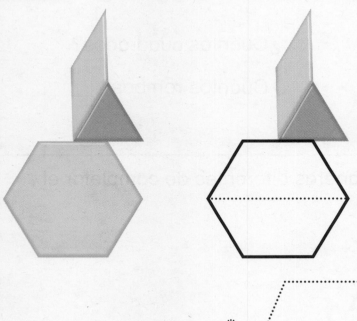

Termina el dibujo de la manzana trazando bloques que formen un hexágono. No uses el bloque con forma de hexágono.

ACTIVIDAD PARA EL HOGAR
Pídale a su niño(a) que recorte figuras bidimensionales como rectángulos, cuadrados, círculos y triángulos. Pídale que junte las figuras para hacer un dibujo.

¿Qué figuras usaste? ____

Termina el dibujo de la tortuga sin usar triángulos.

1.

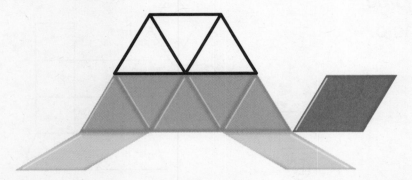

Resuelve cada problema.

2. Razonar Escribe cuántos de cada bloque usaste para formar el micrófono.

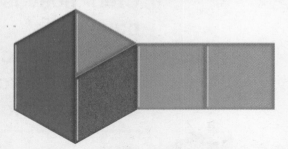

¿Cuántos triángulos? _____   ¿Cuántos cuadrados? _____

¿Cuántos trapecios? _____   ¿Cuántos rombos? _____

3. Razonamiento de orden superior ¿Cuáles son dos maneras diferentes de completar el caimán? Dibuja o explica cómo lo sabes.

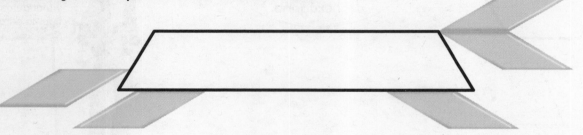

Manera 1: _____

Manera 2: _____

4. ✓**Evaluación** José está haciendo un dibujo de un conejo. Le falta una de las orejas del conejo. ¿Qué bloque le falta?

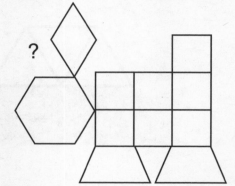

Ⓐ

Ⓑ

Ⓒ

Ⓓ

Nombre ______________________________

Resuélvelo y coméntalo ¿Puedes encontrar objetos en la clase que tengan la forma de estos objetos? Escribe el nombre de cada objeto que encuentres.

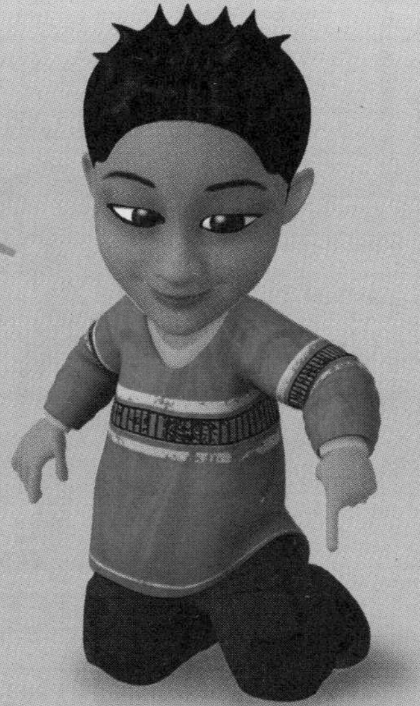

Lección 14-6
Usar atributos para definir figuras tridimensionales

Puedo...
definir figuras tridimensionales según su número de aristas, vértices y caras o superficies planas.

También puedo
razonar sobre las matemáticas.

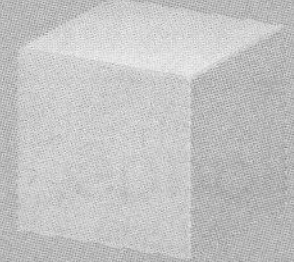

cubo ______________________________

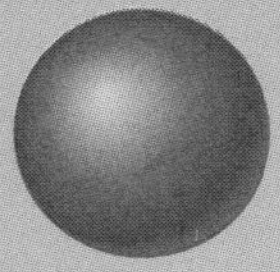

esfera ______________________________

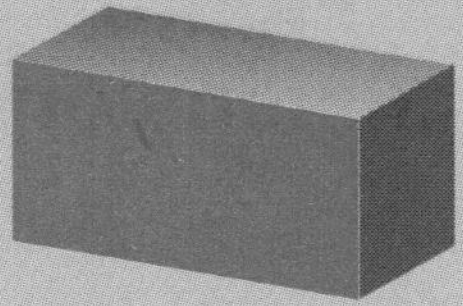

prisma rectangular ______________________________

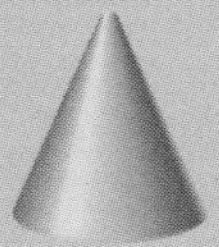

cono ______________________________

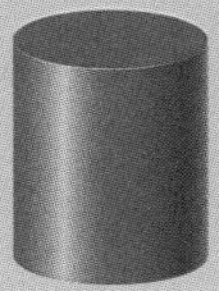

cilindro ______________________________

Aprende Glosario

Las figuras tridimensionales pueden ser agrupadas de maneras diferentes.

La **superficie plana** de estas figuras es un círculo.

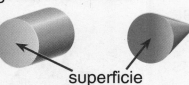

superficie plana

Un cilindro tiene 2 superficies planas. Un cono solo tiene 1.

Estas figuras tienen **aristas** y vértices. Sus superficies planas se llaman **caras**.

aristas

vértices

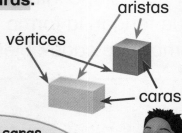

caras

Todas las caras de un cubo y de un prisma rectangular son rectángulos.

Una esfera es una figura tridimensional que no tiene superficies planas, ni aristas, ni vértices.

¿Lo entiendes?

¡Demuéstralo! ¿Tienen siempre caras, superficies planas o vértices las figuras tridimensionales? Explícalo.

☆ **Práctica guiada** ☆ Escribe cuántas caras, o superficies planas, y vértices tiene cada figura tridimensional.

Figura tridimensional	Número de caras o superficies planas	Número de vértices	Número de aristas
1. 	6	8	12
2.			

778 setecientos setenta y ocho

Tema 14 | Lección 6

Herramientas Evaluación

Práctica independiente

Escribe cuántas caras, o superficies planas, y vértices tiene cada objeto.

Objeto	Número de caras o superficies planas	Número de vértices	Número de aristas
3.			
4.			
5.			

6. **Razonamiento de orden superior**

Lily tiene un objeto que se ve como una figura tridimensional. El objeto tiene 2 superficies planas y 0 vértices.

Dibuja el objeto que Lily podría tener.

7. Esta figura es un cono. ¿Cuál de las siguientes figuras es también un cono? ¿Cómo lo sabes?

_____

_____

_____

8. Razonar Nidia y Beto compran cada uno un objeto en la tienda. El objeto de Nidia tiene 4 aristas más que vértices. El objeto de Beto tiene el mismo número de superficies planas que de aristas.

Encierra en un círculo el objeto de Nidia. Encierra en un cuadrado el objeto de Beto.

9. Razonamiento de orden superior
Dibuja y escribe el nombre de una figura tridimensional. Luego, escribe una oración para describir tu figura tridimensional.

_____

_____

10. ✓Evaluación Tengo 6 caras y 8 vértices. ¿Qué figura puedo ser? Selecciona todas las que apliquen.

☐ esfera

☐ cubo

☐ prisma rectangular

☐ cilindro

Nombre _____

¡Revisemos! Las superficies planas, caras, aristas y vértices pueden ser usados para describir figuras tridimensionales.

superficie plana

← vértice

Un cono tiene 1 superficie plana.

Un cubo tiene 8 vértices.

Un prisma rectangular tiene __6__ caras.

Un cilindro tiene __0__ aristas.

ACTIVIDAD PARA EL HOGAR
Busque objetos en su casa que tengan las siguientes formas tridimensionales: cubo, prisma rectangular, esfera, cono y cilindro. Pídale a su niño(a) que cuente el número de caras, o superficies planas, aristas y vértices en cada figura. Luego, pídale que escoja 2 figuras y diga en qué se parecen y en qué se diferencian.

Encierra en un círculo la figura que responde a cada pregunta.

1. ¿Qué figura tridimensional tiene 1 superficie plana y 1 vértice?

2. ¿Qué figura tridimensional tiene 0 superficies planas y 0 vértices?

Resuelve cada problema.

3. **A-Z Vocabulario** Encierra en un círculo el número de vértices que hay en un **prisma rectangular.**

0 vértices   4 vértices   5 vértices   8 vértices

---

4. Encierra en un círculo las figuras que tengan 6 caras y 12 aristas.

5. Encierra en un círculo la figura que tenga 2 superficies planas y 0 vértices.

---

6. **Razonamiento de orden superior**
Dibuja y escribe el nombre de 2 figuras tridimensionales. Halla el número total de vértices y superficies planas o caras.

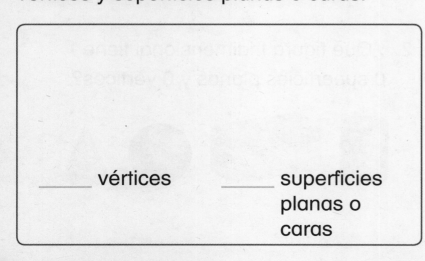

_____ vértices   _____ superficies planas o caras

7. **✓Evaluación** Carla saca 2 de las siguientes figuras tridimensionales de una bolsa. ¿Cuál es el número total de superficies planas o caras que podría haber en las figuras que sacó de la bolsa? Selecciona todas las que apliquen.

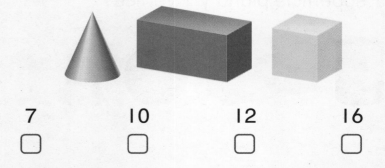

7 ☐   10 ☐   12 ☐   16 ☐

Resuélvelo y coméntalo

¿Son cilindros las siguientes tres figuras? Explica por qué sí o por qué no.

Lección 14-7

Atributos que definen y no definen a las figuras tridimensionales

Puedo...
escoger los atributos que definen a las figuras tridimensionales.

También puedo
construir argumentos matemáticos.

_____

_____

_____

¿Son todas estas figuras el mismo tipo de figura tridimensional?

Se pueden definir las figuras tridimensionales según su forma, el número de superficies planas o caras y el número de aristas y vértices.

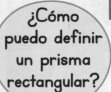

¿Cómo puedo definir un prisma rectangular?

El hecho de que las figuras tengan el mismo tamaño o color no significa que son iguales.

Todas estas figuras son verdes. Pero veo un prisma rectangular, una esfera y un cilindro.

El color, el tamaño y la dirección no definen una figura.

Estas figuras se diferencian en algunas cosas, ¡pero todas son prismas rectangulares!

¿Lo entiendes?

¡Demuéstralo! Escribe 2 cosas que son verdaderas para todos los prismas rectangulares. Escribe 2 cosas que no los definen.

Práctica guiada Encierra en un círculo las palabras que son verdaderas para la figura.

1. **Todos los conos:**

son amarillos.

(tienen 1 vértice.)

son figuras abiertas.

pueden rodar.

Herramientas   Evaluación

⭐Práctica⭐ independiente

Encierra en un círculo las palabras que son verdaderas para cada figura.

2. Todos los cubos:

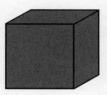

tienen 12 aristas.

tienen 8 vértices.

no pueden rodar.

son azules.

---

3. Todos los cilindros:

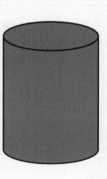

tienen 2 superficies planas.

no pueden rodar.

son rojos.

pueden rodar.

---

4. Matemáticas y Ciencias Kevin quiere construir un muro. Encierra en un círculo la figura o las figuras tridimensionales que podría usar para construir el muro.

5. **Explicar** ¿Todos los cubos tienen el mismo número de aristas?   Sí   No

Explica o haz un dibujo para mostrar cómo lo sabes.

6. **Razonamiento de orden superior** Edgar dice que las dos figuras son iguales porque las dos tienen 6 caras y son moradas. ¿Estás de acuerdo? Explícalo.

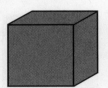 

7. ✓**Evaluación** Une con una línea cada figura con las palabras que la describen.

prisma rectangular   cubo   esfera   cono

6 caras iguales   l vértice   8 vértices   No tiene superficies ni vértices.

Nombre _____

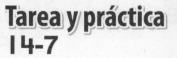
¡Revisemos! ¿Cómo puedes saber si una figura es un cubo?

Todas estas figuras son anaranjadas. Todas estas figuras tienen 6 caras. Pero solo algunas de ellas son cubos.

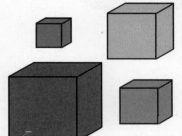

Todas estas figuras tienen diferentes colores y tamaños. Pero todas ellas son cubos.

Por tanto, todos los cubos:

tienen 6 caras cuadradas.

son anaranjados.

tienen 8 vértices.

son grandes.

ACTIVIDAD PARA EL HOGAR
Dibuje o imprima figuras tridimensionales y muéstreselas a su niño(a). Luego, pídale que diga 1 atributo de cada figura.

Encierra en un círculo las palabras que son verdaderas para la figura.

1. **Todas las esferas:**

no tienen superficies planas.

tienen 3 superficies planas.

no pueden rodar.

son azules.

Encierra en un círculo las palabras que son verdaderas para cada figura.

2. Todos los prismas rectangulares:  tienen 6 caras.

tienen 6 vértices.

tienen 8 vértices.

son rojos.

3. **Razonamiento de orden superior** Edna dice que las dos figuras son conos porque las dos tienen una base circular y un vértice. ¿Estás de acuerdo? ¿Por qué sí o por qué no?

_____

_____

4. ✓**Evaluación** Une con una línea cada figura con el atributo o atributos que la describen.

cono   prisma rectangular   cubo   cilindro

12 aristas   0 vértices   1 vértice   8 vértices

Usa cubos verdes para construir un prisma rectangular. Haz un dibujo y escribe sobre la figura que creaste.

Lección 14-8
Crear figuras tridimensionales

Puedo...
unir figuras tridimensionales para crear otra figura tridimensional.

También puedo
hacer mi trabajo con precisión.

Mi dibujo

Sobre mi figura

Aprende Glosario

Puedes combinar figuras tridimensionales para crear figuras tridimensionales más grandes.

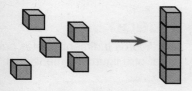

Puedes construir un prisma rectangular con cubos.

Puedes crear un cubo grande con cubos más pequeños.

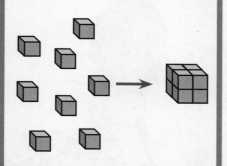

También puedes usar figuras tridimensionales para crear objetos que ya conoces.

¿Qué objeto puedo crear con estas figuras?

Un cubo, un cilindro y un cono pueden formar un cohete.

¿Lo entiendes?

¡Demuéstralo! ¿Cómo puedes saber qué figuras tridimensionales forman un objeto?

 **Práctica guiada**

Encierra en un círculo las figuras tridimensionales que podrían formar el objeto.

1.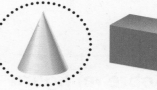

2.

Herramientas Evaluación

Práctica independiente

Encierra en un círculo las figuras tridimensionales que podrían formar el objeto.

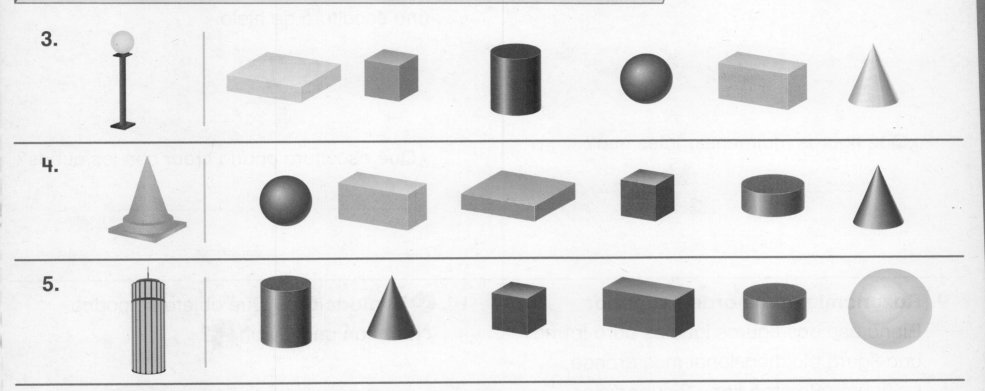

3.

4.

5.

6. **Razonamiento de orden superior** Tito quiere combinar 6 cubos verdes para crear un cubo más grande. ¿Puede hacerlo? Explícalo. Usa cubos como ayuda.

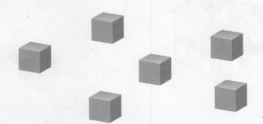

7. **Entender** Rafa creó la siguiente figura con figuras tridimensionales.

¿Qué figuras tridimensionales usó?

_____

_____

8. **Entender** Karen tiene 12 cubos de hielo. Quiere combinar los cubos para crear una escultura de hielo.

¿Qué escultura podría crear con los cubos?

_____

_____

9. **Razonamiento de orden superior**
Elena usa dos figuras iguales para formar una figura tridimensional más grande. La figura que creó tiene 2 superficies planas y 0 vértices.

¿Cuáles son las dos figuras que usó?

_____

¿Cuál es la figura más grande que formó?

_____

10. ✓**Evaluación** ¿Qué objeto se podría crear con un ▲ y un ▮?

Ⓐ

Ⓑ

Ⓒ

Ⓓ

Nombre _____

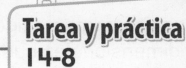
Tarea y práctica
14-8
Crear figuras tridimensionales

¡Revisemos! Puedes combinar figuras tridimensionales para crear nuevas figuras.

¿Cuál es la figura nueva que puedo crear con estas figuras?

¡Puedes crear esto!

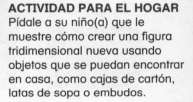
ACTIVIDAD PARA EL HOGAR
Pídale a su niño(a) que le muestre cómo crear una figura tridimensional nueva usando objetos que se puedan encontrar en casa, como cajas de cartón, latas de sopa o embudos.

Mira las figuras tridimensionales. Encierra en un círculo la figura nueva que puedes crear al combinar las figuras.

1.

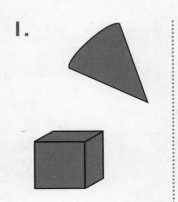

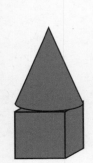

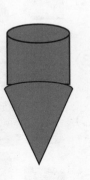

2.

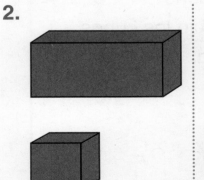

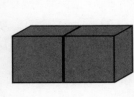

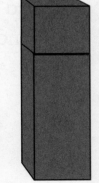

Las dos primeras figuras tridimensionales se pueden usar varias veces para crear figuras tridimensionales nuevas. Encierra en un círculo la figura nueva que se puede crear con las dos primeras figuras.

3.

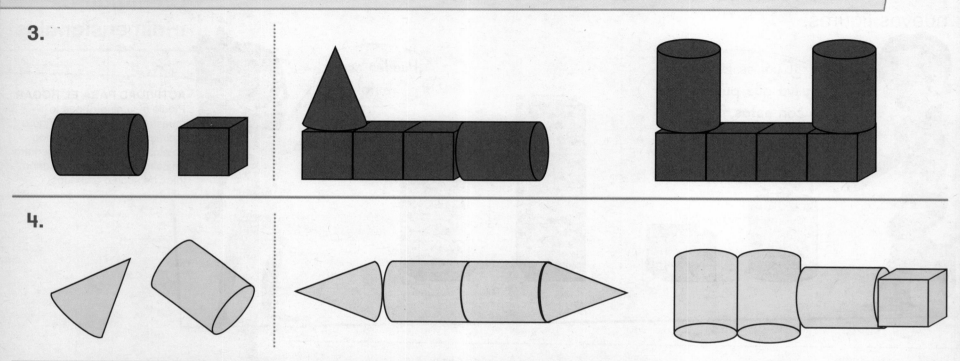

4.

5. Razonamiento de orden superior
Tom quiere crear un prisma rectangular con 5 cubos. ¿Puede hacerlo? Explica tu respuesta. Dibuja los cubos para mostrar tu respuesta.

6. ✔**Evaluación** ¿Qué figuras pueden crear un [ ]?

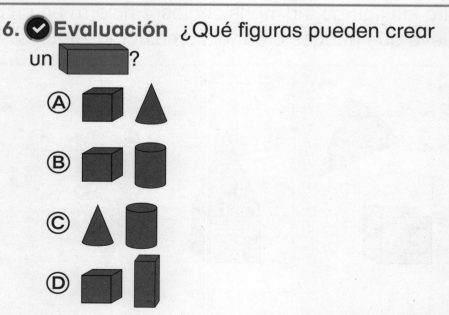

Ⓐ

Ⓑ

Ⓒ

Ⓓ

Resuélvelo y coméntalo

Marca con una *X* todos los objetos que tienen superficies planas circulares. Di cómo sabes que las superficies planas son círculos. Para entender el problema, encierra en un círculo las palabras que son verdaderas para los objetos que marcaste.

Resuelve

Resolución de problemas

Lección 14-9
Entender y perseverar

Puedo…
entender problemas.

También puedo
describir figuras bidimensionales y tridimensionales.

Los objetos: son blancos.   tienen 0 aristas.   tienen caras.

son pequeños.   tienen 0 vértices.   tienen superficies planas.

Hábitos de razonamiento
¿Qué me piden que halle?

¿Qué otra cosa puedo intentar si estoy en aprietos?

Todas estas figuras son triángulos. Encierra en un círculo las palabras que son verdaderas para todos los triángulos.

¿Cómo puedes entender el problema?

¿Cuál es mi plan para resolver el problema?

Todos los triángulos:
tienen 3 lados.
son azules.
tienen un fondo plano.
son grandes.
tienen 3 vértices.

Sólo encerraré en un círculo las palabras que son verdaderas para los triángulos.

Todos los triángulos:
tienen 3 lados.
son azules.
tienen un fondo plano.
son grandes.
tienen 3 vértices.

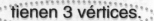

Sé que los triángulos tienen 3 lados y 3 vértices.

Sí, todos los triángulos tienen 3 lados y 3 vértices. Encerré en un círculo las palabras correctas.

¿Lo entiendes?

¡Demuéstralo! ¿Qué palabras siempre se pueden usar para describir los prismas rectangulares?

☆ Práctica guiada ☆

Encierra en un círculo las palabras que son verdaderas para las figuras.

1. Todas estas figuras son cuadrados.

Todos los cuadrados: son anaranjados.   son pequeños.

tienen 4 lados iguales.   tienen 4 vértices.

Nombre _____

☆ Práctica independiente ☆

Encierra en un círculo las palabras que son verdaderas para las figuras. Luego, explica cómo lo sabes.

2. Todas estas figuras son conos.

Todos los conos: son azules.　tienen I superficie plana.　tienen I arista.　tienen I vértice.

_____

_____

3. Todas estas figuras son hexágonos.

Todos los hexágonos: son pequeños.　tienen 6 lados.　son azules.　tienen 6 vértices.

_____

_____

Evaluación del rendimiento

Arte y manualidades

Mario tiene cubos, esferas, cilindros y conos. Quiere usar estas figuras para crear piezas de arte para una venta de arte y manualidades en su escuela.

Mario quiere juntar las figuras correctas para cada pieza de arte.

4. **Hacerlo con precisión** Mario quiere juntar una figura que tiene 6 caras con una figura que no tiene superficies planas. ¿Qué figuras puede usar? Explícalo.

_____

_____

_____

_____

5. **Hacerlo con precisión** Mario junta 2 cubos para crear un figura nueva. Di qué figura nueva creó y una característica de la figura.

_____

_____

_____

_____

Nombre _____

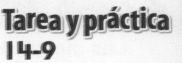
¡Revisemos! Si estás atorado con un problema, trata de entenderlo y seguir trabajando.

Estos son rectángulos. Encierra en un círculo las palabras que son verdaderas para todos los rectángulos.

Todos los rectángulos:

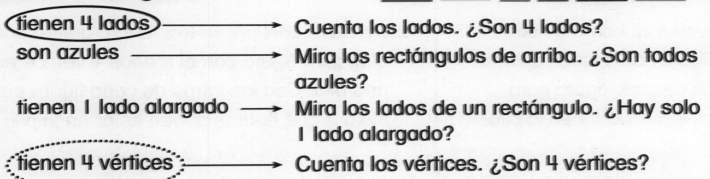

~~(tienen 4 lados)~~ ⟶ Cuenta los lados. ¿Son 4 lados?

son azules ⟶ Mira los rectángulos de arriba. ¿Son todos azules?

tienen 1 lado alargado ⟶ Mira los lados de un rectángulo. ¿Hay solo 1 lado alargado?

(tienen 4 vértices) ⟶ Cuenta los vértices. ¿Son 4 vértices?

Todas estas figuras son prismas rectangulares. Encierra en un círculo las palabras que son verdaderas para todos los prismas rectangulares.

1. Todos los prismas rectangulares:

son verdes   tienen 12 aristas   tienen 4 caras   tienen 6 caras

Las piezas del rompecabezas

Laura quiere agrupar las piezas de su rompecabezas en pilas. Tiene triángulos, rectángulos, cuadrados, círculos y trapecios. Ayúdala a agrupar sus piezas.

2. **Hacerlo con precisión** Laura quiere poner cualquier figura con 4 lados en una pila. Usa las letras de cada figura para indicar qué figuras deben estar en la pila.

_____

_____

3. **Hacerlo con precisión** Laura quiere poner cualquier figura con al menos 1 vértice en una pila. Usa las letras de cada figura para indicar qué figuras deben estar en la pila.

_____

_____

4. **Entender** Agrupa las figuras A a J en dos o más pilas de acuerdo a algo en lo que son iguales. Puedes escribir o dibujar las pilas. Luego, explica cómo las agrupaste.

Nombre _____

Muestra la palabra

Colorea las sumas y las diferencias. Deja lo demás en blanco.

Puedo...
sumar y restar hasta 10.

| 3 | 2 | 1 |

0 + 2	5 − 3	1 + 1	10 − 7	5 + 2	1 + 3	0 + 1	10 − 9	3 − 2
6 − 4	8 − 1	8 − 6	4 − 1	6 + 4	8 − 3	6 − 5	8 + 1	6 − 5
2 + 0	2 + 2	7 − 5	3 + 0	3 + 1	2 + 8	5 − 4	9 − 8	1 + 0
4 − 2	4 + 3	9 − 7	9 − 6	4 − 4	7 + 1	2 − 1	0 + 8	4 − 3
10 − 8	2 − 0	3 − 1	7 − 4	2 + 1	6 − 3	8 − 7	4 + 0	7 − 6

La palabra es

_____   _____   _____

A-Z Glosario

Lista de palabras
- aristas
- caras
- figuras bidimensionales
- figuras tridimensionales
- lado
- prisma rectangular
- superficies planas
- vértice

Comprender el vocabulario

1. Encierra en un círculo la figura bidimensional que no tiene vértices.

2. Encierra en un círculo la figura bidimensional que tiene 4 vértices y 4 lados iguales.

3. Escribe el nombre de la parte de la figura que se muestra. Usa la Lista de palabras.

_____

4. Escribe el nombre de la figura. Usa la Lista de palabras como ayuda.

prisma _____

Usar vocabulario al escribir

5. Dibuja algunas figuras. Escribe el nombre de las figuras usando palabras de la Lista de palabras.

Nombre _____

Grupo A

Puedes clasificar figuras bidimensionales según sus lados y vértices.

Estas figuras tienen lados y vértices.

Estas figuras no tienen lados ni vértices.

Refuerzo

Resuelve cada problema.

1. Encierra en un círculo la figura que tiene 4 lados rectos y 4 vértices.

2. Encierra en un círculo la figura que tiene 0 vértices.

Grupo B

Puedes crear figuras bidimensionales usando diferentes tipos de materiales.

Cartulina

Palillos

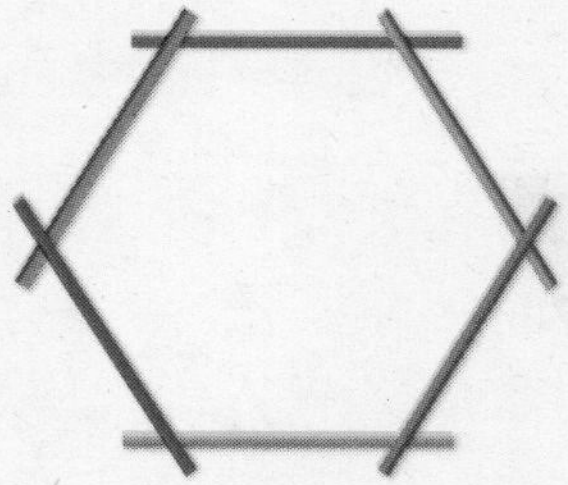

Palitos de colores

Cartulina

Usa los materiales que te da tu maestro para crear un rectángulo. Pega la figura en el espacio en blanco.

3.

Puedes usar bloques de patrón para crear una figura más grande.

Manera 1	I	I
Manera 2	3	0

4. Forma esta figura de dos maneras diferentes.

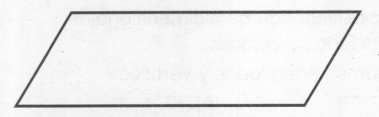

Manera 1			
Manera 2			

Puedes usar bloques de patrón para dibujar una figura.

Escribe el número de bloques que usaste.

4   0   0   0   1

5. Dibuja una figura. Escribe cuántos de cada bloque usaste.

___ ___ ___ ___ ___

Grupo E

Puedes hallar las caras, las superficies planas, las aristas y los vértices de las figuras u objetos tridimensionales.

_6_ caras
_8_ vértices
_12_ aristas

_0_ superficies planas
_0_ vértices
_0_ aristas

Escribe cuántas superficies planas, aristas y vértices tiene cada figura.

6.
_____ superficies planas
_____ vértices
_____ aristas

7.
_____ superficies planas
_____ vértices
_____ aristas

Grupo F

Puedes combinar figuras tridimensionales para formar figuras tridimensionales más grandes. Combina los cubos.

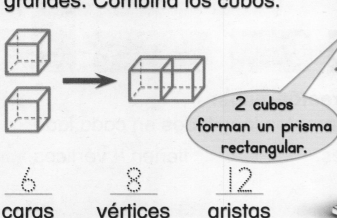

2 cubos forman un prisma rectangular.

_6_ caras   _8_ vértices   _12_ aristas

Se combinaron 2 figuras para formar una figura nueva. Escribe el número de superficies planas, vértices y aristas que tiene la figura nueva.

8.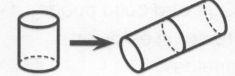

_____ superficies planas   _____ vértices   _____ aristas

Todas estas figuras son cilindros.

Los cilindros se definen por tener:

___0___ vértices y ___2___ superficies planas.

Los cilindros **NO** se definen por su:

__color__ o __dirección.__

Completa las oraciones que definen a las esferas.

9. Las esferas se definen por tener:

_____ y _____.

10. Las esferas **NO** se definen por su:

_____ o _____.

Hábitos de razonamiento

Perseverar

¿Qué me piden que halle?

¿Qué otra cosa puedo intentar si estoy en aprietos?

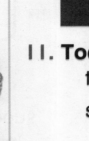

Encierra en un círculo las palabras que son verdaderas para todos los rectángulos.

11. **Todos los rectángulos:**

tienen diferentes longitudes en cada lado.

son azules.   tienen 4 vértices.

1. ¿Qué figura es un cuadrado?

Ⓐ ◯

Ⓑ △

Ⓒ ▭

Ⓓ □

2. ¿Qué figura tiene 3 lados?

Ⓐ (trapecio)

Ⓑ (triángulo)

Ⓒ (paralelogramo)

Ⓓ (cuadrado)

3. ¿Cuántas superficies planas y aristas tiene un cono?

_____ superficie(s) plana(s)

_____ aristas

4. Pedro hizo 3 triángulos. Luego, los juntó para formar una figura nueva.

Dibuja la figura que Pedro formó.

5. Completa la oración. Luego, explica cómo sabes que tienes razón.

 Esta figura tridimensional es un _____.

_____

_____

---

6. Mónica está haciendo una mariposa. Usa bloques de patrón para dibujar las piezas que faltan.

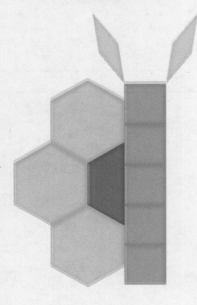

7. ¿Qué opción muestra las figuras que puedes usar para formar un ⬡? Selecciona todas las que apliquen.

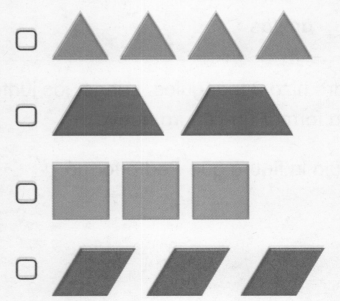

Nombre _____

8. ¿Qué figura tridimensional **NO** tiene un vértice?

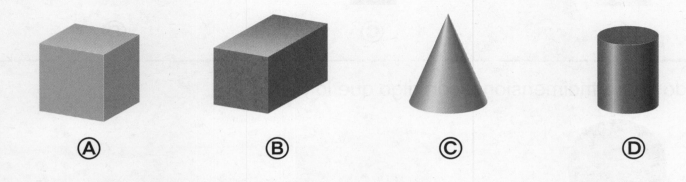

Ⓐ   Ⓑ   Ⓒ   Ⓓ

---

9. ¿Qué figuras tridimensionales se pueden usar para crear este objeto?
   Encierra en un círculo todas las que apliquen.

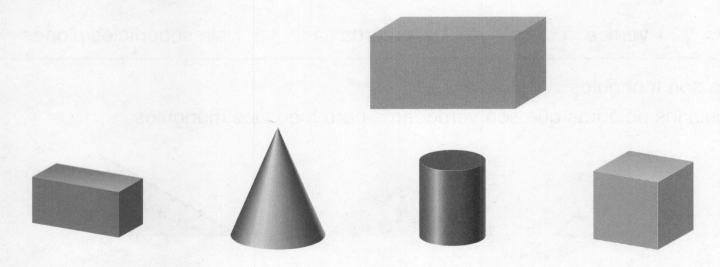

10. ¿Qué figura bidimensional **NO** tiene lados rectos?

Ⓐ

Ⓑ

Ⓒ

Ⓓ

---

11. Une con una línea cada figura tridimensional con algo que la defina.

12 aristas   1 vértice   6 caras   sin superficies planas

---

12. Todas estas figuras son triángulos.

Encierra en un círculo las palabras que son verdaderas para todos los triángulos.

Todos los triángulos: tienen 3 lados.   son amarillos.

tienen 3 vértices.   son grandes.

Tema 14 | Evaluación

¡Hogar, dulce hogar!
Lily usa figuras para hacer este dibujo de su casa.

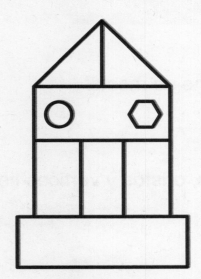

1. Colorea de azul dos de los rectángulos en el dibujo.

_____

2. Explica cómo sabes que las dos figuras son rectángulos.

_____

_____

3. Una de las ventanas de la casa tiene forma de hexágono. Muestra 3 maneras de crear un hexágono usando figuras más pequeñas. Puedes usar bloques de patrón como ayuda.

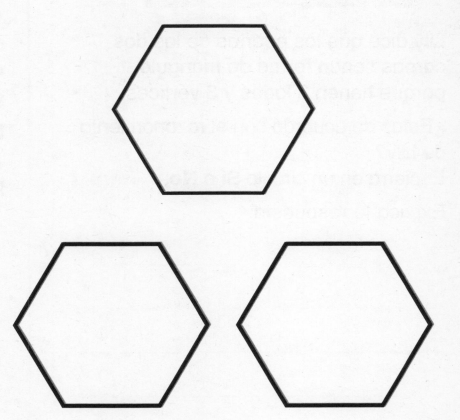

4. Lily tiene estas carpas en su patio.

Lily dice que las puertas de las dos carpas tienen forma de triángulo porque tienen 3 lados y 3 vértices.

¿Estás de acuerdo con el razonamiento de Lily?
Encierra en un círculo **Sí** o **No.**

Explica tu respuesta.

_____

_____

_____

5. Lily tiene una mesa que tiene esta forma.

Parte A
¿Qué forma tiene su mesa?

_____

Parte B
¿Cuántas caras, aristas y vértices tiene la mesa?

caras _____

aristas _____

vértices _____

Parte C
¿Qué figuras tridimensionales podría Lily juntar para formar su mesa?

_____

_____

_____

TEMA 15

Partes iguales de círculos y rectángulos

Pregunta esencial: ¿Cuáles son algunos de los diferentes nombres que tienen las partes iguales?

Una rueda es un círculo perfecto.

Las ruedas nos ayudan a mover gente y cosas más fácilmente.

¡Qué interesante! Hagamos este proyecto para aprender más.

Proyecto de Matemáticas y Ciencias: Ruedas y figuras

Investigar Habla con tu familia y tus amigos sobre diferentes objetos con ruedas. Pregúntales cómo se usan las ruedas en la vida diaria.

Diario: Hacer un libro Muestra lo que encontraste. En tu libro, también:

- haz dibujos de diferentes objetos que tengan ruedas. Describe las figuras que ves en los dibujos. ¿Cómo podrías dividir las figuras en partes iguales?

- di cómo se usan las ruedas para mover gente o cosas.

Nombre _____

Repasa lo que sabes

🅰🅉 Vocabulario

1. Marca con una *X* el **círculo**.

2. Dibuja un **rectángulo**.

3. Dibuja las manecillas del reloj para indicar una **media hora**.

Los diferentes tipos de rectángulos

4. Colorea los rectángulos.

   Luego, marca con una X el rectángulo que es un cuadrado.

5. ¿Cuántos rectángulos ves?

_____ rectángulos

¿Qué hora es?

6. Cody llega a la casa a las 4:00. Come una merienda media hora más tarde. Dibuja la manecilla de la hora y el minutero en el reloj para indicar la hora en que Cody come la merienda.

Mis tarjetas de palabras

Estudia las palabras de las tarjetas.
Completa la actividad que está al reverso.

---

partes iguales

Hay 2 **partes iguales.**

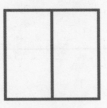

mitades

El círculo está dividido en **mitades.**

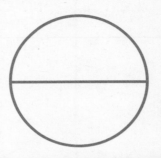

cuartos

Un cuadrado está dividido en **cuartos.**

---

cuartas partes

El círculo está dividido en **cuartas partes,** otra manera de decir cuartos.

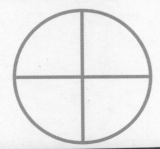

Mis tarjetas de palabras

Usa lo que sabes para completar las oraciones. Para ampliar lo que aprendiste, escribe tu propia oración usando cada palabra.

Un todo dividido en 4 partes iguales está dividido en

_____,

o cuartas partes.

Cuando un todo está dividido en 2 partes iguales, las partes se llaman

_____.

Las partes de un todo que tienen el mismo tamaño

son _____

_____.

Las 4 partes iguales de un todo se llaman cuartos o

_____.

Nombre _____

Resuélvelo y coméntalo

Dibuja una línea para mostrar 2 partes del mismo tamaño dentro del círculo azul.

Dibuja una línea para mostrar 2 partes de tamaño **diferente** dentro del círculo amarillo.

Puedo...
determinar si las figuras están divididas en partes iguales.

También puedo representar con modelos matemáticos.

Las figuras se pueden dividir en partes. Algunas veces las partes son iguales.

Algunas veces las partes no son iguales.

¿Qué figura muestra 2 **partes iguales**?

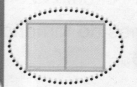

__2__ partes iguales

¿Qué figura muestra 4 partes iguales?

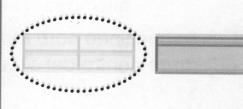

__4__ partes iguales

¿Lo entiendes?

¡Demuéstralo! ¿Está la figura dividida en partes iguales? Explica cómo lo sabes.

☆Práctica guiada☆

Decide si cada figura está dividida en partes iguales. Luego, encierra en un círculo **Sí** o **No**.

1.

(Sí)   No

2.

Sí   No

3.

Sí   No

4.

Sí   No

5.

Sí   No

6.

Sí   No

818 ochocientos dieciocho

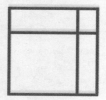

Tema 15 | Lección 1

☆ Práctica independiente ☆

Escribe el número de partes iguales en cada figura.
Escribe 0 si las partes **NO** son iguales.

7.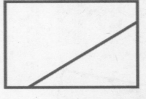

_____ partes iguales

8.

_____ partes iguales

9.

_____ partes iguales

10.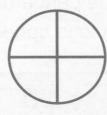

_____ partes iguales

11.

_____ partes iguales

12.

_____ partes iguales

13.

_____ partes iguales

14.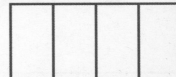

_____ partes iguales

15. Razonamiento de orden superior

Dibuja un cuadrado, un círculo o un rectángulo. Divide tu figura en partes iguales. Luego, escribe el número de partes iguales que tiene tu figura.

_____ partes iguales

16. **Hacerlo con precisión** Mateo hizo una bandera con 4 partes iguales. ¿Qué bandera hizo? Encierra en un círculo la bandera correcta.

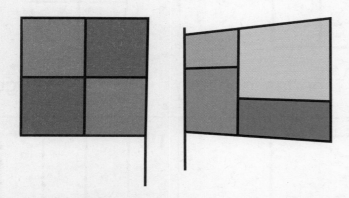

17. **Hacerlo con precisión** Ruth escogió una bandera con partes iguales. ¿Qué bandera escogió? Encierra en un círculo la bandera correcta.

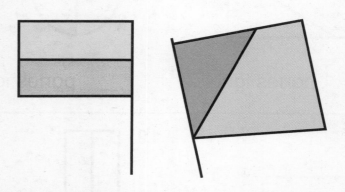

18. **Razonamiento de orden superior**
4 estudiantes comparten una pizza. Cada pedazo de la pizza tiene el mismo tamaño. Haz un dibujo de la pizza que los estudiantes compartieron.

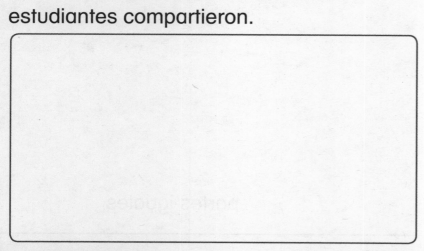

19. ✔**Evaluación** ¿Qué cuadrado **NO** está dividido en 4 partes iguales?

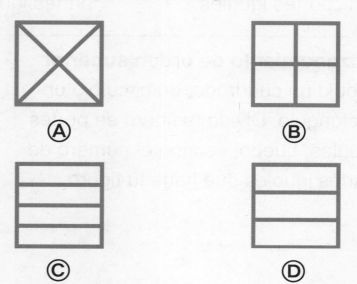

Ⓐ

Ⓑ

Ⓒ

Ⓓ

Nombre _____

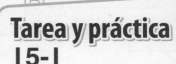

Tarea y práctica 15-1
Formar partes iguales

¡Revisemos! Una figura se puede dividir en partes que son iguales y en partes que **NO** son iguales.

Este rectángulo está dividido en partes iguales.

Este rectángulo **NO** está dividido en partes iguales.

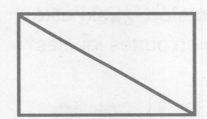

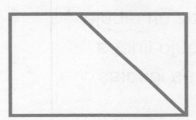

Las partes tienen el mismo tamaño.

Hay 2 partes iguales.

Las partes **NO** tienen el mismo tamaño.

Hay __0__ partes iguales.

Escribe el número de partes iguales en cada figura.
Escribe 0 si las partes **NO** son iguales.

1.

_____ partes iguales

2.

_____ partes iguales

3.

_____ partes iguales

Dibuja líneas rectas para dividir las figuras en partes iguales.

4.

2 partes iguales

5.

4 partes iguales

6.

2 partes iguales

7. Matemáticas y Ciencias Haz un dibujo de una rueda de bicicleta. Dibuja líneas rectas para dividirla en 4 partes iguales.

8. Hacerlo con precisión ¿Está este sándwich cortado en partes iguales? Di cómo lo sabes.

_____

_____

_____

9. Razonamiento de orden superior
Dos hermanos dividen una rebanada de pan en partes iguales. Uno de los hermanos piensa que su parte es más pequeña que la del otro hermano. ¿Cómo puede averiguar si tiene la razón?

_____

_____

10. ✅ **Evaluación** ¿Qué opción muestra cuántas partes iguales tiene la manzana?

Ⓐ 8   Ⓑ 3

Ⓒ 4   Ⓓ 2

Resuélvelo y coméntalo

Dibuja una línea dentro del círculo para mostrar 2 partes iguales. Colorea una de las partes. Luego, escribe los números que indican cuántas partes coloreaste.

Dibuja líneas dentro del rectángulo para mostrar 4 partes iguales. Colorea dos de las partes. Luego, escribe los números que indican cuántas partes coloreaste.

Puedo...
dividir figuras en 2 y en 4 partes iguales y usar palabras para describir las partes.

También puedo hacer mi trabajo con precisión.

____ de ____ partes iguales está coloreada.

____ de ____ partes iguales están coloreadas.

Puedes dividir figuras en **mitades** y **cuartos.**

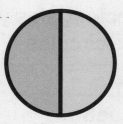

El círculo está dividido en mitades. Una mitad del círculo es amarilla.

El rectángulo está dividido en en mitades.

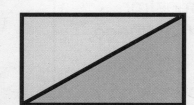

Las 2 mitades forman un rectángulo entero.

El círculo está dividido en cuartos o en **cuartas partes.**

4 cuartos forman 1 círculo entero.

Uno de los cuartos del círculo es azul.

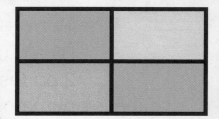

Una mitad del rectángulo es verde.
Un cuarto del rectángulo es amarillo. Una cuarta parte del rectángulo es anaranjada.

¿Lo entiendes?

¡Demuéstralo! ¿Qué nombre tiene la parte del rectángulo que es verde?

☆ Práctica guiada ☆
Encierra en un círculo las figuras correctas en cada problema.

1. Un cuarto es azul.

2. Una mitad es amarilla.

Tema 15 | **Lección 2**

Práctica independiente   Colorea las figuras en cada problema.

3. Colorea una mitad de rojo.

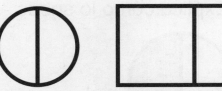 

4. Colorea un cuarto de anaranjado.

 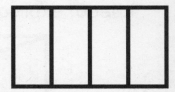

5. Colorea una cuarta parte de verde.

6. Colorea una mitad de azul.

 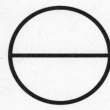

7. Sentido numérico Alex tiene la mitad de una barra de cereal. José tiene un cuarto de otra barra de cereal. La parte de José es más grande. ¿Por qué la parte de José es más grande? Usa palabras o dibujos para resolver el problema.

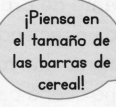
¡Piensa en el tamaño de las barras de cereal!

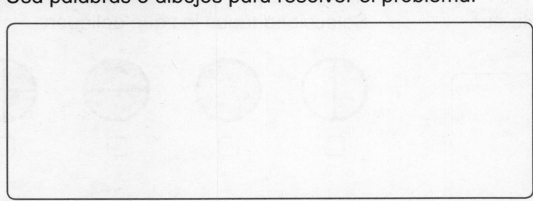

8. **Explicar** Sam dice que el rectángulo está dividido en mitades. ¿Tiene razón? Encierra en un círculo **Sí** o **No**. Luego, explica cómo lo sabes.

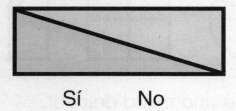

Sí   No

_____

_____

9. **Explicar** Nora dice que el círculo está dividido en cuartos. Lucy dice que el círculo está dividido en cuartas partes. ¿Quién tiene razón? Explica cómo lo sabes.

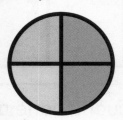

_____

_____

10. **Razonamiento de orden superior**
Dana dibuja un rectángulo dividido en cuartos. Colorea una mitad del rectángulo de azul y una cuarta parte del rectángulo de verde. Dibuja y colorea el rectángulo que Dana pudo haber dibujado.

11. ✅**Evaluación** Óscar colorea un círculo. Una mitad del círculo es azul. La otra mitad **NO** es azul. ¿Cuál es la figura que Óscar pudo haber coloreado? Selecciona todas las que apliquen.

☐   ☐   ☐   ☐

Nombre _____

Tarea y práctica
15-2
Formar medios y cuartos de rectángulos y de círculos

¡Revisemos! Puedes dividir figuras en mitades y cuartos.

Dos **mitades** forman un todo.

Cuatro **cuartos** forman un todo.

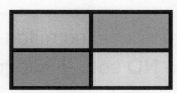

Un cuarto es lo mismo que una cuarta parte.

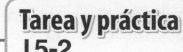

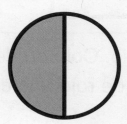

Cada parte se llama una **mitad.**
Una **mitad** del círculo es verde.

Cada parte se llama un _cuarto_.
Un _cuarto_ del rectángulo es verde.
Una _cuarta parte_ del rectángulo es azul.

ACTIVIDAD PARA EL HOGAR
Dibuje un círculo y un rectángulo. Pídale a su niño(a) que divida el círculo en 2 partes iguales y que coloree una de las partes. Luego, pídale que divida el rectángulo en 4 partes iguales y que coloree una de las partes. Pregúntele: "¿Qué figura muestra una mitad coloreada? ¿Qué figura muestra un cuarto coloreado?".

Encierra en un círculo la figura correcta en cada problema.

1. una mitad azul

 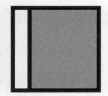

2. un cuarto verde

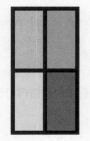 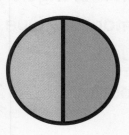

3. una mitad amarilla

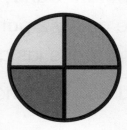 

Colorea la figura en cada problema.

4. una mitad azul

5. un cuarto morado

6. una cuarta parte roja

7. Razonamiento de orden superior Colorea de azul una mitad de cada círculo. Colorea de anaranjado una mitad de cada rectángulo que **NO** sea un cuadrado. Colorea de rojo una cuarta parte de cada cuadrado.

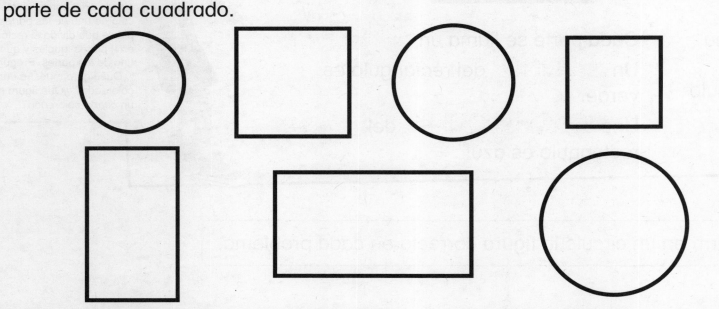

8. ✅**Evaluación** Sandy dividió un rectángulo en 4 partes iguales. Coloreó 1 parte de rojo, 1 parte de azul y 2 partes de amarillo. ¿Qué parte del rectángulo coloreó de rojo? Selecciona todas las que apliquen.

una mitad   una cuarta parte   2 de 4 partes   un cuarto

☐   ☐   ☐   ☐

Nombre _____

¿Qué es más grande: una mitad o un cuarto del mismo sándwich?

Divide los sándwiches. Luego, encierra en un círculo el sándwich que tenga partes iguales más grandes.

Puedo...
decir que mientras más partes iguales haya en el mismo todo, más pequeñas serán las partes.

También puedo
razonar sobre las matemáticas.

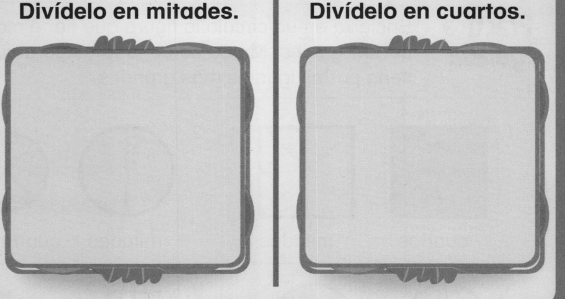

Divídelo en mitades.

Divídelo en cuartos.

Aprende Glosario

Estas pizzas son del mismo tamaño.

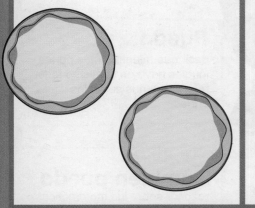

Esta pizza está cortada en 4 partes iguales. Cada parte es un cuarto de la pizza entera.

Esta pizza está cortada en 2 partes iguales. Cada parte es una mitad de la pizza entera.

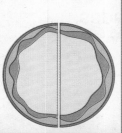

La pizza dividida en cuartos tiene partes más pequeñas.

La pizza dividida en mitades tiene menos partes.

¿Lo entiendes?

¡Demuéstralo! David tiene un sándwich. ¿Es la mitad de su sándwich más o menos comida que un cuarto de su sándwich? Explícalo.

Práctica guiada

Encierra en un círculo la figura que tiene más partes iguales. Marca con una **X** la figura que tiene partes iguales más grandes.

1.

cuartos   mitades

2.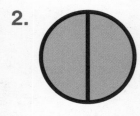

mitades   cuartas partes

3.

cuartos   mitades

4.

cuartas partes   mitades

830 ochocientos treinta

Tema 15 | Lección 3

Nombre _____

☆ Práctica ☆ independiente

Resuelve cada problema.

5. Dibuja una línea para dividir la figura en mitades.

6. Sombrea un cuarto de esta figura.

7. Dibuja líneas en el cuadrado anaranjado para formar partes iguales más pequeñas que las que tiene el cuadrado azul.

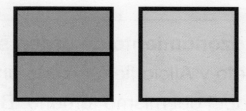

8. Razonamiento de orden superior Jorge corta un rectángulo en 2 partes iguales. Luego, corta cada figura por la mitad. ¿Cuántas partes iguales hay ahora? ¿Cómo se llaman las partes? Usa palabras o dibujos para explicar.

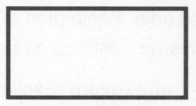

9. **Razonar** Esteban quiere cortar un pan de maíz en partes iguales. ¿Serán las partes más grandes si corta el pan en mitades o en cuartos? Usa el dibujo para ayudarte a resolver el problema.

Las partes más grandes serán _____.

10. **Razonamiento de orden superior**

Beto y Alicia tienen cada uno una hoja de papel del mismo tamaño. Beto usa la mitad de su hoja. Alicia usa 2 cuartos de su hoja. Alicia dice que los dos usaron la misma cantidad de papel.

¿Tiene razón? Explica tu respuesta. Puedes hacer un dibujo como ayuda.

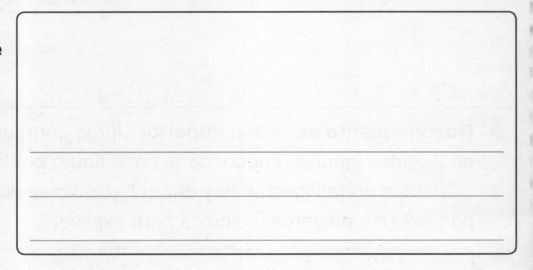

11. ✓**Evaluación** Jonás tiene dos círculos del mismo tamaño. Corta uno de los círculos en mitades y el otro en cuartos. ¿Qué palabras describen cómo las mitades se pueden comparar con los cuartos?

más pequeñas, más   más pequeñas, menos   más grandes, más   más grandes, menos

 Ⓐ   Ⓑ   Ⓒ   Ⓓ

Tema 15 | Lección 3

Nombre _____

Tarea y práctica 15-3
Medios y cuartos

¡Revisemos! Estos rectángulos son del mismo tamaño. El rectángulo con más partes iguales tiene partes más pequeñas. El rectángulo con menos partes iguales tiene partes más grandes.

ACTIVIDAD PARA EL HOGAR
Dibuje 2 círculos del mismo tamaño. Pídale a su niño(a) que dibuje líneas para dividir uno de los círculos en mitades y el otro en cuartos. Luego, pregúntele qué círculo tiene más partes iguales y qué círculo tiene partes iguales más grandes.

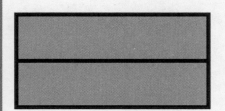

2 partes iguales

mitades

partes iguales más grandes

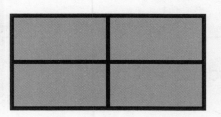

4 partes iguales

cuartos

partes iguales más pequeñas

 Compara las dos figuras. Dibuja líneas donde sea necesario. Di cuantas partes iguales hay. Luego, encierra en un círculo las palabras **más pequeños** o **más grandes** y **más** o **menos** para cada figura.

1.   cuartos

partes iguales:

más pequeños   más grandes

más   menos

_____ partes iguales

mitades

partes iguales:

más pequeñas   más grandes

más   menos

_____ partes iguales

2. **Razonar** Rosa y Martha tienen una pizza cada una. Las pizzas son del mismo tamaño.

Rosa corta su pizza en cuartos.

Martha corta su pizza en mitades.

¿Quién tiene más pedazos? _____

¿Quién tiene pedazos más grandes? _____

3. **A-Z Vocabulario** Divide el cuadrado en **mitades.** Luego, sombrea una mitad del cuadrado.

4. **Razonamiento de orden superior**

Lucas divide un círculo en 2 partes iguales. Luego, divide cada parte por la mitad. ¿Cuántas partes iguales hay ahora? ¿Cómo se llaman esas partes? Usa palabras y dibujos para explicar tus respuestas.

5. **✓ Evaluación** Mary está diseñando una señal. Quiere que una mitad de la señal sea roja, un cuarto sea azul y otro cuarto sea amarillo.

¿Qué opción muestra la señal que Mary quiere diseñar?

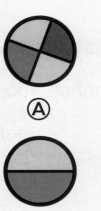

Ⓐ

Ⓑ

Ⓒ

Ⓓ

Nombre _____

Resuélvelo y coméntalo

La cobija de Mary está dividida en 2 partes iguales. Una parte es amarilla y la otra es anaranjada. ¿Cómo puedes describir la parte de la cobija que es amarilla? Completa las siguientes oraciones. Luego, dibuja y colorea la cobija para mostrar tu trabajo.

Resolución de problemas

Lección 15-4
Representar con modelos matemáticos

Puedo…
hacer un dibujo o diagrama para representar un problema sobre partes iguales.

También puedo
usar números para describir partes iguales.

Hábitos de razonamiento
¿Podría usar un dibujo, un diagrama, una tabla, una gráfica u objetos para representar el problema?

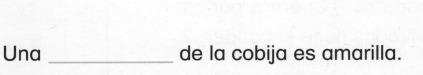

Una _____ de la cobija es amarilla.

____ de las ____ partes es amarilla.

Aprende   Glosario

La cortina de la señora Rosas está dividida en 4 partes iguales. Ella tiñe 2 partes de rojo y 2 partes de azul.

¿Cómo puedes describir las partes de la cortina que son rojas?

¿Se pueden usar dibujos y objetos para representar el problema?

Puedo hacer un dibujo de la cortina dividida en 4 partes iguales.

Puedo colorear las partes iguales para representar el problema.

Puedo hacer un dibujo para mostrar cómo están relacionadas las partes en el problema.

Puedo usar palabras para describir el problema.

El dibujo muestra 4 partes iguales. 2 de las 4 partes son rojas.

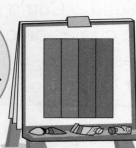

¿Lo entiendes?

¡Demuéstralo! Ana compró un tapete de color verde y azul. El tapete está dividido en 4 partes iguales. La mitad es verde y el resto es azul. ¿Cuántas partes son azules? ¿Cómo lo sabes?

Práctica guiada   Haz un dibujo para resolver el problema. Luego, completa la oración.

1. Pepe crea una bandera de color morado y amarillo. La bandera está dividida en cuartos. 2 de las partes son amarillas y el resto son moradas. ¿Cuántas partes moradas tiene la bandera?

   <u>2</u> de las <u>4</u> partes iguales son moradas.

Herramientas Evaluación

Práctica independiente

Haz un dibujo para resolver cada problema. Luego, completa la oración.

2. Tere cortó una pizza en mitades. Se comió una de las partes. ¿Cuántas partes de la pizza se comió Tere?

Tere comió _____ de _____ partes iguales.

3. Carla cortó su sándwich en cuartas partes. 2 de las partes tienen queso. ¿Qué partes del sándwich **NO** tienen queso?

_____ de _____ partes no tienen queso.

4. Álgebra Colorea el número correcto de partes para continuar con el patrón.

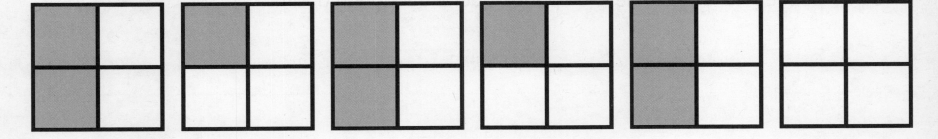

Partes de la pizza Kim corta una pizza en 4 partes iguales.
Le da la mitad de la pizza a Esteban.

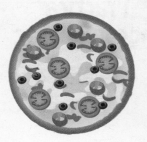

5. **Representar** Haz un dibujo para mostrar las partes de la pizza que tiene Esteban.

6. **Razonar** ¿Cuántas partes de la pizza quedan después de que Kim le da la mitad a Esteban? Escribe los números que faltan.

Quedan _____ de _____ partes.

7. **Explicar** ¿Qué pasaría si Kim le da a Esteban únicamente 1 parte de la pizza? Explica cómo puedes hallar el número de partes que le quedarían a Kim.

_____

_____

_____

Ayuda   Herramientas   Juegos

Representar con modelos matemáticos

¡Revisemos! La bandera de Martín está dividida en 4 partes iguales.
2 de las partes son amarillas y el resto son verdes.
¿Cuántas partes son verdes?

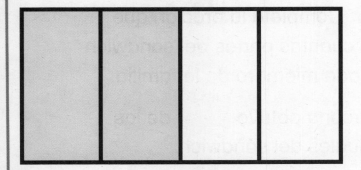

El dibujo te puede ayudar a ver que las partes
que no están sombreadas deben ser las verdes.

Por tanto, __2__ de las 4 partes deben ser verdes.

Un dibujo te puede ayudar a resolver el problema. Puedes usar palabras matemáticas que ya sabes para escribir una oración que resuelva el problema.

ACTIVIDAD PARA EL HOGAR
Léale este cuento a su niño(a): "José divide un tapete en 4 partes iguales. Dos partes son verdes. ¿Cuántas partes no son verdes?". Pídale a su niño(a) que haga un dibujo para resolver el problema. Dígale más cuentos y pídale que haga más dibujos. Luego, pídale que escriba una oración para representar cada cuento.

Haz un dibujo para resolver el problema.
Luego, completa las oraciones.

I. La bufanda de Sasha está dividida en mitades.
Una mitad es café y el resto es verde.

_____ de las _____ partes iguales es café.

_____ de las _____ partes iguales es verde.

Partes del sándwich La familia Carrillo compra 1 sándwich de gran tamaño para compartirlo en partes iguales. Hay 4 miembros en la familia.

2. **Representar** Haz un dibujo para mostrar cómo la familia puede repartir el sándwich.

3. **Razonar** Completa la oración que describe cuántas partes del sándwich obtuvo cada miembro de la familia.

   Cada persona obtuvo _____ de las _____ partes iguales del sándwich.

4. **Explicar** Rafael es uno de los miembros de la familia Carrillo. Rafael le da su parte del sándwich a su hermana Luisa. ¿Cuántas partes del sándwich tiene Luisa ahora? Usa palabras o dibujos para explicar cómo hallaste la respuesta.

Trabaja con un compañero. Señala una pista y léela. Mira la tabla de la parte de abajo de la página y busca la pareja de esa pista. Escribe la letra de la pista en la casilla al lado de su pareja. Halla una pareja para cada pista.

Emparéjalo

Puedo...
sumar y restar hasta 10.

Pistas

A $4 + 2 + 1$

B $4 - 1$

C $5 - 3$

D $2 + 2 + 2$

E $5 - 1$

F $1 + 3 + 1$

G $4 + 4$

H $1 + 3 + 6$

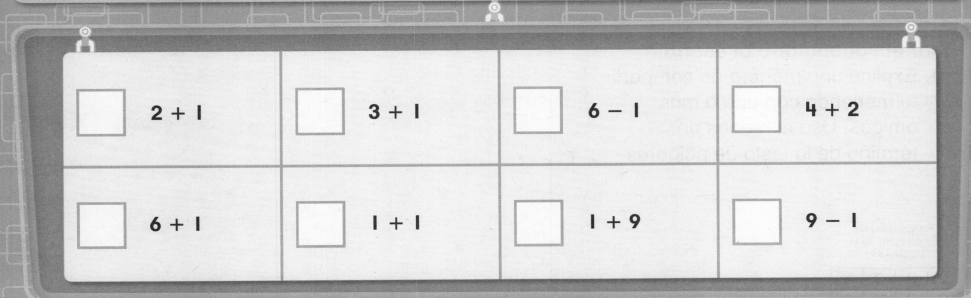

☐ $2 + 1$	☐ $3 + 1$	☐ $6 - 1$	☐ $4 + 2$
☐ $6 + 1$	☐ $1 + 1$	☐ $1 + 9$	☐ $9 - 1$

Las respuestas de Emparéjalo están en la siguiente página.

Lista de palabras
- cuartas partes
- cuartos
- mitades
- partes iguales

Comprender el vocabulario

1. Completa el espacio en blanco.

Puedo cortar mi sándwich en dos partes iguales llamadas

_____.

2. Completa el espacio en blanco.

Cuando compartes un sándwich en partes iguales con otras tres personas, lo divides en _____.

3. Completa el espacio en blanco.

Si quieres que todos tengan la misma cantidad de un sándwich, lo tienes que cortar en _____.

4. Completa el espacio en blanco.

Cuatro personas comparten una botella entera de jugo y cada persona obtiene la misma cantidad. La botella está dividida

en _____.

Usar el vocabulario al escribir

5. Explica una manera de compartir tu merienda con uno o más amigos. Usa al menos un término de la Lista de palabras.

Respuestas de Emparéjalo de la página 841

G	H	C	A
E	F	D	B

Nombre _____

Grupo A

Puedes dividir un todo en partes.

4 partes iguales

0 partes iguales

Escribe el número de partes iguales que hay en cada figura. Si las partes **NO** son iguales, escribe 0.

1.

_____ partes iguales

2.
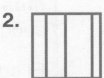

_____ partes iguales

Grupo B

Puedes dividir figuras en partes iguales. Puedes describir las partes usando las palabras *mitad* o *cuarto*.

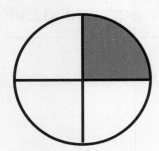

Un ___cuarto___ es azul.

Divide y colorea las figuras en cada problema.

3. Una mitad es verde.

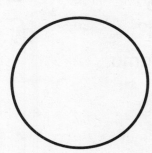

4. Un cuarto es anaranjado.

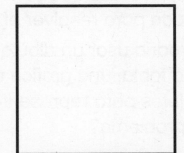

Puedes comparar las partes de una misma figura que tienen tamaños diferentes.

Estos círculos tienen el mismo tamaño, pero están divididos de manera diferente.

El círculo rojo tiene partes iguales más grandes.

El círculo amarillo tiene más partes iguales.

Divide las figuras. Luego, encierra en un círculo las palabras que completan las oraciones.

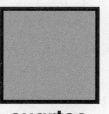 

cuartos   mitades

5. El cuadrado azul tiene partes iguales **más pequeñas** / **más grandes** que el cuadrado verde.

6. El cuadrado verde tiene **más** / **menos** partes iguales que el cuadrado azul.

Hábitos de razonamiento

Representar con modelos matemáticos

¿Cómo puedo usar palabras matemáticas que conozco como ayuda para resolver el problema?

¿Podría usar un dibujo, un diagrama, una tabla, una gráfica u objetos para representar el problema?

Haz un dibujo para resolver el problema.

7. La bufanda de María está dividida en 4 partes iguales. 1 parte es verde, 2 partes son amarillas y el resto es azul. ¿Qué parte de la bufanda es azul?

_____ de las _____ partes iguales es azul.

Nombre _____

1. ¿Qué figura está dividida en 2 partes iguales?

Ⓐ

Ⓑ

Ⓒ

Ⓓ

2. ¿Qué figura **NO** muestra un cuarto de la figura coloreado de azul?

Ⓐ

Ⓑ

Ⓒ

Ⓓ

3. Divide el rectángulo en mitades. Luego, colorea la mitad del rectángulo.
Explica cómo sabes que coloreaste la mitad del rectángulo.

_____

_____

4. ¿Qué figura está dividida en cuartas partes?

Ⓐ   Ⓑ   Ⓒ   Ⓓ

---

5. Compara las dos figuras. Encierra en un círculo las palabras que describen las partes iguales.

cuartos   partes iguales más grandes

mitades   partes iguales más pequeñas

cuartos   partes iguales más grandes

mitades   partes iguales más pequeñas

6. Rita dibuja una bandera que está dividida en 4 partes iguales. 2 partes son moradas y el resto es azul. ¿Cuántas partes de la bandera son azules?

Haz un dibujo para resolver el problema. Luego completa la oración.

_____ de las _____ partes iguales son azules.

Tema 15 | Evaluación

Nombre _____

La cocina de Charo

¡A Charo le encanta cocinar!
Cocina muchos tipos de comidas diferentes.

1. Charo hornea un pan y lo corta en partes iguales. ¿Cuántas partes iguales hay?

_____ partes iguales

2. Charo hornea una pizza y la corta de tal modo que ella y su hermana puedan tener una parte igual cada una. ¿Cómo se llamarían las partes?

_____

Muestra dos maneras en las que Charo podría haber dividido la pizza.

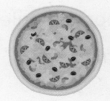 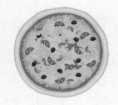

3. Charo hace un sándwich y se come la mitad. Colorea la parte del sándwich que se comió.

¿Cuántas mitades tiene el sándwich entero?

_____ mitades

Piensa en lo que significa la palabra "mitad".

4. Charo hornea un pan de avena y luego lo corta para hacer barras. Dice que dividió el pan en cuartos.

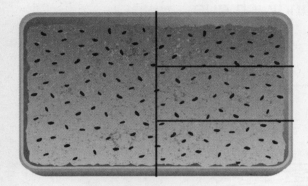

¿Tiene razón?
Encierra en un círculo **Sí** o **No**.

Explica tu respuesta.

_____

_____

_____

5. Charo hizo una ensalada.
Cortó el tomate en cuatro partes iguales.
Puso 1 de las partes iguales en la ensalada.

Parte A
Haz un dibujo para mostrar la parte del tomate que Charo puso en la ensalada.

Parte B
Las partes iguales que Charo cortó se llaman cuartos.

¿Qué otro nombre se les puede dar a estas partes?

_____

Parte C
¿Cuántos cuartos hay en el tomate entero?

Hay _____ cuartos en el tomate entero.

Estas lecciones son un vistazo al próximo año y te ayudarán a dar un paso adelante hacia el Grado 2.

Un paso adelante hacia el Grado 2

Lecciones

Nombre _____

Lección 1
Números pares
e impares

Puedo...
decir si un grupo de objetos es
par o impar.

También puedo
usar herramientas matemáticas
correctamente.

Resuélvelo y coméntalo

Usa cubos para formar los números que están abajo. Sombrea todos los números que se puedan mostrar con dos grupos iguales de cubos. ¿Qué observas sobre los números que sombreaste?

1	2	3	4	5	6	7	8	9	10
11	12	13	14	15	16	17	18	19	20

¿Cómo puedes saber si un número es **par** o **impar**?

Usa cubos para averiguar.

8

9

Un número par se puede representar como dos partes iguales usando cubos.

8 es un número par.
4 + 4 = 8

Un número impar no se puede representar como dos partes iguales usando cubos.

9 es un número impar.
5 + 4 = 9

Los dígitos de las unidades te indican si un número es par o impar.

18 es un número par. 19 es un número impar.

1	2	3	4	5	6	7	8	9	10
11	12	13	14	15	16	17	18	19	20

¿Lo entiendes?

¡Demuéstralo! Si separas una torre de cubos para hacer dos partes iguales pero sobra un cubo, ¿es par o impar el número de cubos? Explícalo.

☆ Práctica guiada ☆

Mira el número y encierra en un círculo la palabra par o impar. Luego, escribe la ecuación.

1.

8

impar ⟨ par ⟩

4 + 4 = 8

2.

11

impar   par

___ + ___ = ___

Nombre _____

★ Práctica independiente

Mira el número y encierra en un círculo la palabra par o impar. Luego, escribe una ecuación. Usa cubos como ayuda.

3.

9

impar   par

___ + ___ = ___

4.

18

impar   par

___ + ___ = ___

5.

10

impar   par

___ + ___ = ___

6.

13

impar   par

___ + ___ = ___

7.

7

impar   par

___ + ___ = ___

8.

6

impar   par

___ + ___ = ___

Para cada número, encierra en un círculo verdadero o falso. Luego, explica tu razonamiento.

9. Razonamiento de orden superior Carlos dice que 14 es par y que 41 es impar. ¿Es verdadero o falso?

14

Verdadero

Falso

41

Verdadero

Falso

_____
_____
_____

Resolución de problemas

Resuelve los siguientes problemas. Usa cubos como ayuda.

10. **Representar con modelos matemáticos**
Lily llena 2 canastas con 7 frutas en cada una. Le da las dos canastas a Ted. ¿Tiene Ted un número par o impar de frutas? Haz un dibujo para resolver el problema y luego escribe una ecuación.

_____ + _____ = _____

Ted tiene un número _____ de frutas.

11. **Representar con modelos matemáticos**
Pedro pone 8 canicas en un frasco. Pone 1 canica en otro frasco. ¿Tiene Pedro un número par o impar de canicas? Haz un dibujo para resolver el problema y luego escribe una ecuación.

_____ + _____ = _____

Pedro tiene un número _____ de canicas.

12. **Razonamiento de orden superior**
Si sumas dos números pares, ¿será la suma par o impar? Explícalo. Usa números, dibujos o palabras.

13. ✓ **Evaluación** Usa los números en las tarjetas de abajo. Escribe dos ecuaciones de suma diferentes. La suma en cada ecuación debe ser un número impar.

| 1 | 7 | 2 | 8 |

_____ + _____ = _____   _____ + _____ = _____

Un paso adelante | Lección 1

Nombre _____

Muestra y explica dos formas diferentes de hallar cuántos círculos hay en total.

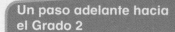
Resuelve

Puedo...
hallar la cantidad total de objetos en un grupo de filas y columnas.

También puedo
buscar patrones.

Puedes representar una suma repetida con una matriz.

Las **filas** de las matrices son iguales. Cada fila de esta matriz tiene 3 fresas.

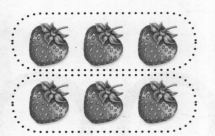

Las **columnas** de las matrices son iguales. Cada columna de esta matriz tiene 2 fresas.

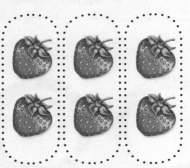

Escribe dos ecuaciones que representen la matriz.

Por filas
3 + 3 = 6

Por columnas
2 + 2 + 2 = 6

¿Lo entiendes?

¡Demuéstralo! ¿Es este grupo una matriz? Explícalo.

☆ Práctica guiada ☆

Escribe dos ecuaciones que representen cada matriz.

1.

Por filas

2 + 2 = 4

Por columnas

2 + 2 = 4

2.

Por filas

___ + ___ + ___ = ___

Por columnas

___ + ___ = ___

856 ochocientos cincuenta y seis

Un paso adelante | Lección 2

Práctica independiente
Escribe dos ecuaciones que representen cada matriz.

3.

Por filas _____ + _____ + _____ + _____

= _____

Por columnas _____ + _____ + _____ = _____

4.

_____ + _____ = _____

_____ + _____ + _____ + _____ = _____

5.

Por filas _____ + _____ = _____

Por columnas _____ + _____ + _____ = _____

6.

_____ + _____ + _____ + _____ + _____ = _____

_____ + _____ + _____ + _____ = _____

7. Álgebra Usa la matriz para hallar el número que falta.

_____ + 4 = 8

8. **Buscar patrones** Diana coloca las fresas en una matriz. Escribe dos ecuaciones que representen la matriz. ¿Cuántas fresas hay en total?

_____

_____

_____ fresas

9. La matriz muestra los carros en un estacionamiento. ¿Puedes escribir dos ecuaciones diferentes que representen la matriz? Explícalo. ¿Cuántos carros están en el estacionamiento en total?

_____

_____

_____ carros

10. **Razonamiento de orden superior** Dibuja un jardín con 6 filas que tengan el mismo número de plantas en cada fila. Luego, escribe dos ecuaciones que representen tu matriz.

11. ✔**Evaluación** Benito coloca pelotas en una matriz. Tiene 3 filas de pelotas con 4 pelotas en cada fila. ¿Qué ecuación muestra la matriz que hizo Benito y cuántas pelotas hay en total?

Ⓐ $3 + 3 + 3 = 9$

Ⓑ $3 + 3 = 6$

Ⓒ $4 + 4 = 8$

Ⓓ $4 + 4 + 4 = 12$

   Un paso adelante | Lección 2

Nombre _____

Resuelve

Un paso adelante hacia
el Grado 2

Lección 3
Sumar con una
tabla de 100

Resuélvelo y coméntalo

¿Cómo puedes usar la tabla de 100 para ayudarte a resolver 32 + 43? Explícalo. Escribe una ecuación de suma para mostrar la suma.

Puedo...
sumar números de dos dígitos usando una tabla de 100.

También puedo
representar con modelos matemáticos.

1	2	3	4	5	6	7	8	9	10
11	12	13	14	15	16	17	18	19	20
21	22	23	24	25	26	27	28	29	30
31	32	33	34	35	36	37	38	39	40
41	42	43	44	45	46	47	48	49	50
51	52	53	54	55	56	57	58	59	60
61	62	63	64	65	66	67	68	69	70
71	72	73	74	75	76	77	78	79	80
81	82	83	84	85	86	87	88	89	90
91	92	93	94	95	96	97	98	99	100

_____ + _____ = _____

Puedes sumar con una tabla de 100.
Halla 54 + 18.

Empieza en el 54.
Necesitas sumar las decenas que hay en 18. Baja 1 fila para mostrar 1 decena.

51	52	53	54	55	56	57	58	59	60
61	62	63	64	65	66	67	68	69	70
71	72	73	74	75	76	77	78	79	80

Ahora suma las unidades.

Ya estás en el 64. Ahora avanza 6 casillas hacia la derecha y 2 más en la fila siguiente para mostrar 8 unidades. Por tanto, 54 + 18 = 72.

51	52	53	54	55	56	57	58	59	60
61	62	63	64	65	66	67	68	69	70
71	72	73	74	75	76	77	78	79	80

¿Lo entiendes?

¡Demuéstralo! ¿Cómo puedes usar la tabla de 100 para sumar 35 y 24?

Práctica guiada

Usa la tabla de 100 para sumar.
Dibuja flechas en la tabla si lo necesitas.

11	12	13	14	15	16	17	18	19	20
21	22	23	24	25	26	27	28	29	30
31	32	33	34	35	36	37	38	39	40
41	42	43	44	45	46	47	48	49	50

1. 14 + 32 = __46__

2. 22 + 14 = _____

3. _____ = 11 + 20

4. 16 + 33 = _____

860 ochocientos sesenta

Un paso adelante | Lección 3

Nombre _____

Herramientas Evaluación

⭐ Práctica independiente ⭐   Usa la tabla de 100 para sumar.

1	2	3	4	5	6	7	8	9	10
11	12	13	14	15	16	17	18	19	20
21	22	23	24	25	26	27	28	29	30
31	32	33	34	35	36	37	38	39	40
41	42	43	44	45	46	47	48	49	50
51	52	53	54	55	56	57	58	59	60
61	62	63	64	65	66	67	68	69	70
71	72	73	74	75	76	77	78	79	80
81	82	83	84	85	86	87	88	89	90
91	92	93	94	95	96	97	98	99	100

5. $23 + 44 =$ _____

6. _____ $= 17 + 51$

7. $28 + 21 =$ _____

8. $16 + 62 =$ _____

9. $33 + 38 =$ _____

10. $29 + 37 =$ _____

11. _____ $= 31 + 17$

---

12. **Razonamiento de orden superior** Escribe el dígito que haga verdadera cada ecuación.

$52 + 2\boxed{} = 75$ $1\boxed{} + 81 = 97$ $38 + \boxed{}1 = 59$

Resolución de problemas

Usa la tabla de 100 para resolver cada problema.

31	32	33	34	35	36	37	38	39	40
41	42	43	44	45	46	47	48	49	50
51	52	53	54	55	56	57	58	59	60
61	62	63	64	65	66	67	68	69	70
71	72	73	74	75	76	77	78	79	80
81	82	83	84	85	86	87	88	89	90
91	92	93	94	95	96	97	98	99	100

13. **Buscar patrones** Lisa tiene 37 botones y Mary tiene 58 botones. ¿Cuántos botones tienen en total?

_____ botones

14. **Buscar patrones** Mateo tiene 40 botones. Nico tiene 21 botones más que Mateo. ¿Cuántos botones tiene Nico?

_____ botones

15. **Razonamiento de orden superior** ¿53 más qué número es igual a 84? Escribe los pasos que seguirías para averiguarlo usando una tabla de 100.

_____

_____

_____

_____

16. ✅ **Evaluación** ¿Qué pesas equilibran las pesas que ya están en la balanza?

 Ⓐ

 Ⓑ

 Ⓒ

 Ⓓ

Un paso adelante | Lección 3

Nombre ______________________________

Resuelve

Un paso adelante hacia el Grado 2

Lección 4

Modelos para sumar números de 2 dígitos

Puedo...
usar modelos para sumar 2 números de dos dígitos y luego explicar mi trabajo.

También puedo
usar herramientas matemáticas correctamente.

Resuélvelo y coméntalo Lola recoge 36 piedras y su hermano recoge 27. ¿Cuántas piedras recogen en total? Usa cubos para ayudarte a resolver el problema. Dibuja los cubos. Di si se debe reagrupar.

	Decenas	Unidades
+		

¿Debes reagrupar?

Sí No

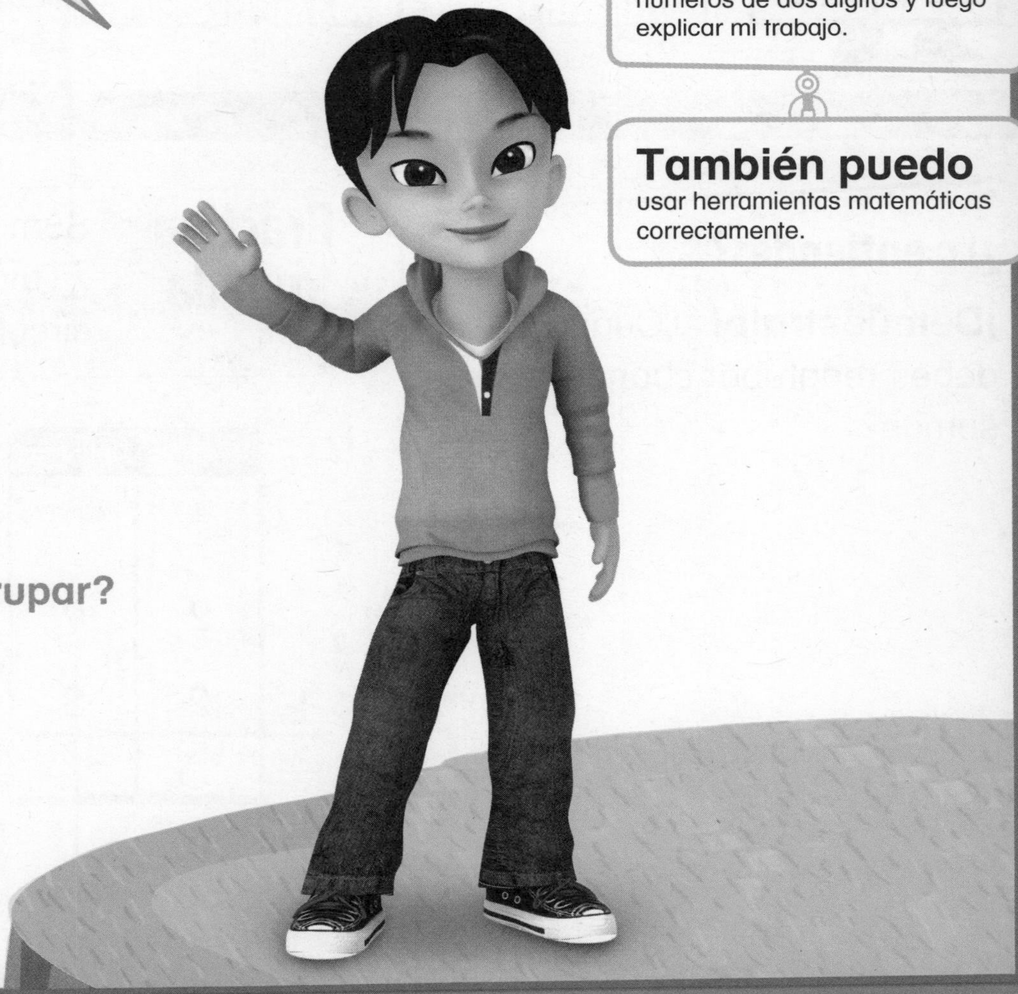

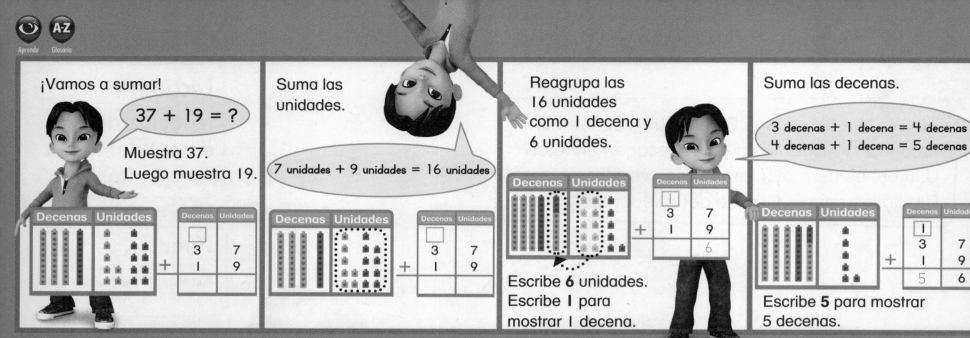

¡Vamos a sumar!

37 + 19 = ?

Muestra 37.
Luego muestra 19.

Suma las unidades.

7 unidades + 9 unidades = 16 unidades

Reagrupa las 16 unidades como 1 decena y 6 unidades.

Escribe 6 unidades.
Escribe 1 para mostrar 1 decena.

Suma las decenas.

3 decenas + 1 decena = 4 decenas
4 decenas + 1 decena = 5 decenas

Escribe 5 para mostrar 5 decenas.

¿Lo entiendes?

¡Demuéstralo! ¿Cuándo debes reagrupar cuando sumas?

☆ Práctica guiada ☆

Suma. Usa cubos conectables y tu tablero. ¿Tuviste que reagrupar? Encierra en un círculo **Sí** o **No.**

1.

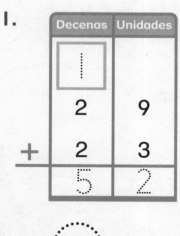

Decenas	Unidades
1	
2	9
+ 2	3
5	2

(Sí)   No

2.

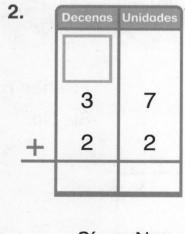

Decenas	Unidades
3	7
+ 2	2

Sí   No

3.

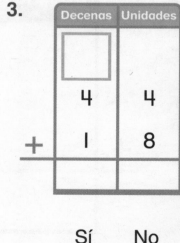

Decenas	Unidades
4	4
+ 1	8

Sí   No

Nombre _____

Práctica independiente   Suma. Usa cubos conectables y tu tablero.

4.

Decenas	Unidades
2	7
+ 5	5

5.

Decenas	Unidades
1	9
+ 3	2

6.

Decenas	Unidades
4	3
+ 1	7

7.

Decenas	Unidades
1	4
+ 2	1

8.

Decenas	Unidades
3	1
+ 4	9

9.

Decenas	Unidades
5	6
+ 3	3

10.

Decenas	Unidades
5	7
+ 1	5

11.

Decenas	Unidades
6	5
+ 1	6

12.

Decenas	Unidades
3	9
+ 1	8

13.

Decenas	Unidades
1	2
+ 5	6

14. Razonamiento de orden superior Dibuja el segundo sumando.

Primer sumando   Segundo sumando   Suma

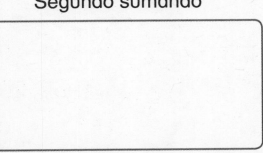
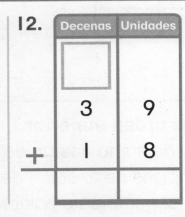

15. **Usar herramientas** Teo construye un fuerte con 28 bloques. Raúl usa 26 bloques para hacerlo más grande. ¿Cuántos bloques usaron en total?

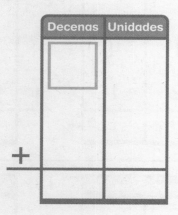

_____ bloques

16. **Usar herramientas** Lalo cuenta 32 botones y luego cuenta 30 más. ¿Cuántos botones contó Lalo en total?

_____ botones

17. **Razonamiento de orden superior**
Escribe un cuento de suma acerca de los cuadernos y los lápices de tu salón de clases. Usa dibujos, números o palabras.

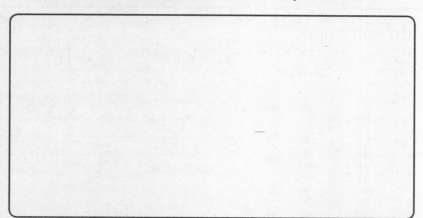

18. ✓**Evaluación** Ana tiene 33 monedas de 1¢. Su mamá le da 19 monedas de 1¢ y 7 monedas de 5¢. ¿Cuántas monedas de 1¢ tiene Ana ahora?

Ⓐ 41

Ⓑ 49

Ⓒ 51

Ⓓ 52

Un paso adelante | Lección 4

Nombre _____

Resuélvelo y coméntalo

¿Cómo puedes usar la tabla de 100 para ayudarte a resolver 57 − 23? Explícalo. Escribe una ecuación de resta.

Puedo...
restarle números de dos dígitos a números de dos dígitos usando una tabla de 100.

También puedo
representar con modelos matemáticos.

1	2	3	4	5	6	7	8	9	10
11	12	13	14	15	16	17	18	19	20
21	22	23	24	25	26	27	28	29	30
31	32	33	34	35	36	37	38	39	40
41	42	43	44	45	46	47	48	49	50
51	52	53	54	55	56	57	58	59	60
61	62	63	64	65	66	67	68	69	70
71	72	73	74	75	76	77	78	79	80
81	82	83	84	85	86	87	88	89	90
91	92	93	94	95	96	97	98	99	100

____ − ____ = ____

Halla 43 − 28 usando una tabla de 100.

Necesito hallar la diferencia entre 28 y 43.

Empieza en el 28 y cuenta hasta el siguiente número que tenga las mismas unidades que 43.

21	22	23	24	25	26	27	28	29	30
31	32	33	34	35	36	37	38	39	40
41	42	43	44	45	46	47	48	49	50

¡Cuenta de 1 en 1! Yo conté 5 unidades para llegar del 28 al 33.

Cuenta de 10 en 10 hasta el 43.

21	22	23	24	25	26	27	28	29	30
31	32	33	34	35	36	37	38	39	40
41	42	43	44	45	46	47	48	49	50

Eso es 1 decena o 10 más.

Sumé 5 y 10 y me dio 15.

28 + 15 = 43
Por tanto,
43 − 28 = 15.

¿Lo entiendes?

¡Demuéstralo! ¿Cómo puedes usar la tabla de 100 para hallar la diferencia entre 18 y 60?

Práctica guiada

Usa la tabla de 100 para restar. Dibuja flechas en la tabla si lo necesitas.

21	22	23	24	25	26	27	28	29	30
31	32	33	34	35	36	37	38	39	40
41	42	43	44	45	46	47	48	49	50
51	52	53	54	55	56	57	58	59	60
61	62	63	64	65	66	67	68	69	70

1. 58 − 24 = 34

2. 41 − 21 = _____

3. _____ = 53 − 32

4. 64 − 23 = _____

868 ochocientos sesenta y ocho

Copyright © Savvas Learning Company LLC. All Rights Reserved.

Un paso adelante | Lección 5

Herramientas Evaluación

Práctica independiente ✩ Usa la tabla de 100 para restar. Dibuja flechas en la tabla si lo necesitas.

1	2	3	4	5	6	7	8	9	10
11	12	13	14	15	16	17	18	19	20
21	22	23	24	25	26	27	28	29	30
31	32	33	34	35	36	37	38	39	40
41	42	43	44	45	46	47	48	49	50
51	52	53	54	55	56	57	58	59	60
61	62	63	64	65	66	67	68	69	70
71	72	73	74	75	76	77	78	79	80
81	82	83	84	85	86	87	88	89	90
91	92	93	94	95	96	97	98	99	100

5. $86 - 34 =$ _____

6. _____ $= 77 - 42$

7. $55 - 22 =$ _____

8. $88 - 51 =$ _____

9. $73 - 21 =$ _____

10. _____ $= 98 - 56$

11. $82 - 61 =$ _____

12. **Razonamiento de orden superior** Escribe el dígito que hace verdadera cada ecuación.

$57 - \boxed{}2 = 15$

$7\boxed{} - 36 = 42$

$48 - \boxed{}1 = 17$

$98 - 37 = \boxed{}1$

$56 - \boxed{}2 = 34$

$89 - \boxed{}3 = 26$

13. El rompecabezas de Enrique tiene 75 piezas.
Enrique coloca 53 piezas.
¿Cuántas piezas le faltan a Enrique por colocar
para completar el rompecabezas?

_____ − _____ = _____

_____ piezas

41	42	43	44	45	46	47	48	49	50
51	52	53	54	55	56	57	58	59	60
61	62	63	64	65	66	67	68	69	70
71	72	73	74	75	76	77	78	79	80
81	82	83	84	85	86	87	88	89	90
91	92	93	94	95	96	97	98	99	100

14. Razonar Un libro tiene 65 páginas.
Gloria necesita leer 22 páginas
más para terminar el libro.
¿Cuántas páginas ha leído
Gloria? _____

15. Razonamiento de orden superior Félix
quiere restar 89 − 47. Escribe los pasos que
Félix puede seguir para restarle 47 a 89 en
la tabla de 100.

_____

_____

_____

16. ✓**Evaluación** Luis tiene 98 canicas.
23 canicas son azules y 14 son verdes.
El resto de las canicas son rojas.
¿Cuántas canicas son rojas?

Ⓐ 37

Ⓑ 61

Ⓒ 75

Ⓓ 84

Nombre _____

Resuélvelo y coméntalo

Hay 22 estudiantes dibujando. 4 de ellos terminan sus dibujos. ¿Cuántos estudiantes quedan dibujando? Usa cubos como ayuda para resolver el problema. Muestra las decenas y las unidades que tienes.

Puedo...
usar un modelo para restarle un número de 1 dígito a un número de 2 dígitos.

También puedo
usar herramientas matemáticas correctamente.

Decenas	Unidades

_____ decenas   _____ unidades

$$22 - 4 = \underline{\qquad}$$

Halla 32 − 5.

No hay suficientes unidades para restar.

Decenas	Unidades

Decenas	Unidades
3	2
	5

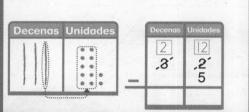

Reagrupa 1 decena como 10 unidades.

Escribe 2 para mostrar 2 decenas. Escribe 12 para mostrar 12 unidades.

Decenas	Unidades

Decenas	Unidades
2 ~~3~~	12 ~~2~~
	5

Resta las unidades. Luego, resta las decenas.

Decenas	Unidades

Decenas	Unidades
2 ~~3~~	12 ~~2~~
	5
2	7

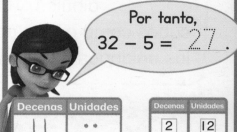

Quedaron 2 decenas y 7 unidades.

Por tanto, 32 − 5 = 27 .

Decenas	Unidades

Decenas	Unidades
2 ~~3~~	12 ~~2~~
	5
2	7

¿Lo entiendes?

¡Demuéstralo! ¿Por qué tienes que reagrupar para restar 32 − 5?

☆ Práctica guiada ☆

Resta. Dibuja bloques de valor de posición para mostrar tu trabajo. Reagrupa si es necesario.

1.

Decenas	Unidades
3 ~~4~~	13 ~~3~~
	6
3	7

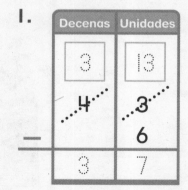

2.

Decenas	Unidades
2	5
	8

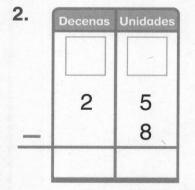

---

872 ochocientos setenta y dos

Un paso adelante | Lección 6

☆ **Práctica** ☆
independiente

Resta. Dibuja bloques de valor de posición para mostrar tu trabajo. Reagrupa si es necesario.

3.

Decenas	Unidades
☐	☐
3	3
	3
−	

Decenas	Unidades

4.

Decenas	Unidades
☐	☐
9	1
	4
−	

Decenas	Unidades

5.

Decenas	Unidades
☐	☐
6	1
	9
−	

Decenas	Unidades

Escribe en los recuadros los números que faltan.

6. **Razonamiento de orden superior**
¿Qué números completan las ecuaciones de resta?

$\boxed{} - 9 = 17$

$43 - \boxed{} = 37$

7. Razonar Hay 14 estudiantes jugando con bloques.
9 estudiantes se van a casa. ¿Cuántos estudiantes quedan jugando?

Decenas	Unidades
☐	☐
−	

_____ estudiantes

8. Razonar Hay 13 libros en el estante. Daniel toma 2 libros. ¿Cuántos libros quedan en el estante?

Decenas	Unidades
☐	☐
−	

_____ libros

9. Razonamiento de orden superior
¿Qué error cometió Alicia cuando restó 24 − 4? Muestra cómo corregir el error.

$$\begin{array}{r} 24 \\ -\ 4 \\ \hline 10 \end{array}$$

Decenas	Unidades
☐	☐
−	

_____

_____

_____

10. ✓Evaluación Lisa recogió 36 hojas y puso algunas en un libro.
Ahora le quedan 9 hojas.
¿Cuántas hojas puso en el libro?

Ⓐ 27

Ⓑ 37

Ⓒ 28

Ⓓ 45

Nombre _____

Resuélvelo y coméntalo

Un avión debe llegar a las 3:15.
¿Cómo puedes mostrar esta hora en este reloj? Explícalo.

Lección 7
Decir la hora de 5 en 5 minutos

Puedo...
decir la hora a los 5 minutos más cercanos.

También puedo
buscar cosas que se repiten.

Ambos relojes marcan las 8:05.

minutero

8:05

El minutero se mueve de un número a otro cada 5 minutos.

Para decir la hora de 5 en 5 minutos, cuento de 5 en 5. Ambos relojes marcan las 8:35.

8:35

Puedo empezar a las 8:00 y contar de 5 en 5 para decir la hora.

Hay 60 minutos en 1 hora.

manecilla de la hora

9:00

Los minutos empiezan otra vez cada hora.

¿Lo entiendes?

¡Demuéstralo! Son las 9:35. ¿Qué hora será en 5 minutos?

¿En 15 minutos?

¿En 25 minutos?

✩ Práctica guiada ✩

Completa los relojes para que ambos muestren la misma hora.

1.

4:15

2.

2:35

3.

:

4.

1:25

876 ochocientos setenta y seis

Copyright © Savvas Learning Company LLC. All Rights Reserved.

Un paso adelante | Lección 7

Nombre _____

⭐ **Práctica independiente** ⭐

Completa los relojes para que ambos muestren la misma hora.

5.

6.

7.

8.

9.

10.

11. Sentido numérico Completa el patrón.

12. Generalizar ¿Qué hora es 15 minutos después de la hora que se muestra en el reloj verde y 15 minutos antes de la hora que se muestra en el reloj anaranjado?

_____

13. Sentido numérico Mira la hora en el primer reloj. ¿Qué hora era 5 minutos antes? Escribe esa hora en el segundo reloj.

14. Razonamiento de orden superior
Dibuja un reloj que muestre la hora en que te levantas por las mañanas. Explica por qué sabes que estás mostrando la hora correcta.

_____

_____

15. ✓ **Evaluación** El minutero está señalando el 10. ¿Qué número estará señalando 10 minutos más tarde?

Ⓐ 12

Ⓑ 11

Ⓒ 10

Ⓓ 9

Un paso adelante | Lección 7

Nombre _____

Resuélvelo y coméntalo

¿De qué otra manera puedes mostrar 100? Haz un dibujo y explícalo.

Puedo...
entender el valor de posición y contar de centena en centena hasta 1,000.

También puedo
representar con modelos matemáticos.

Manera 1

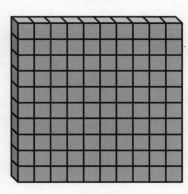

_____

Manera 2

Aprende   Glosario

10 unidades forman
1 decena.

¡Puedes contar
de centena en
centena hasta
1,000!

10 decenas forman 1 centena.

10 centenas forman 1 **millar.**

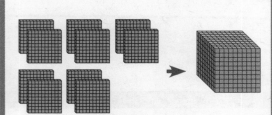

¿Qué número es?

900 es igual a 9 centenas,
0 decenas y 0 unidades.

Cuenta de
centena en centena
para hallar
la suma.

¿Lo entiendes?

¡Demuéstralo! 10 unidades
forman 1 decena. 10 decenas
forman 1 centena. 10 centenas
forman 1 millar. ¿Puedes ver
un patrón? Explícalo.

☆ Práctica guiada

Completa cada oración.
Usa modelos si es necesario.

1.  <u>300</u> es igual a <u>3</u> centenas,

   <u>0</u> decenas y <u>0</u> unidades.

2.  _____ es igual a _____ centenas,

   _____ decenas y _____ unidades.

Un paso adelante | Lección 8

⭐ Práctica independiente ⭐ Completa cada oración. Usa modelos si es necesario.

3. _____ es igual a _____ centenas, _____ decenas y _____ unidades.

4. _____ es igual a _____ centenas, _____ decenas y _____ unidades.

5. _____ es igual a _____ centenas, _____ decenas y _____ unidades.

6. _____ es igual a _____ centenas, _____ decenas y _____ unidades.

7. **Sentido numérico** Completa el patrón.

1,000	900	800		600		400	300	200	

Resolución de problemas

Resuelve cada problema. Usa modelos si es necesario.

8. **Usar herramientas** Lucía escogió un número. Dice que su número tiene 2 centenas, 0 decenas y 0 unidades.

¿Cuál es el número de Lucía?

_____

9. **A-Z Vocabulario** Completa las oraciones usando las siguientes palabras.

centena   decenas   unidades

Hay 10 _____ en una centena.

Hay 100 _____ en una _____ .

Razonamiento de orden superior Laura y Javier juegan a lanzar la pelota. Encierra en un círculo los dos números que se necesitan para que cada uno de ellos anote 1,000 puntos.

10. Laura tiene 200 puntos.

200   500   600   100

11. Javier tiene 700 puntos.

100   200   400   700

---

12. **✔ Evaluación** Cada caja contiene 100 lápices. Cuenta de centena en centena para hallar el total. ¿Qué número indica cuántos lápices hay en las cajas?

Ⓐ 700

Ⓑ 550

Ⓒ 500

Ⓓ 150

Un paso adelante | Lección 8

Resuélvelo y coméntalo

¿Cómo puedes usar bloques de valor de posición para representar 125? Explícalo.

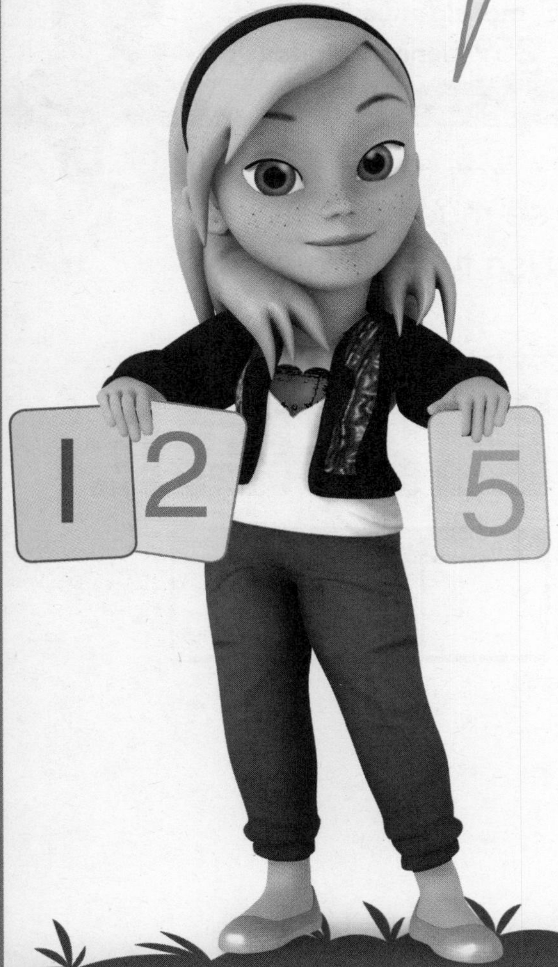

1 2 5

Lección 9

Contar centenas, decenas y unidades

Puedo...

contar diferentes bloques de valor de posición para determinar un número dado.

También puedo

razonar sobre las matemáticas.

¿Qué número muestra este modelo de bloques?

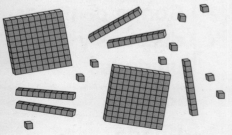

Recuerda: 10 unidades forman 1 decena.
10 decenas forman 1 **centena.**

Primero, cuenta las centenas.

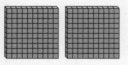

Centenas	Decenas	Unidades
2		

Luego, cuenta las decenas.

Centenas	Decenas	Unidades
2	5	

Luego, cuenta las unidades.

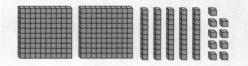

Centenas	Decenas	Unidades
2	5	9

El modelo muestra 259. 259 tiene 3 dígitos.

¿Lo entiendes?

¡Demuéstralo! ¿Cuántas centenas hay en 395? ¿Cuántas decenas? ¿Cuántas unidades?

☆ Práctica guiada ☆

Escribe los números que se muestran en los modelos de bloques. Usa tu tablero si es necesario.

1.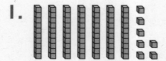

Centenas	Decenas	Unidades
	7	7

77

2.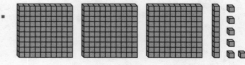

Centenas	Decenas	Unidades

_____

Un paso adelante | Lección 9

Nombre _____

Herramientas Evaluación

☆ **Práctica independiente** ☆ Escribe los números que se muestran en los modelos de bloques. Usa tu tablero si es necesario.

3.

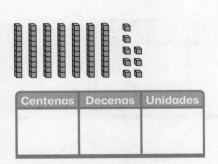

Centenas	Decenas	Unidades

_____

4.

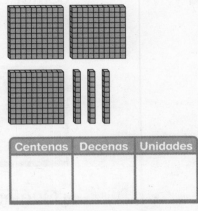

Centenas	Decenas	Unidades

_____

5.

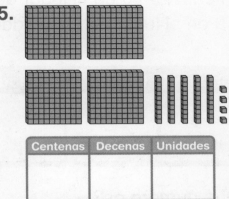

Centenas	Decenas	Unidades

_____

6.

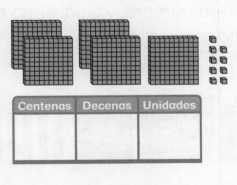

Centenas	Decenas	Unidades

_____

7.

Centenas	Decenas	Unidades

_____

8.

Centenas	Decenas	Unidades

_____

9. Razonamiento de orden superior Halla el número. Tiene 4 centenas. El dígito en el lugar de las decenas está entre 2 y 4. El número de unidades es 2 menos que 6. _____

Un paso adelante | Lección 9

ochocientos ochenta y cinco **885**

10. Buscar patrones Completa la tabla.
Un número tiene un 6 en el lugar de las centenas, un 0 en el lugar de las decenas y un 4 en el lugar de las unidades.

Centenas	Decenas	Unidades

¿Qué número es? _____

11. Buscar patrones Completa la tabla.
Un número tiene un 4 en el lugar de las centenas, un 7 en el lugar de las decenas y un 0 en el lugar de las unidades.

Centenas	Decenas	Unidades

¿Qué número es? _____

12. Razonamiento de orden superior
Escoge un número de 3 dígitos. Dibuja un modelo para representar las centenas, decenas y unidades de tu número. Escribe el número en el espacio de abajo.

_____

13. ✅**Evaluación** Natalia usó este modelo para representar un número. ¿Cuál sería el número si Natalia usara 1 placa de centenas menos?

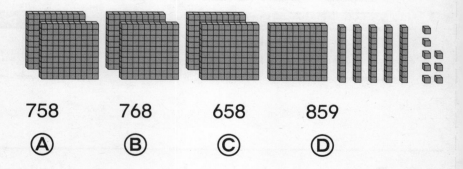

758   768   658   859

Ⓐ   Ⓑ   Ⓒ   Ⓓ

Nombre _____

Resuélvelo y coméntalo

Usa la recta numérica para contar de 5 en 5, empezando en el 0. Escribe los dos números que faltan. Describe cualquier patrón que veas.

Lección 10
Contar de 5, de 10 y de 100 en 100 hasta 1,000

Puedo...
contar salteado de 5, de 10 y de 100 usando una recta numérica.

También puedo
buscar patrones.

_____

_____

_____

Esta recta numérica muestra cómo contar de 5 en 5.

¡Veo un patrón en los dígitos de las unidades!

400 405 410 415 420 425 430

Esta recta numérica muestra cómo contar de 100 en 100.

¡Veo un patrón en los dígitos de las centenas!

400 500 600 700 800 900 1,000

¿Lo entiendes?

¡Demuéstralo! ¿De qué manera podrías usar la recta numérica que está en el primer recuadro de arriba para contar de 10 en 10, empezando en 400?

 **Práctica guiada**

Cuenta salteado en la recta numérica. Escribe los números que faltan.

1.

5   10   15   20   [25] [30]   35   [40] [45]   50

2.
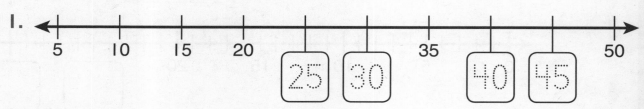
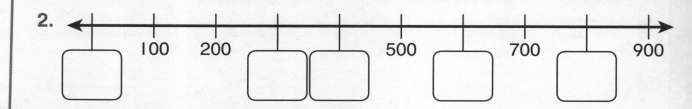
[ ]   100   200   [ ] [ ]   500   [ ]   700   [ ]   900

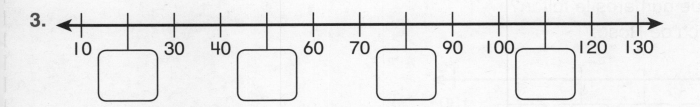

☆ **Práctica**
independiente ☆

Cuenta salteado en la recta numérica.
Escribe los números que faltan.

3.

10 | 30 | 40 | 60 | 70 | 90 | 100 | 120 | 130

4.

400 | 405 | 410 | 425

¿Cuál es el
patrón?

5.

520 | 530 | 540 | 590

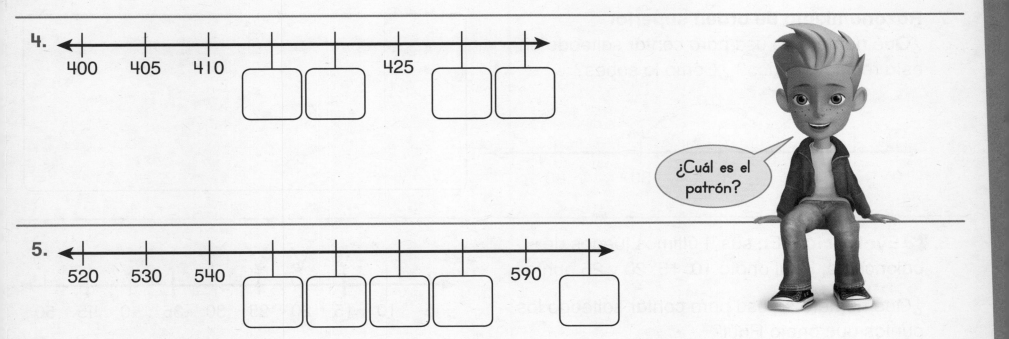

Resolución de problemas

Cuenta salteado en la recta numérica. Escribe los números que faltan.

6. **Buscar patrones** Rosa completó una parte de la recta numérica. ¿Qué números le faltan? Completa la recta numérica de Rosa.

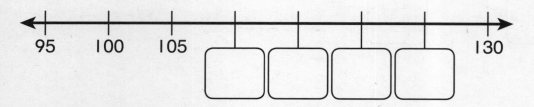

7. **Razonamiento de orden superior**
¿Qué número se usa para contar salteado en esta recta numérica? ¿Cómo lo sabes?

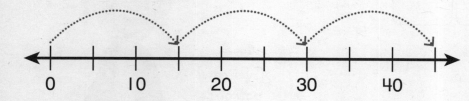

8. ✓ **Evaluación** En sus 4 últimos juegos de baloncesto, Raúl anotó 10, 15, 20 y 25 puntos.

¿Qué número se usa para contar salteado los puntos que anotó Raúl?

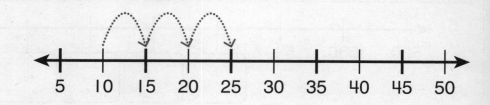

4	5	10	25
Ⓐ	Ⓑ	Ⓒ	Ⓓ

890 ochocientos noventa

Un paso adelante | Lección 10

Glosario

1 más

5 es 1 más que 4.

1 menos

4 es 1 menos que 5.

10 más

10 más que un número es 1 decena más o 10 unidades más.

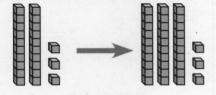

10 menos

20 es 10 menos que 30.

adentro/dentro

Los perros están dentro de la casa. Están adentro.

afuera/fuera

5 perros están jugando fuera de su casa. 5 perros están jugando afuera.

agrupar

poner objetos en grupos de acuerdo a lo que tienen en común

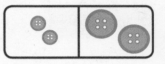

Los botones están agrupados por tamaño.

aristas

B

balanza

La balanza se usa para medir cuánto pesan las cosas.

C

caras

casi doble

operación de suma que tiene un sumando que es 1 o 2 más que el otro sumando

  $4 + 5 = 9$

$4 + 4 = 8$. 8 y 1 más son 9.

cilindro

columna

1	2	3	4	5
11	12	13	14	15
21	22	23	24	25
31	32	33	34	35

↑
columna

comparar

averiguar por qué las cosas son iguales o diferentes

cono

contar hacia adelante

Puedes contar hacia adelante de 1 en 1 o de 10 en 10.

15, 16 , 17 , 18
20, 30 , 40 , 50

cuadrado

cuartas partes

El cuadrado está dividido en cuartas partes.

cuartos

El cuadrado está dividido en cuartos, otra palabra para nombrar cuartas partes.

cubo

D

datos

información que se reúne

Mascota favorita
gato
perro
gato
gato
perro

diferencia

la cantidad que queda después de restar

$$4 - 1 = 3$$

La diferencia es 3.

dígito de las decenas

El dígito de las decenas muestra cuántos grupos de 10 hay en un número.

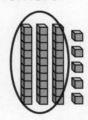

35 tiene 3 decenas.

35

dígito de las unidades

El dígito de las unidades en 43 es 3.

43

dígito de las unidades

dígitos

Los números tienen 1 o más dígitos.

43 tiene 2 dígitos.
El dígito de las decenas es 4.
El dígito de las unidades es 3.

43

E

ecuación

$$6 + 4 = 10 \qquad 6 - 2 = 4$$
$$10 = 6 + 4 \qquad 4 = 6 - 2$$

ecuación de resta

$$12 - 4 = 8$$

ecuación de suma

$$3 + 4 = 7$$

encuesta

instrumento para reunir información

¿Qué te gusta más, los gatos o los perros?

Gatos III
Perros II

en punto

8:00
8 en punto

en total

Hay 4 pájaros en total.

esfera

esquina

 F

familia de operaciones

un grupo de operaciones relacionadas de suma y resta

$3 + 5 = 8$
$5 + 3 = 8$
$8 - 3 = 5$
$8 - 5 = 3$

figuras bidimensionales

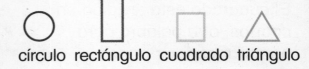

círculo   rectángulo   cuadrado   triángulo

figuras tridimensionales

Todas estas son figuras tridimensionales.

fila

1	2	3	4	5
11	12	13	14	15
21	22	23	24	25
31	32	33	34	35

fila

forma estándar

un número que se muestra en dígitos

28

formar 10

$7 + 4 = ?$

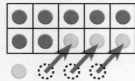

$$\begin{array}{r} 10 \\ + 1 \\ \hline 11 \end{array} \quad \text{por tanto} \quad \begin{array}{r} 7 \\ + 4 \\ \hline 11 \end{array}$$

 H

hexágono

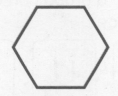

hora

Una hora son 60 minutos.

2:00

 I

igual a

$5 + 2$ es igual a 7.

 L

lado

Estas figuras tienen lados rectos.

longitud

la distancia que hay de un extremo a otro de un objeto

 M

manecilla de la hora

La manecilla pequeña en el reloj es la manecilla de la hora.
La manecilla de la hora indica la hora.

manecilla de la hora

Son las 3:00.

marcas de conteo

marcas que se usan para anotar datos

Gatos	ℍℕ
Perros	II

Hay 5 gatos y 2 perros.

más

La fila roja tiene más cubos.

más

$$5 \; + \; 4$$

5 más 4

Esto significa que se añade 4 a 5.

más corto(a)

Un objeto que mide 2 cubos de largo es más corto que uno que mide 7 cubos de largo.

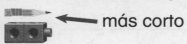
más corto

más corto(a), el/la

El objeto más corto es aquel que necesita el menor número de unidades de medición para medirse.

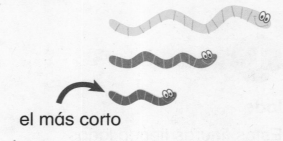

el más corto

más largo(a)

Un objeto que mide 7 cubos de largo es más largo que un objeto que mide 2 cubos de largo.

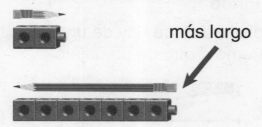
más largo

más largo(a), el/la

El objeto que necesita más unidades para medirse es el más largo.

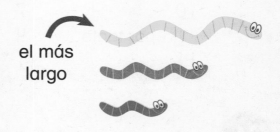

el más largo

mayor, el/la

el número o grupo con el valor más grande

| 7 | 11 | 23 |

23 es el número mayor.

mayor que (>)

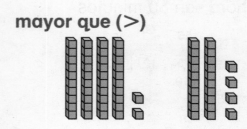

42 es mayor que 24.

media hora

Media hora son 30 minutos.

1:30

medir

Puedes medir la longitud del zapato.

menor, el/la

el número o grupo con el valor más pequeño

| 7 | 11 | 23 |

7 es el número menor.

menor que (<)

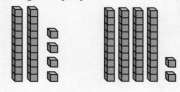

24 es menor que 42.

menos

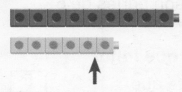

La fila amarilla tiene menos cubos.

menos

$$5 - 3$$

5 menos 3

Esto significa que se quitan 3 a 5.

minutero

La manecilla larga del reloj es el minutero.

El minutero indica los minutos.

minutero

Son las 3:00.

minutos

60 minutos son 1 hora.

mitades

El círculo está dividido en mitades.

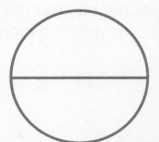

operación de suma

$9 + 8 = 17$

operaciones relacionadas

operaciones de suma y de resta que tienen los mismos números

$2 + 3 = 5$
$5 - 2 = 3$

Estas son operaciones relacionadas.

ordenar

60   61   62   63

menor   mayor

Para contar, los números se pueden poner en orden de menor a mayor o de mayor a menor.

parte

un pedazo del todo

2 y 3 son partes de 5.

parte que falta

la parte que no conocemos

5

?

2 es la parte que no conocemos.

partes iguales

4 partes iguales

patrón

Puedes organizar 5 objetos en cualquier patrón, y seguirán siendo 5 objetos.

pictografía

gráfica que usa dibujos para mostrar los datos

Mascota favorita

gato

perro

prisma rectangular

quitar

Empiezo con	Quito	Quedan
6	3	3

$$6 - 3 = 3$$

Quitar es sacar una cantidad o restar.

recta numérica

Una recta numérica es una recta que muestra los números en orden de izquierda a derecha.

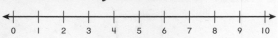

recta numérica vacía

Una recta numérica vacía es una recta numérica sin marcas.

---

rectángulo

restar

Cuando restas, hallas cuántos quedan.

$$5 - 3 = 2$$

signo igual (=)

$$2 + 3 = 5$$

signo igual

signo más (+)

$$6 + 2 = 8$$

---

signo menos (−)

$$7 - 4 = 3$$

suma de dobles

operación de suma con los mismos sumandos

$$4 + 4 = 8$$

4 y 4 es un doble.

suma de dobles más 1

Uno de los sumandos es 1 más que el otro.

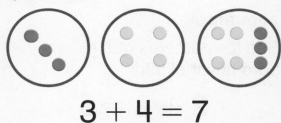

$$3 + 4 = 7$$

sumandos

suma de dobles más 2

Uno de los sumandos es 2 más que el otro.

$$3 + 5 = 8$$
$$\underbrace{}_{\text{sumandos}}$$

suma o total

$$2 + 3 = 5$$

suma o total

sumandos

Son los números que sumas para hallar el total.

$$2 + 3 = 5$$

sumar

Cuando sumas, hallas cuántos hay en total.

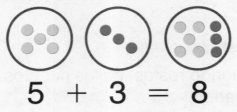

$$5 + 3 = 8$$

superficie plana

tabla de 100

La tabla de 100 muestra todos los números del 1 al 100.

1	2	3	4	5	6	7	8	9	10
11	12	13	14	15	16	17	18	19	20
21	22	23	24	25	26	27	28	29	30
31	32	33	34	35	36	37	38	39	40
41	42	43	44	45	46	47	48	49	50
51	52	53	54	55	56	57	58	59	60
61	62	63	64	65	66	67	68	69	70
71	72	73	74	75	76	77	78	79	80
81	82	83	84	85	86	87	88	89	90
91	92	93	94	95	96	97	98	99	100

tabla de conteo

Una tabla de conteo tiene marcas para mostrar los datos.

Caminar	Ir en autobús
卌 ‖	卌 卌

tabla numérica

Una tabla numérica puede mostrar números mayores que 100.

81	82	83	84	85	86	87	88	89	90
91	92	93	94	95	96	97	98	99	100
101	102	103	104	105	106	107	108	109	110
111	112	113	114	115	116	117	118	119	120

todo

Se suman las partes para hallar el todo.

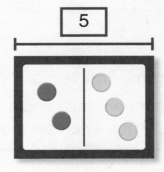

El todo es 5.

Glosario

trapecio

triángulo

unidades

Los dígitos de las unidades muestran el número de unidades que hay en un número.

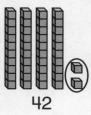

42

42 tiene 2 unidades.

unir

juntar

3 y 3 son 6 en total.

vértice

punto donde 3 o más aristas se encuentran

vértice

enVisionmath 2.0
en español

Fotografías

Photo locators denoted as follows: Top (T), Center (C), Bottom (B), Left (L), Right (R), Background (Bkgd)

To- ▬▬▬▬▬▬▬▬

ENJOY!

&

Zie Gezunt

(Stay Healthy)

man plans,

God laughs

… and more wisdom from our grandparents

editor
GEORGE D. HANUS

Man Plans, God Laughs and More
Wisdom from Our Grandparents

© 2008 by World Jewish Digest
First published in 2008

First Published in the United States of America
by World Jewish Digest
Chicago, Illinois

ISBN: 978-0-9793465-0-7

Book design by Jessica Vogel

introduction

Over the last 100 years, modern technological advances have transformed previous generations' impossible dreams into today's lifestyle realities. Most of us feel a sociological disconnect from our grandparents' and great-grandparents' lives, which seem old-fashioned and irrelevant in today's supercharged electronic hive.

Young people today feel smug in the bubble of modern life. An insurmountable "generation gap" exists between the Internet-savvy, text-messaging, young person of today and his letter writing, TV-less, great-great-grandfather. What do the old people know? They can't even set the time clock on a VCR.

This, of course, is pure nonsense. Age is not the barometer of relevancy. The laws of human nature are inviolate and timeless. We may travel in jet airplanes and visit the moon, but all people's psychological hardwiring is the same. All humans experience the same emotional roller coaster notwithstanding their age, gender, nationality or education. Since time immemorial every individual has felt the impact of joy, anger, jealousy, greed, love, hope, fear and disappointment. These are basic inescapable features of the human condition.

The proof is well documented in ancient texts ranging from the Bible to far eastern religious monographs that have been passed down to us. The biblical Book of Proverbs is millennia old, for instance, but still packs a punch with its insights into human nature.

In fact, almost every culture worldwide has its storehouse of proverbs or maxims that distill common wisdom about the human condition. Often they are dismissed as clichés, but there is a reason they have stuck around for so long. They tell us deep truths about human nature.

Throughout the ages, we Jews have perfected the art of informal sociology. Jews have lived in every continent across the earth and we have been expelled from almost all of them. As a small nation living in the midst of other nations, our position has often been precarious.

For thousands of years we have survived under the threat of pogroms, murder, ghettoization, brutality, genocide, persecutions, expulsions and every inhumanity known to man as well as some forms of inhumanity not previously known to man.

It is miraculous that over the millennia we Jews have witnessed the rise of legendary empires that have crushed and colonized other civilizations. We have watched legions of well-equipped armies debase their enemies and impose religious doctrines on the defeated cultures. The great Romans, Greeks, Ottomans and Persians have devolved into historical footnotes, remembered only for their past glory. We Jews, however, without the benefit of glorious generals or armies, have stayed around to tell our story.

Given this history, we Jews have become not only the consummate survivors, but the ultimate observers as well. We keenly observe human nature and the workings of society because our survival often depends on it. We are also a verbal people, particularly skilled at turns of phrase and sharp witticisms.

The Yiddish language is over a thousand years old and has been the conduit for millions of such sensitive observations. It is much more than a language: It represents a mindset and a distillation of Jewish wisdom as experienced in all corners of the Old and the New Worlds.

Yiddish is not broken German, but an amalgam of different dialects of German, Slavic languages and Hebrew. It is estimated that in 1939, Yiddish, known to insiders as the mameloshen (mother tongue) was understood by an estimated 11 million of the world's 18 million Jews, most of whom spoke it as their primary language.

Today less than 250,000 Jews are conversant in Yiddish. And while many Ashkenazic Jews today know a few Yiddish expressions, these are not necessarily suitable for family table talk. Recently, however, Yiddish has experienced a renaissance and it is now being taught at many universities. Many Yiddish expressions like "shlep" and "shtick" have been incorporated into English without the speakers of those words necessarily understanding their etymology.

The Yiddish language contains a rich vocabulary that highlights life's incongruities. The language has a unique ability to capture nuances of emotions, hopes, fears and frailties with just four our five words, or even four or five letters. It is a language that can register humor, sadness, joy and absurdity in the same moment, while simultaneously exposing the jugular vulnerabilities of a human being.

Examples are plentiful. For instance, there is no English equivalent for the unique Yiddish concept of "chutzpah." A well-known joke describes a man on trial for murdering his parents who pleads for judicial mercy because he is an orphan. That is chutzpah.

Imagine the subtle differences between a schlemiel, a shlimazel and a nebbech. These character types are difficult to categorize in English except under the broad umbrella of "losers." But in Yiddish, each word speaks volumes about a certain type of human persona. We all know someone who fits the description even if we become tongue-tied when asked to describe them to others.

As the old joke goes, a shlemiel is a waiter who constantly spills the soup on his customers. A shlimazel is a customer, who, no matter where he is sitting, always manages to have the soup spilled on him. The nebbech is the restaurant employee who has to get down on his knees to clean up the mess and then has to apologize to customers for the inconvenience caused.

The life lessons of the Jewish experience have been incorporated into Yiddishisms that reflect observations of the human condition through a prism of Yiddish sensibility and folklore. Each of these expressions is pithy and acerbic and subject to multiple interpretations.

The title of this volume, *Man Plans, God Laughs* captures this ironic Yiddish understanding of the human condition. We all spend so much time organizing, reorganizing and scheduling our lives that we often forget that no matter how meticulous our intentions, a circumstance, an act of nature or ill health can change everything in a nanosecond.

The genesis of this book, *Man Plans, God Laughs*, stemmed from several motivations and goals. The first was to capture for posterity the brilliance of some of these life lessons. The magic of each phrase's insight must be preserved so that future generations can learn from its wisdom.

The second was educational. Yiddish is a vanishing language. The presumption is that young people and adults who lack a facility with the language would enjoy an opportunity to use Yiddish expressions if these were relevant to them and if they could utilize a transliteration to aid them with pronunciation.

Third, this illustrated book can be a gateway for people of all ages and cultures to catch a glimpse of our thousand-year-old Yiddish heritage, its zest for life and spirit. Every photograph accompanying the Yiddish phrase has multiple interpretations. It is extraordinary that each individual viewing each page will see something different.

Our hope is that family members and friends will sit down together, look at each page and then discuss what each sees. It is hard to believe the resulting diversity of opinions, as each reader interprets the Yiddishism through his or her own life experience. The potential double and triple entendres will ignite heated discussions about the "true" meaning of each phrase.

Having said all of this, it is quite possible that notwithstanding all of the diligent, meticulous, painstaking, and thoughtful planning that went into this book, it could end up gathering dust on someone's library shelf, as just another book never opened.

But that's the point, isn't it? Man Plans and God Laughs.

Enjoy!
George D. Hanus

acknowledgements

We learn in the biblical book of Kohelet (Ecclesiastes) that nothing new is created under the sun. This book, *Man Plans, God Laughs* is no exception. It is a collection of brilliant Yiddishisms accompanied by thoughtfully selected photographs. We hope that the combination of these two elements on the same page has created a vehicle for exciting insight into the human psyche. The research and construction of this volume was the work of some very talented and wonderful individuals. Simona Fuma, Mindy Schiller, Roben Kantor, Gerald Burstyn, Jessica Vogel, Rivka Chaya Schiller and Alison Channon were vitally instrumental in putting this book together. Each one of them has an enthusiastic and insightful intellect and possesses the extraordinary quality of menschlechkeit. It has been a pure joy to work with each of them.

It is important that I highlight one major caveat. None of the Yiddish sayings printed in this volume are my own original creative works or thoughts. The primary source of these sayings has been culled from many interviews, language reference books and listening to the vernacular of hundreds of Yiddish speakers. The sayings presented in this volume may or may not be the precise accepted terminology, verbiage or spelling by all Yiddishists and linguists. That is one of the extraordinary features of Yiddishisms, specifically and cultural clichés, in general. Over hundreds of years, spread throughout dozens of diverse geographic cultures, as modified by millions of individuals personalizing the Yiddish sayings, there may be no authoritative or definitive statement of precise dialect language. All of the photographs utilized are copyrighted and have been appropriately licensed with the copyright owners.

Just as the Yiddish language is an amalgam of various dialects, each human being is a product of their family members. I am blessed to be lucky enough to have an extraordinary family. And just as mameloshen is the affectionate name for Yiddish, I have the greatest esteem and affection for two "mothers" in my life.

My own mother, Magda Hanus, has been a wonderful, loving role model to our extended family.

Barbara Hanus, my wife and the mother of our children, has been the love of my life for over three decades.

No person is complete without their gantze mishpoche. Our children Edy and Jacob Kupietzky and their children Joshua and Kayla, our son Jonathan, and our daughters Rebecca and Julie are the fulfillment of the ultimate blessing for which any parent could dream.

They are integral parts of my life and the inspiration for this and all other projects dedicated to passing on our amazing Jewish heritage.

Man plans, God laughs.

א מענטש טראכט און גאט לאכט.
A mentsh tracht un Got lacht.

When one must, one can.

וװען מען מוז, קען מען.
Ven men muz, ken men.

A frequent guest becomes a burden.

אַן אָפטער גאַסט פאַלט צו לאַסט.

An ofter gast falt tsu last.

The truly rich are those who enjoy what they have.

די גאָר רייכע זיינען די וואָס זיינען זאַט מיט דאָס וואָס זיי האָבן.
Di gor rayche zaynen di vos zaynen zat mit dos vos zey hobn.

If rich people could hire other people to die for them, the poor could make a wonderful living.

אויך די נגידים וואלטן געקענט דינגען אנדערע מענטשן וואס זאלן שטארבן אנשטאט זיי, וואלטן די ארעמע
לייט שוין געקענט פארדינען א גאנץ גוטע לעבן.

Oyb di negidim voltn gekent dingen andere mentshn vos zoln shtarbn anshtot zey, voltn di oreme-layt shoyn gekent fardinen a gants gute lebn.

Dear God — You do such wonderful things for complete strangers: Why not for me?

רבונו-של-עולם, דו טוסט אזוי פיל טובות פאר פרעמדע לייט: פאר וואס נישט פאר מיר?

Reboynesheloylem, du tust azoy fil toyves far fremde layt: Far vos nisht far mir?

Little children, little problems; bigger children, bigger problems.

קליינע קינדער, קליינע זארגן, גרויסע קינדער, גרויסע זארגן.
Kleyne kinder, kleyne zorgn, groyse kinder, groyse zorgn.

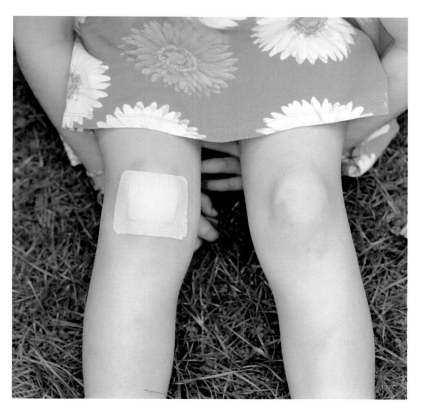

פֿון דער װײַטנס איז מען בעסערע פֿרײַנד.

Fun der vaytns iz men besere fraynd.

You are better friends at a distance.

If you live long enough, you will live to see everything.

אז מען לעבט, דערלעבט מען זיך אלץ.

Az men lebt, derlebt men zich alts.

Learning cannot be inherited.

.תורה קומט נישט בירושה
Toyre kumt nisht beyerushe.

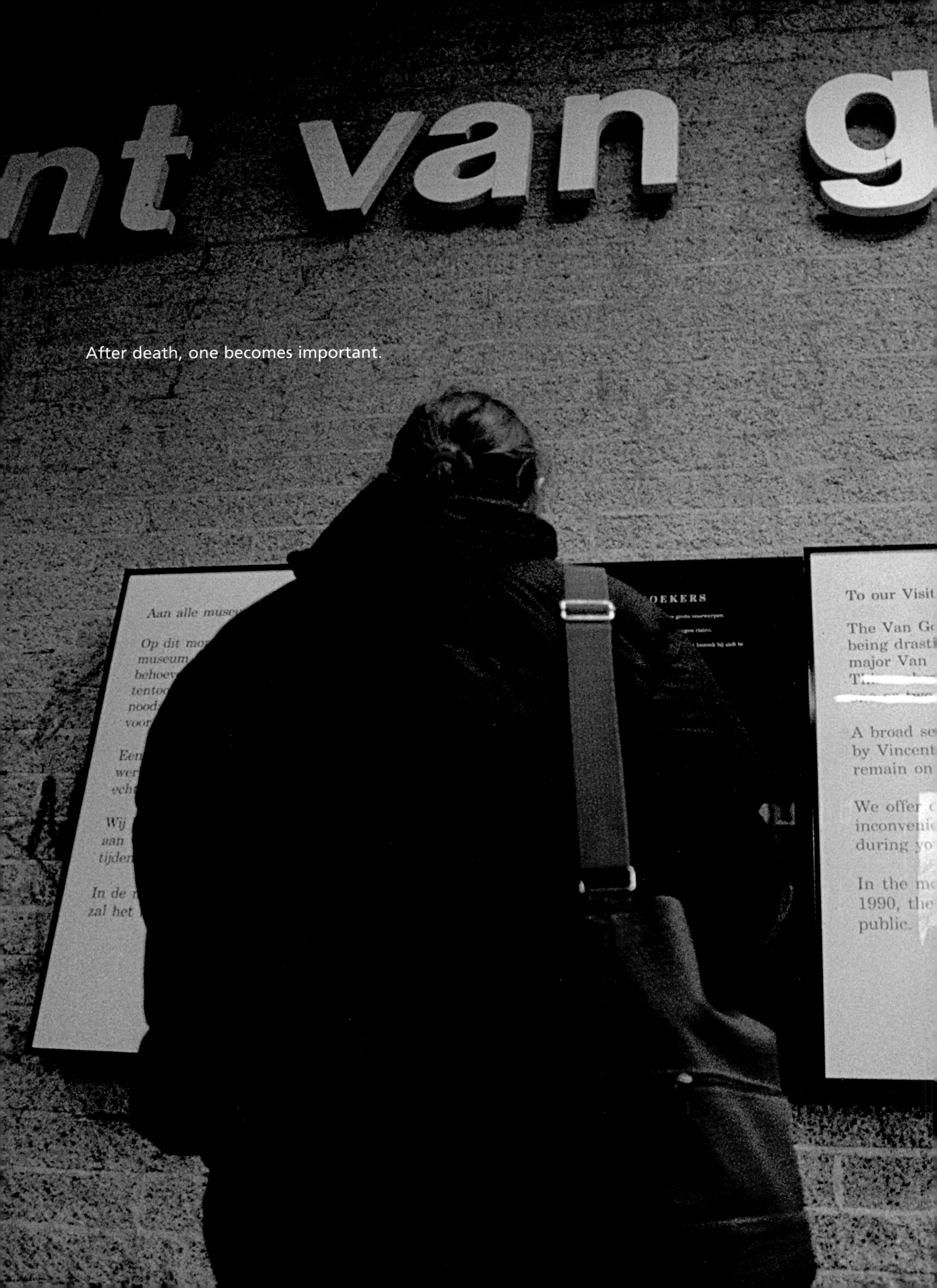

After death, one becomes important.

נאָבן טויט ווערט מען וויכטיק.

Noch'n toyt vert men vichtik.

... Museum is at present
...ly refurbished for the
...gh exhibition in 1990.
...ecessary for us to close
...ors to the public.

...tion of important works
...n Gogh will however
...ow.

...apologies for the
...e which you may face
...visit.

...hs of February and March
...useum will be closed to the

REGELS VOOR BEZO...

אויב איך וואלט געווען ווי עמעצן אנדערש, ווער וואלט געווען ווי מיר?

Oyb ich volt geven vi emetsn andersh, ver volt geven vi mir?

Speech is silver, silence is gold.

רעדן איז זילבער, שווייגן איז גאלד.

Redn iz zilber, shvaygn iz gold.

From your mouth into God's ears!

פֿון דײַן מױל אין גאָטס אױערן אַרײַן!

Fun dayn moyl in Gots oyern arayn!

אײזן, אַ מאל שוואַכער ווי אַ פֿריג.

A mol iz a mentsh shtarker vi ayz

Every seller praises his wares.

יעדער סוחר לויבט זײַן סחורה.

Yeder soycher loybt zayn schoyre.

If you seek, you will find.

אויב מע זוכט, געפֿינט מען.
Oyb me zucht, gefint men.

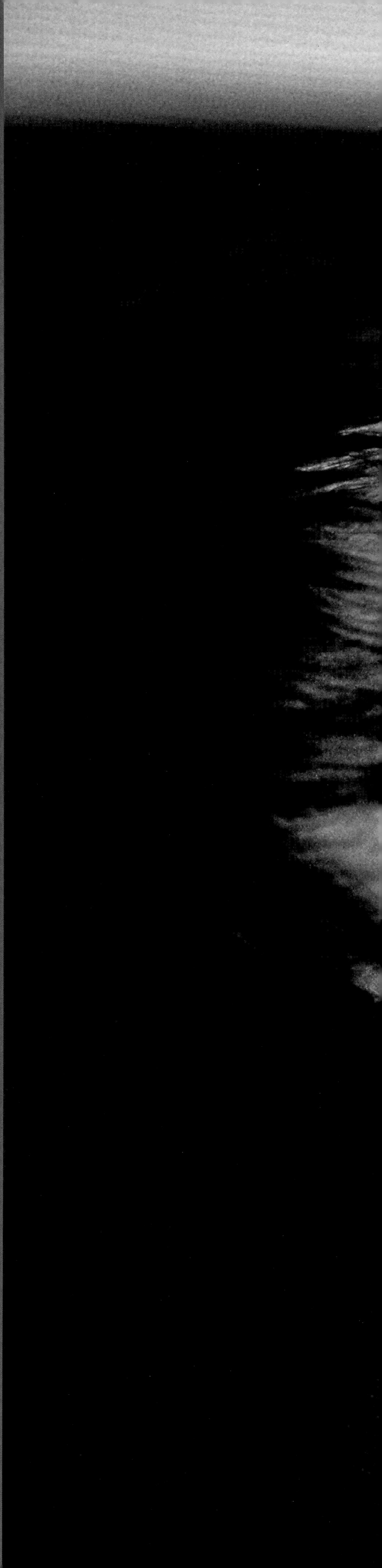

א שווער הארץ רעדט א סך.

A shver harts redt a sach.

A heavy heart talks a lot.

א מענטש קען נישט אריבערשפרינגען זיין אייגענעם שאטן.

A mentsh ken nisht aribershpringen zayn eygenem shotn.

A man cannot jump over his own shadow.

For the sake of your children, you would tear the world apart.

לטובת די קינדער איז מען גרייט פונאנדערצורייסן די וועלט.

Ltoyves di kinder iz men greyt funandertsuraysn di velt.

As the wallet grows, so do the needs.

אזוי ווי דאָס בײַטל וואַקסט, וואַקסן די באַדערפּעגישן.

Azoy vi dos baytl vakst, vaksn di baderfenishn.

Every way up has its way down.

פאר יעדן וועג ארויף, איז דא א וועג אראפ.

Far yedn veg aroyf, iz do a veg arop.

No good comes of hurrying.

פֿון אײלן קומט נישט אַרױס קײן גוטס.

Fun ayln kumt nisht aroys keyn guts.

If you keep on talking, you will end up saying what you didn't intend to say.

אז מע הערט נישט אויף רעדן, וועט מען צום סוף אויסזאגן דאס וואס מע האט נישט געוואלט זאגן.
Az me hert nisht af redn, vet men tsum sof oyszogn dos vos me hot nisht gevolt zogn.

Another man's disease is not hard to endure.

יענעמס קראנקייט איז נישט שווער אויסצוהאלטן.
Yenems krankeyt iz nisht shver oystsuhaltn.

It's easier to find fault in others than virtues in one's self.

עס איז לייכטער, ביי אנדערע חסרונות צו געפֿינען, ווי ביי זיך מעלות.

Es iz laychter, ba andere chisroynes tsu gefinen, vi ba zich mayles.

If it doesn't get better, depend on it, it will get worse.

Clothes make the man.

קליידער מאכן דעם מענטש.
Kleyder machn dem mentsh.

א יונגער בוים בייגט זיך, אן אלטער צעבראכט זיך.

A yunger boym beygt zich, an alter tsebracht zich.

A young tree bends, an old tree breaks.

If there's bitterness in the heart, sugar in the mouth won't make life sweeter.

אז אויף דעם הארצן איז ביטער, העלפט נישט אין מויל קיין צוקער.

Az oyf dem hartsn iz biter, helft nisht in moyl keyn tsuker.

A broken spirit is hard to heal.

א צעבראכענעם גייסט איז שווער צו היילן.

A tsebrochenem gayst iz shver tsu heyln.

Silence is also speech.

גֶעשוויִיגן הייסט אויך גערעדט.
Geshvaygn heyst oych geredt.

When a toothache comes, you forget your headache.

אז עס קומט אַ צײנװײטיק פֿאַרגעסט מען דעם קאָפּװײטיק.

Az es kumt a tseynveytik fargest men dem kopveytik.

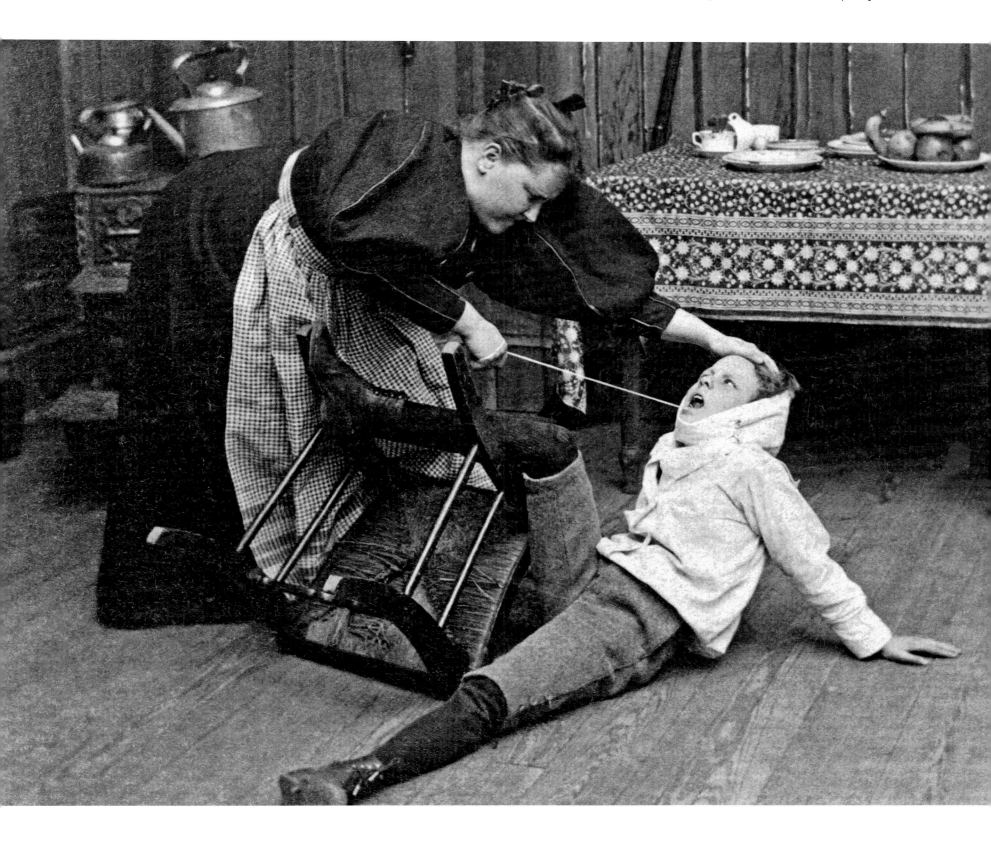

If each one sweeps before his own door, the whole street is clean.

אז יעדער איינער רוימט זיין אייגענע טיר, ווערט די גאנצע גאס ריין.

Az yeder eyner roymt zayn eygener tir, vert di gantse gas reyn.

It costs nothing to look.

עס קאסט גאר נישט קוקן.
Es kost gor nisht kukn.

Don't depend on others; do it yourself.

פֿאַרלאָז זיך נישט אויף אַנדערע, טו עס פֿאַר זיך!

Farloz zich nisht af andere, tu es far zich!

If you drive slowly, you'll arrive more quickly.

אז מע פֿאָרט פּאַמעלעך קומט מען אָן גיכער.

Oyb me fort pamelech, kumt men on gicher.

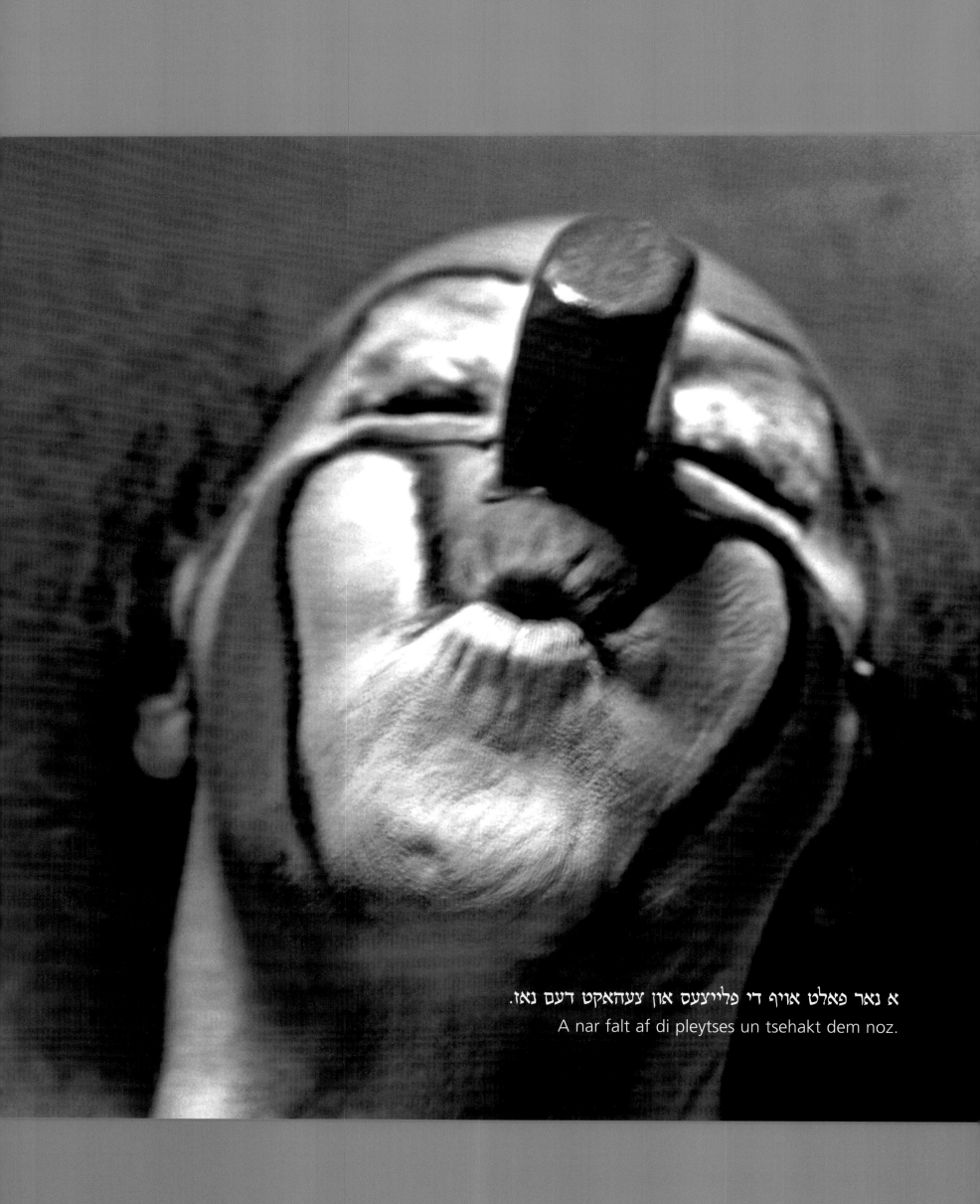

א נאר פאלט אויף די פלייצעס און צעהאקט דעם נאז.

A nar falt af di pleytses un tsehakt dem noz.

82

A fool falls on his back and bruises his nose.

If you want your dreams to come true, don't sleep.

אז מע וויל חלומות פארווירקלעכן, טאר מען נישט שלאפן.

Az me vil chaloymes farvirklechn, tor men nisht shlofn.

Once parents used to teach their children to talk;
today children teach their parents to keep quiet.

א מאָל פֿלעגן די עלטערן לערנען די קינדער רעדן, היינט לערנען די קינדער די עלטערן שוויַיגן.

A mol flegn di eltern lernen di kinder redn; haynt lernen di kinder di eltern shvaygn.

Honors will come to you by themselves if you don't run after them.

כבוד וועט מען אפגעבן דעם מענטש, אז ער לויפט עס נישט דערנאך.

Koved vet men opgebn dem mentsh, az er loyft es nisht dernoch.

Let sleeping lions lie.

זאלן שלאָפנדיקע לייבן בלייבן שלאָפן.
Zoln shlofndike leybn blaybn shlofn.

Don't depend on miracles.

פֿאַרלאָז זיך נישט אויף נסים.

Farloz zich nisht af nisim.

אין דעם שפיגל זעט יעדער זיין בעסטן פריינד.

In dem shpigl zet yeder zayn bestn fraynd.

When you go to your neighbors, you find out what is happening at home.

ווען מע באזוכט די שכנים, דערוווסט מען וואס גייט אן אין דער היים.

Ven me bazucht di shcheynim, dervust men vos geyt on in der heym.

If a link is broken, the whole chain breaks.

ברעכט זיך א רינג, צערייסט זיך די גאנצע קייט.

Brecht zich a ring, tserayst zich di gantse keyt.

If your grandmother had a beard, she'd be your grandfather.

ווען די באבע וואלט געהאט א באָרד, וואלט זי געוועןן א זיידע.

Ven di bobe volt gehat a bord, volt zi geven a zeyde.

Beware of your friends, not your enemies.

היט זיך אפ פון די פריינד, נישט פון די שונאים.

Hit zich op fun di fraynd, nisht fun di soynim.

If the shoe fits, wear it.

אויב דער שוך פּאַסט, קענסט אים טראָגן.

Oyb der shuch past, kenst im trogn.

A good person doesn't need a letter of recommendation, a bad person it won't help.

א פיינער מענטש דארף נישט האבן קיין שטיץ–בריוו; פאר א שלעכטן, וואלט עס געטויגט אויף כפרות.

A fayner mentsh darf nisht hobn keyn shtits-brif; far a shlekhtn, volt es getoygt af kapores.

מע קען גיכער עפעס אויסטראַכטן ווי עס דערגרייכן.

Me ken gicher epes oystrachtn vi es dergreychn.

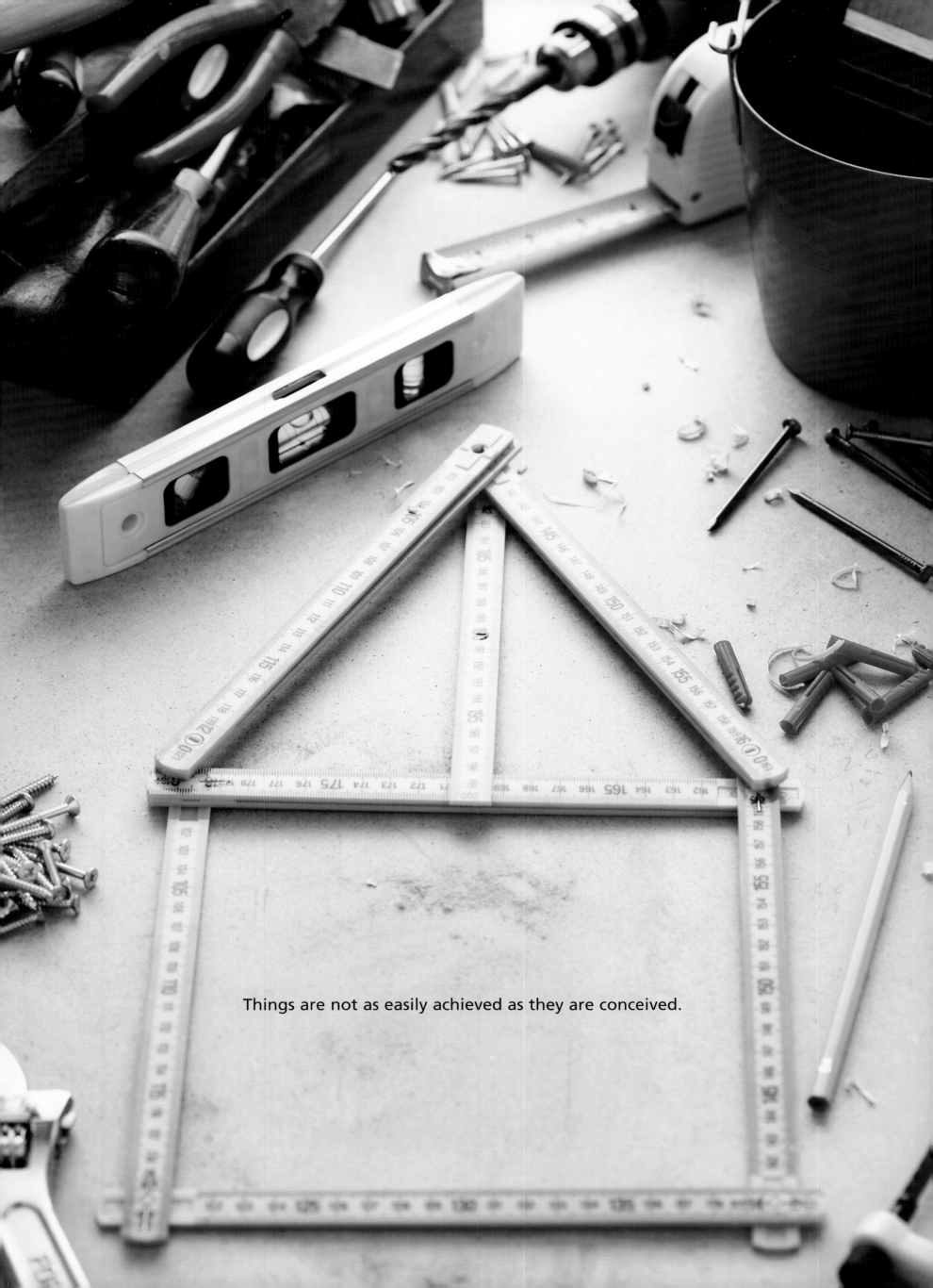

Things are not as easily achieved as they are conceived.

A baby is born with clenched fists and a man dies with his hands open.

א קינד ווערט געבוירן מיט פארמאכטע הענט און א מענטש שטארבט מיט אפענע הענט.
A kind vert geboyrn mit farmachte hent un a mentsh shtarbt mit ofene hent.

When a fool keeps quiet, you can't tell whether he is foolish or smart.

וועןַ א נאר שוווייגט, ווייסט מעןַ נישט צי ער איז נאריש צי קלוג.

Ven a nar shvaygt, veyst men nisht tsi er iz narish tsi klug.

One lie is a lie, two are lies, but three are politics.

אײן ליגן איז אַ ליגן, צװײ זײנען ליגנס, אָבער דרײַ איז פּאָליטיק.

Eyn lign iz a lign, tsvey zaynen ligns, ober dray iz politik!

Kindness is remembered, meanness is felt.

גוטהאַרציקייט געדענקט מען, געמיינקייט פילט מען.

Guthartsikeyt gedenkt men, gemeynkeyt filt men.

A saver is better than an earner.

א שפּאַרער איז בעסער ווי אַ פֿאַרדינער.

A shparer iz beser vi a fardiner.

If one has nothing to answer, it is best to shut up.

אז מע האט נישט קיין ענטפער, איז בעסער שווייגן.
Az me hot nisht keyn entfer, iz beser shvaygn.

In a quarrel, leave the door open for reconciliation.

אין מיטן א קריג, האלט אפן א טיר פאר איבערבעטן זיך.
In mitn a krig, halt afn a tir far iberbetn zich.

Lending should be done with witnesses; giving without witnesses.

בארגן זאל מען טאן מיט עדים, געבן אן עדים.

Borgn zol men ton mit eydim, gebn on eydim.

Hoping and waiting makes fools out of clever people.

האפֿן און וואַרטן מאַכט נאַראָנים פֿון קלוגע מענטשן.

Hofn un vartn macht naronim fun kluge mentshn.

If the bride can't dance, she finds fault with the musicians.

אז די כלה קען נישט טאנצן, געפֿינט זי אַ פֿעלער ביי די כליזמרים.

Az di kale ken nisht tantsn, gefint zi a feler ba di klezmorim.

From litigation you can never recover.

אז מע טוט זיך לאדן, קומט מען צו שאדן.

Az me tut zich lodn, kumt men tsu shodn

When the cat is asleep, the mice dance around.

ווען די קאץ שלאפט, טאנצן ארום די מייז.

Ven di kats shloft, tantsn arum di mayz.

Better to break off an engagement than a marriage.

בעסער זיך צעשיידן נאך די תנאים ווי נאך דער חתונה.
Beser zich tsesheydn noch di tnoim vi noch der chasene.

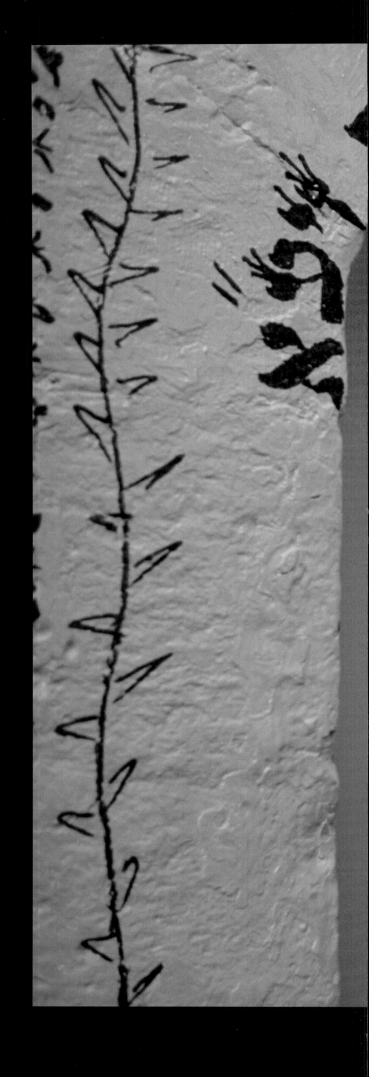

A wise man hears one word and understands two.

א חכם הערט איין ווארט און פארשטייט צוויי.

A chochem hert eyn vort un farshteyt tsvey.

One father can support ten children, but ten children cannot support one father.

אײן טאטע צען קינדער דערנער, אבער צען קינדער אײן טאטע איז צו שװער.

Eyn tate tsen kinder derner, ober tsen kinder eyn tate iz tsu shver.

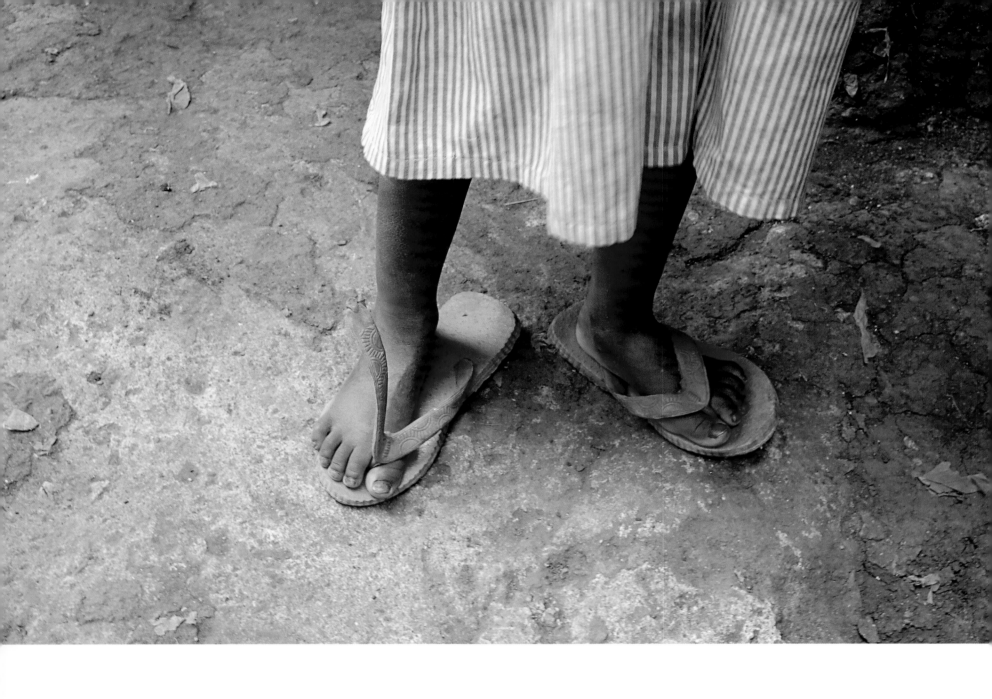

The shoes of the poor man's kids grow with their feet.

די שיך פונעם ארעמאַנס קינדער וואַקסן מיט די פיס.

Di shich funem oremans kinder vaksn mit di fis.

With luck, everything is possible.

מיט מזל איז אלץ מעגלעך.

Mit mazl iz alts meglech.

You don't have to be wise to be lucky.

אז מע האט מזל, דארף מען קיין חכם ניט זיין.

Az me hot mazl, darf men ken chochem nit zayn.

Where there is knowledge of scripture, there is wisdom.

ווּאוּ תּורה, דארט איז חכמה.

Vu Toyre, dort iz chochme.

דער עפּל פֿאלט נישט װײַט פֿון בוים.

Der epl falt nisht vayt fun boym.

The apple doesn't fall far from the tree.

Nine rabbis cannot make a minyan (religious quorum), but ten shoemakers can.

ניין רבנים קענען קיין מנין נישט מאכן, אבער צען שוסטערס, יא.

Nayn rabonim kenen keyn minyen nisht machn, ober tsen shusters, yo.

Mountains cannot meet, but men can.

בערגער קומען נישט צונויף, נאר מענטשן קענען.
Berger kumen nisht tsunoyf, nor mentshn kenen.

Many people see things, but few understand them.

Pride in children is more precious than money.

נחת שעפן פון קינדער איז ווערט מער ווי געלט.
Naches shepn fun kinder iz vert mer vi gelt.

A bad peace is better than a good war.

א שלעכטער שלום איז בעסער ווי א גוטער קריג.

A shlechter sholem iz beser vi a guter krig.

מען מיינט שטענדיק אז יענער איז צופרידן.

Men meynt shtendik az yener iz tsufridn.

One always thinks that others are happy.

מע כאפט מער פֿליגן מיט האָניג ווי מיט עסיק.

Me chapt mer flign mit honig vi mit esik.

With honey you can catch more flies than with vinegar.

You can't put "thank you" in your pocket.

When your enemy falls, don't rejoice, but don't pick him up either.

אז דער שונא פֿאלט טאר מען זיך נישט פֿרייען, אבער מען הייבט אים נישט אריף.

Az der soyne falt tor men zich nisht freyen, ober men heybt im nisht af.

A half truth is a whole lie.

א האלבער אמת איז א גאנצער ליגן.
A halber emes iz a gantser lign.

Pray, that you may not be a burden to your children.

You can't ride in all directions at one time.

מע קען נישט פארן אין אלע ריכטונגען אויף איין מאל.

Me ken nisht forn in ale richtungen af eyn mol.

When the father gives to his son, both laugh. When the son gives to his father, both cry.

אז דער טאטע שענקט דעם זון, לאַכן ביידע. אז דער זון שענקט דעם טאטן, וויינען ביידע.

Az der tate shenkt dem zun, lachn beyde. Az der zun shenkt dem tatn, veynen beyde.

ווען א יתום ליידט, באמערקט נישט קיינער. ווען ער פרייידט זיך, זעט יעדער איינער.

Ven a yosem laydt, bamerkt nisht keyner, ven er freydt zich, zet yeder eyner.

When an orphan suffers, nobody notices. When he rejoices, the whole world sees.

Man plans, God laughs.

א מענטש טראכט און גאט לאכט.

A mentsh tracht un Got lacht.

index